“亚东教育基金”资助项目　　策划人：许嘉

2014年世界重要安全文件汇编

李志东◎主编

时事出版社

编者序

《2014年世界重要安全文件汇编》选录并翻译了2014年度美国、英国、欧盟、日本、俄罗斯、印度等国家和地区发布的14份涉及安全事务的官方文件。其中《俄联邦武装力量总参谋部条例》虽是2013年度文件，但公布于2014年，因此纳入本年度文件汇编。

为确保译文精准、可靠，译者采用的文件原文均来自各自官方网站或权威网站，并以脚注形式注明了原文出处，以方便使用者查证、核对。在翻译过程中，译者酌情保留了原文脚注，并以译者注形式提供了若干背景介绍，以方便使用者理解和把握文件内容。因篇幅所限，部分文件只做了节译，节略部分保留了主要标题，以便使用者掌握文件全貌。书末以附录形式提供了英语、日语、俄语专业术语对译表，以方便使用者查阅。

作为资料性文献，本书译文忠实反映了原文涉及的所有数据、事实和观点，但并不代表译者同意相关表述和立场，更无代为宣扬之意，望使用者自行明辨。部分地理和事件名称与我国存在差异，我们依照我国习惯作了相应处理或说明。

编　者

2015年1月于洛阳谷水西

目 录

美国《2014年四年防务评估》*

国防部长的话

2014年3月4日

2014年《四年防务评估》（*Quadrennial Defense Review*，QDR）寻求改组、重塑并再平衡我们的军队，以准备好应对我们在未来数年中将面临的战略挑战和机遇。

本《四年防务评估》在2012年《防务战略指南》（*Defense Strategic Guidance*）的基础上，优化了三大战略支柱：保卫国土；通过投射美国的影响力和慑止侵略来打造全球安全；以及继续准备在威慑失灵时决定性地打败任何敌人。在本升级版防务战略指引下，我们将在未来10年内对军队进行再平衡，将其置于可持续的发展道路之上，以捍卫并促进美国的利益，并维持美国的全球领导地位。

《四年防务评估》描述了我们在严峻的财政形势下正在作出的艰难抉择，以保持全世界最为精良的作战部队。这些抉择包括削减部队结构，以保护并扩展关键能力，包括使我们的部队实现现代化，以及包括对战备状态进行投资。未来的部队虽然规模更小，但它将随时准备，并且有力量和能力远距离投送力量。我们的投资决定将确保自己相对于潜在敌人的技术优势，并确保我们在所有领域内都能够促进美国的利益。战胜安全挑战要求我们，无论在研发的技术上，还是在美国部队的作战方式上，都要继续创新。在我们调整迎接未来挑战的过程中，创新将处于中心舞台的地位，将发生在国防

* 原文出自 http：//www.defense.gov/pubs/2014_Quadrenial_Defense_Review.pdf.

部内部，并与其他美国部门、机构和国际伙伴合作产生。

确保美国武装力量继续保持战备状态和能力，要求我们在整个防务领域进行亟需的改革。我们将削减不必要的开支，精简活动，优先发展作战力量。此外，国防部所有的军事和文职领导人都认同，我们应以负责任的方式来改革军队补偿，以保护长远对部队进行现代化的能力。全志愿部队（All-Volunteer Force）是美国最伟大的力量之一，我们应该为未来的士兵、水兵、航空人员和陆战队员提供这样一支部队，以确保他们能够准备好应对明天的威胁。

国防部时刻准备与国会和美国人民通力合作，以实施这些艰难的抉择。唯有通过积极且强劲的两党对话，国防部才能指望进行必要的转型，确保美国武装力量未来保持卓越的全球部队地位。

查克·哈格尔（Chuck Hagel，签名）

执行摘要

美国身处一个瞬息万变的安全环境。我们正在重新调整，以集中关注将决定我们未来的战略挑战和机遇：新的技术、新的力量中心，以及一个正变得日益动荡、更加不可预测并且在某些情况下对美国更具威胁性的世界。对我们全球许多盟友（allies）和伙伴（partners）的挑战依然层出不穷且不可预知，尤以来自北朝鲜和伊朗的挑战为甚。其他地区——尤其是在从撒哈拉到南亚广袤区域内的脆弱国家——持续存在着动荡与暴力，为暴力激进主义和教派冲突创造了肥沃的土壤，并威胁到美国的海外公民。与此同时，现代战争正在快速演变，在空中、海洋、太空及网络空间领域催生了竞争激烈的作战空间。在这些空间内，我们的部队在最近几场冲突中都享有优势地位。

在塑造不断涌现的积极或消极的全球潮流方面，我们的持续关注和接触都至关重要。前所未有的全球互联互通性为国际合作和共享的行为规范提供了共同的动力，某些地区性伙伴日渐增长的力量规模（capacity）也为各国提供了机遇，使它们在促进各自所处地区内的相互安全利益方面发挥更大的、甚至是领导性的作用。在应对变化中的战略环境时，美国将依赖自己的诸多比较优势，包括经济力量、强大的盟友和伙伴网络，以及军队的人力资产和技术优势。这要求我们在如何塑造、准备和部署联合部队时展示出非同寻常的灵活性。

国防部还面对着一个不断变化，并且同样不确定的财政环境。自2012财年拨款起，国防部就开始承受了一项总额4870亿美元，为期10年的开支削减的重大影响，而该削减则缘于2011年的《预算控制法》（Budget Control Act，BCA）所设置的最高限度。该法还建立了一种自动减支机制，要求每年削减大约500亿美元。2013年的《两党预算法》（Bipartisan Budget Act）些许缓解了自动减支的影响，但除非国会采取行动，年度自动减支将按计划于2016年财年恢复。为了最有效地保卫美国的安全利益，同时又认识到赤字削减的财政必要性，总统提出的2015年预算案与2014年预算案相比，将5年内的规划防务预算削减了大约1130亿美元。考虑到持续的财政不确定性，总统提出的预算案也提供了一种平衡且负责任的前进道路。该预算案反映了《两党预算法》对2015年财年可自由使用资金所规定的严格限制，但又未接受其后的自动减支，直至2019年对国防部的投资都比提议的自动减支水平超出1150美元。

考虑到环境在不断变化，2014年《四年防务评估》主要关注在一个财政日渐窘迫的时期，通过再平衡我们的防务努力为未来做准备。2014年《四年防务评估》推出了三项重要倡议。首先，它根据2012年颁布的《防务战略指南》提出了一种能够保卫并促进美国利益和维持美国领导地位的升级版防务战略。其次，它说明了国防部准备如何负责任地并且现实地采取措施，以便在不断变化的环境中再平衡联合部队的主要成分。再次，它展示了我们再平衡国防部自身的意图，以作为我们在此种财政严峻时期控制内部成本增长的努力的一部分，这种成本增长正在造成消蚀我们战斗能力的危险。我们在执行这些改革措施时，将保护全志愿部队的健康。

《四年防务评估》已经清楚表明，本升级版防务战略对国家来说非常正确，能够维持美国的全球领导地位，能够为在未来 10 年内的决策提供基础，这种决策可以帮助把我们的军队带入平衡状态，并且能够负责任地帮助我们在一个战略和财政上都处于不确定状态的时代找准位置。总统要求的 2015 财年资金水平使军队能够保卫并促进美国的利益，并且执行升级版防务战略，然而对于某些任务来说，风险水平却会增加。近期，我们在训练和维护方面将继续承受一些缺项，并且从长远来说，在应对一个动态且不断变化的安全环境中的不确定风险方面，容许我们犯错误的余地将会减少。总统提出的“机遇、增长和安全”倡议将在 2015 财年增加 260 亿美元的防务投资，使国防部能够继续恢复和维持战备状态，投资于武器现代化，并进行必要的设施改善，从而显著缓解上述风险。总体来说，国防部能够在总统 2015 财年预算计划的指导下管理这些风险，但是，如果在 2016 年重启自动减支，如果所提议的改革措施未被采纳，或者如果有关预算水平的不确定性持续存在，这些风险将急剧升高。根本上来说，我们将与国会密切合作，以确保我们在不断整顿国家财政秩序的过程中，能够提供足够的资源来保护我们的国家安全。

一、继承《防务战略指南》

美国发挥着全球领导作用，以支持我们以下的利益：美国及盟友和伙伴的安全、开放经济体系中的强劲经济、对普世价值观的尊重，以及通过合作促进和平、安全和机遇的国际秩序。为了捍卫并促进这些利益，并与《国家安全战略》（*National Security Strate-*

gy）保持一致，2014 年《四年防务评估》包含了 2012 年《防务战略指南》所勾划的 21 世纪防务优先事项。这些优先事项包括：向亚太地区的再平衡，以保持该地区内的和平与稳定；继续坚持对欧洲和中东地区的安全与稳定的承诺；支持反击暴力极端分子和恐怖主义威胁的全球路径，重点在中东和非洲地区；在我们部队变得更小、更精干的同时，继续保护并优化对技术的关键投资；激励打造创新性伙伴关系并加强重要联盟和伙伴关系的努力。2014 年《四年防务评估》以这些优先事项为基础，并将其融入一个更加广泛的战略框架。国防部的防务战略强调三大支柱：

（1）保卫国土，慑止并击败对美国的攻击，并在缓和潜在攻击和自然灾害的影响方面向民事官员提供支持。

（2）打造全球安全，以保持地区稳定，慑止敌人，支持盟友和伙伴，并且与其他国家合作处理共同的安全挑战。

（3）投射力量并取得决定性胜利，以击败侵略，破坏并摧毁恐怖网络，提供人道主义援助和减灾。

这些支柱相辅相成，互相依存，并且每个军种在其中每一个支柱中都能发挥重要作用。我们的核威慑力量是防止针对美国的核攻击的终极保卫力量，并且通过延伸威慑，它还能让我们远方的盟友对其安全感到放心，不会受到地区性侵略。它还通过向潜在的有核敌人传达这样一条信息：不可由于常规侵略失败而升级其方式，从而为我们的力量投射能力提供支持。打造全球安全不仅能够让盟友和伙伴放心并建设它们的能力，还能够通过在诸如中东和北非地区慑止冲突和加强稳定，来帮助保卫国土。我们投射部队到也门、阿富汗、马里等遥远地区与恐怖主义战斗的能力，以及增强力量以帮助伙伴国家反击恐怖主义和反击大规模杀伤性武器（weapons of mass destruction，WMD）扩散的能力，减弱了这些威胁渗透到美国的可能性。

在升级版防务战略的这三大支柱之上，国防部致力于找到创造性、有效、高效的方式来达成我们的目标，并帮助作出战略抉择。无论是在国防部内，还是在我们跨机构和国际的伙伴关系中，创新都在所有努力中占据着中心位置。我们正在找出一些新的存在范式，包括可能在关键地区配置更多的前沿部署海军部队，部署新的舰船、航空资产、地区性联合或轮换性地面部队（rotational ground forces），以及危机反应部队，所有这些动作都意在以最小的成本获得最大的效果。至于盟友和伙伴，我们将付出更大的努力来协调我们的规划，以使他们对自身安全和对我们的诸多联合活动的贡献都实现最佳。气候变化的影响或许会使未来任务的频率、规模和复杂程度都有所增加，包括对民事领导人的防务支持，而同时却会损害我们支持训练活动的国内设施的总体规模。我们加强能源和水资源安全的行为，包括对能源效率、新技术和再生能源资源的投资，将加强我们的设施的可恢复性，并缓解这些后果。

为反映本升级版防务战略的要求，美国武装部队将同时保卫国土，进行持续、分布的反恐行动，并在多个地区内，通过前沿存在和接触来慑止侵略和让盟友安心。无论何时，如果威慑失败，美国部队将能够在大规模、多阶段的战役中挫败地区性敌人，并且使另一个地区内的第二个侵略者的目标不能得逞，或迫使其付出不可承受的代价。

总统的预算提供了打造并维持进行这些行动的能力的资源，虽然对某些任务来说，风险水平有所增加。按照总统的预算，我们的军队能够击败或拒止任何侵略者。预算缩减不可避免地会压缩军队在应对这些风险时犯错误的余地，规模更小的部队使我们一次同时对一个以上的重大紧急事态做出反应的能力略显紧张。国防部能够在总统2015财年预算规划下管理这些风险，但如果在2016年重启自动减支，如果提议的改革措施未被采纳，或者如果有关预算水平的不确定性得以持续，这些风险将会急剧升高。

二、面向21世纪进行再平衡

考虑到我国安全环境中的重大变化，包括地缘政治变化、现代战争中的变化及财政环境中的变化，我们的升级版防务战略要求国防部在数个关键领域内再平衡联合部队，以为未来做出最有效的准备。

（一）为多种类型的冲突而再平衡

未来的冲突可能会是从进行针对使用非对称途径的代理人集团的混合紧急事态，到针对拥有大规模杀伤性武器或者技术先进的反介入/区域拒止（anti-access and area-denial，A2/AD）能力的主权国家的高端冲突。为反映这种范围广泛的挑战，就应该为未来的各种冲突做准备，美国军队将调整其关注点，迈向更加重视全频谱的所有可能的作战行动。虽然我们部队的规模不会再取决于进行大规模长时期的稳定行动，我们仍将保留过去10年在伊拉克和阿富汗的反叛乱和稳定行动中所获得的专业知识。我们还将保护自己的能力，以满足未来对再生能力的需求。

联合部队还必须准备好与日益强劲的敌人作战，这些敌人可能会运用先进的作战技术战术，同时还会试图削弱美国部队目前在太空和网络空间享有的优势。我们将持续对防务和其他各领域的科学、技术、研究和开发进行投资。国防部正在采取措施，确保某些领域内的进展能够持续，这些领域对应对诸如全频谱网络空间能力等未来挑战至关重要，并且最有可能取得改变游戏的突破。在关于我们如何作战，如何部署部队，以及如何利用自己的非对称力量和技术优势等问题上，我们将积极探寻一些创新性的途径。考虑到我们预期将遇到的日益复杂的作战环境，创新占有至高上的地位。

美国将综合使用经济、外交、情报、执法、发展和军事工具，来维持抗击暴力极端分子和恐怖分子的全球途径。国防部将再平衡我们的反恐努力，使其更加重视打造伙伴关系能力，尤其是在脆弱国家，同时还要保持强大的采取直接行动的能力，包括情报、持续侦察、精确打击和特种部队。我们将继续关注反击大规模杀伤性武器，因为它们破坏了全球安全。我们将持续加强重要联盟和伙伴关系的努力，更加重视深化现有的合作，同时也要打造新的、创新性的伙伴关系。最后，作战司令官们（Combatant Commanders）将激发其调整作战规划的努力，以更加紧密地反映变化的战略环境。

（二）再平衡并保持我们的海外存在和态势，以更好地捍卫美国的国家安全利益

在奋力实现我们三大战略目标的过程中，国防部还将继续再平衡并保持我们的全球态势。我们将继续为美国朝向亚太地区的再平衡作出贡献，寻求维持这个对美国的政治、经济和安全利益日益重要的地区的和平与稳定。面对朝鲜的远程导弹和大规模杀伤性武器，尤其是其对核武器的追求，美国致力于保持朝鲜半岛的和平与安全。作为我们保持亚太地区稳定的更加广泛的努力的一部分，美国将在朝鲜半岛保持强大的存在，同时提升我们在大洋洲和东南亚的存在。随着我们结束在阿富汗的作战行动，我们将准备转型为一种有限的任务，重点在于反恐和向阿富汗安全部队提供训练、咨询和援助。

美国在中东地区同样有持久的利益，并且仍将全面致力于我们在该地区伙伴的安全。我们在确保自己军事能力的发展足以应对新型威胁的同时，将继续在海湾地区保持强大的军事态势，能够迅捷地作出危机反应，慑止侵略，并让盟友和伙伴安心。我们对保持并扩大欧洲安全和繁荣有着深切和持久的利益，因此仍将继续与盟友和伙伴开展合作，以促进地区稳定和欧洲一大西洋一体化，以及提升进行联盟作战所需的能力、互通性和战略通道。在全球范围内，我们将确保这种在出现危机时激增部队所需的通道。

(三) 再平衡联合部队内部的能力、力量规模和战备状态

在经过了12年冲突，并且仍面临持续的预算削减之时，联合部队目前已经失衡。受执行2013财年自动减支的影响，战备状态进一步受到损害，部队未能跟上现代化需求的步伐。在从阿富汗的作战行动转型的过程中，我们需要时间和资金来重置和改组联合部队。总统的2015财年预算提议简要说明了某些特定领域内一系列现实且负责的调整，国防部认为，要恢复联合部队的平衡，在近期内必须要作出这些调整。在未来5年内，部队规模将会更小，但同时也将逐步变得更加现代化，并且随着时间的推移，战备状态也将提升。在近期内采取本《四年防务评估》所概述的审慎措施，将会在财政面貌未能取得改观的情况下，提升国防部满足国家安全需求的能力。为了寄希望于提高预算最高限额而拖延作出决策的时间越长，这些决策执行起来就会越加困难和痛苦，并且如果没有获得更多的资源的话，它们对我们施行本项战略的能力的损害就越大。本《四年防务评估》中有关最终实力（end strength）和部队结构的关键决策包括：

（1）保持一支拥有对升级版防务战略至关重要的全球力量投射能力的空军。我们将使下一代空军作战装备实现现代化，包括战斗机和轰炸机，尤其是用于对抗先进现代防空系统的装备。为了将资源解放出来用于这些计划，也为了保持对关键能力的投资，空军将削减或取消某些单一任务航空平台的规模。如果在2016财年及以后强制实行自动减支，空军将退役80多架飞机，减缓采购联合攻击机（Joint Strike Fighter，JSF）的步伐，并作出其他的艰难调整。

（2）维持一支世界级的陆军，使之能够进行所有的陆地作战，包括通过保持一种我们能够提供人员、训练、装备并保持战备的部队结构，进行迅速且持续的陆地作战，以作为大规模、多阶段联合

和多国行动的一部分。为了维持这支部队，国防部将在陆军内部进行再平衡，范围涵盖现役、警卫队和预备役。现役陆军士兵将从其战时最高的 57 万人削减至 44 万—45 万人。陆军国民警卫队（Army National Guard）将继续其瘦身进程，从战时最高的 35.8 万人缩减至 33.5 万人，陆军预备役部队将从 20.5 万人削减至 19.5 万人。如果在 2016 年财年及以后强制实行自动减支，陆军的所有部队还将进一步削减，现役在职最终实力削减至 42 万人，陆军国民警卫队削减至 31.5 万人，陆军预备役削减至 18.5 万人。

（3）保持海军打造全球安全和危机反应的能力。海军将通过积极的采办开支削减努力和暂时的舰船闲置（ship lay-ups），使其水面舰只、飞机和潜艇舰队实现现代化，以应对 21 世纪的威胁。我们必须确保这支舰队能够在每个地区的各类冲突中作战。濒海战斗舰（Littoral Combat Ships，LCS）数目达到 32 艘之后，我们将不再进行任何新的采办谈判，海军必须提出替代方案，来采购能力强大、更加致命的小型水面作战舰只。如果在 2016 年财年及以后强制实行自动减支，“乔治·华盛顿”号航母将不得不于其计划的加油和大修日期前退役。国防部将不得不在提交 2016 年预算时作出这个决定，使海军只剩下 10 个航母打击集群（carrier strike groups）。

（4）保持海军陆战队作为一种重要的危机反应部队的作用，保护其最为重要的现代化优先事项，并且确保其战备状态，但将其现役陆战队员的最终实力规划为 18.2 万人。该最终实力还包括近 900 名“使馆安全警卫”计划（Embassy Security Guard program）的陆战队员，他们将保护美国在海外的利益和设施。如果在 2016 年财年及以后强制实行自动减支，海军陆战队的最终实力将继续削减至 17.5 万人。

在联合部队进行再平衡以保持其现代性、能力和战备状态的过程中，国防部还将采取更多的与总统的 2015 财年相一致的步骤，以保护那些支持防务战略的关键能力领域：

（1）网络。我们将投资建设新的更大规模的网络能力和部队，以提升进行网络空间作战和支持全球军事行动的能力，为作战司令官规划及执行军事任务提供支持，并反击针对美国的网络攻击。

（2）导弹防御。我们正在增加陆基拦截器（Ground-Based Interceptors，GBI）的数量，并在日本部署第二部雷达，以提供预警和追踪。我们将有的放矢地投资于防御性拦截器、识别设备和传感器；如果需要更多的拦截器的话，我们也正在研究论证在美国境内选取另一个最佳的部署地点。

（3）核威慑。我们将继续对下列事项进行投资：使基本核投送系统实现现代化；预警、指挥与控制；以及在能源部（Department of Energy）的配合下，使核武器和支持基础设施实现现代化。

（4）太空。我们将建设复杂性更弱、成本更低、恢复性更强的系统和系统结构，并寻求一种多层面的途径来慑止对太空系统的攻击，同时保留在威慑失败时做出反应的能力。

（5）空中/海洋。我们将继续投资于作战飞机（包括战斗机和远程打击机种）、生存能力强的持久侦察装备、恢复力强的装备以及水下战争装备，来增强联合部队应对反介入/区域拒止挑战的能力。

（6）精确打击。我们将采购先进的空对地导弹（air-to-surface missiles），以使战斗机和轰炸机能够打击大量的目标，并且还将采购一种远程反舰巡航导弹（long-range anti-ship cruise missile），以提升美国空军的联合能力，在设防空域内打击水面战斗目标。

（7）情报、监视与侦察（Intelligence，Surveillance，and Reconnaissance，ISR）。我们将再平衡投资，以在高度激烈的环境中建设作战反应敏捷、有效的系统，同时维持适用于更加恶劣环境的能力，以支持全球态势感知、反击恐怖主义和其他作战行动。

（8）反恐和其他特种作战。我们将把总体的特种作战部队（Special Operations Forces，SOF）最终实力增加到69700人，保护我们从事下列任务的能力：击败“基地”组织的持续、网络化和分布式的作战行动，反击其他新兴的跨国威胁，反击大规模杀伤性武器，打造伙伴的能力，以及支持常规作战行动。

（四）“牙齿与尾巴”[①] 的再平衡

最后，国防部自身也会在内部进行再平衡，以控制成本增长，提高效率，以优先保证战斗力量的开支。国防部以前已经提交了三份旨在提高效率的一揽子预算提议计划，现在还计划进一步努力削减一般性管理开支。一些重要的、正在进行的活动包括，将国防部主要的总部预算削减 20%，以及减少向国防部长直接提交的报告的数量。这将在未来 5 年内将国防部的运行成本减少 50 亿美元，在未来 10 年内还将在此基础上减少 2 倍多。国防部正在选择性裁减文职雇员和合同制员工以降低成本，并且还在寻求减缓私营部门医疗保健成本的增长速度，以减缓军人医疗保健开支的增长。此外，国防部还在改进其财政管理，其部分目的是实现可审计的财政报告。

我们还在继续努力进行采办改革，主要是通过“更好购买力”（Better Buying Power）倡议，采用以下方式实现各类项目符合支付能力：控制成本，激励产业界和政府的生产率和创新力，消除非生产性过程和官僚机构，促进有效竞争，改进合同制服务采办中的商业技巧，并提升整体采办队伍的专业性。国防部将继续致力于持续增加防务采办中的生产率。

如果国防部能获准清除不必要的基础设施，将可望实现大幅度的远期节支。我们估算现有的基础设施远远超出所需，而随着我们对最终实力进行削减，这种情况还会有所加剧。消除美国不必要的基础设施的唯一方式，就是通过“基地重组和关闭”（Base Realignment and Closure，BRAC）过程完成。过去两年，国会每年都否决

① 此处的“牙齿”与“尾巴”是两个军事术语。前者指直接战斗人员，后者则指非战斗人员，包括从事医疗、财务、信息、管理、基础设施建设和维护的非战斗任务的人员。——译者注

国防部要求再进行一次“基地重组和关闭”的请求。要想使国防部更有效地用好纳税人的美元，国会就必须在 2017 年左右授权再进行一次“基地重组和关闭”。

三、保持全志愿部队的力量并实施新的改革

在我们重建联合部队和国防部的平衡的过程中，美国将保持与服役人员的双重的神圣合约：在我们的军人服役期间和退役后，都对他们及其家人进行恰当的补偿和照顾；尽可能地为我们的军人提供最好的训练和装备，以让他们平安完成任务。

军人无论是否在战场之上，都将得到公正平等的对待。国防部去年扩大了女性加入美国武装力量的机会，并且还在寻求将女性成功融入到尚存的、为数不多的一些受限制的职业领域之中。消除性侵犯是国防部的最高优先事项之一，要求我们作出绝对和持续的承诺，改善国防部的预防和反应项目，以确保我们能够提供安全的环境，使军队人员免受威胁。国防部将继续进行一些必要的变革，从而全面落实其让男女同性恋者能够在军队中公开服役的决定。对于因病因伤撤出战场的人员，以及那些急需住院或休养的人员，我们将继续尽可能提供最好的照料。国防部将继续与退伍军人事务部（Department of Veterans Affairs）和劳工部（Department of Labor）合作，以在军人向私人生活转型的过程中提供尽可能好的帮助。

在局促的财政环境中，国防部已无法负担我们过去 10 年所承受的军队工资和福利的增长率。在过去 10 多年的战争中，国防部和美国人民已恰当地为军中男女提供了有力支持，所提供的工资和福利的增长远超补偿差距，并恰当地承认了现役和退役人员及其家属所作出的牺牲。国防部正在进行一些变革，确保我们继续提供一种有竞争力的一揽子补偿方案，来征召并维持我们未来的联合部队。这些变革包括：限制未来 5 年中的年度军队工资增长；减缓免税住房

补贴的增长速度；简化并现代化“三方联合医保”体系（TRICARE）[①] 项目，包括以鼓励军人使用低廉的保健的方式，略微增加共付和折扣条款，调整药品共付结构，对向有资格享受医疗保健的退休人员提供的终身“三方联合医保”覆盖收取少量费用，以及减少对军营超市的补贴。如果这些措施能够得到全面实施，在未来 5 年能够节约大概 120 亿美元，10 年的节约还会更多。

如果得不到国会和美国人民对减缓军事补偿增长率的改革措施的支持，国防部除了挪用本可以用来供给所需的未来部队的资源之外，将别无选择。国防部长、各军种部长和参谋长、高级军士顾问和国防部的高级领导团队，都支持这项全面的改革途径，并将与国会和美国公众进行密切合作，继续保持世界上最精良的军队。

四、自动减支的意含

总统要求的 2015 财年拨款水平将使军队能够捍卫和促进美国的利益，并落实升级版防务战略，但某些任务面临的风险水平却会增加。近期，美国部队仍将积极参与打造伙伴关系和加强关键地区的稳定，但是，我们的参与将会更加适度且更具选择性。在中东和北非等地区，我们将继续维持高度警觉的态势。根据预算要求，我们能够在近期内维持与战略优先事项最为相关的足够的战备和现代化水平。此外，总统的“机遇、增长和安全”倡议能够为 2015 财年的防务投资额外提供 260 亿美元，有助于国防部更快地恢复战备状态，

① “三方联合医保”体系先前称为“军队文职卫生及医疗计划”，是美国国防部军队卫生系统的一个保健项目。“三方联合医保”体系向军队人员和退役人员及其家属提供社会卫生福利。受益者还包括某些预备役部队成员。该项目在负责卫生事务的助理国防部长的监管下，由“‘三方联合医保’体系管理活动”（Tricare Management Activity，TMA）负责管理。2013 年 10 月 1 日，TMA 宣布解散，其职责转移至同日建立的国防卫生署。——译者注

投资于武器现代化，并进行必要的设施改善。全球对手和潜在敌人对先进能力和尖端武器系统的开发，将不可避免地对我们的部队和安全造成更多的风险。国防部能够在总统2015财年预算计划下管理这些风险，但是如果自动减支在2016财年重现，如果提议的改革措施未被采纳，或者如果围绕预算水平的不确定性继续下去，这些风险将显著升高。

《两党预算法》对自动减支起到了温和而及时的缓解作用，在2014财年这种作用稍大，而在2015财年则稍小，如果此后每年的削减幅度回归到自动减支水平的话，国防部将无法按照总统提交的预算中的设想，以更加平衡的方式来调整联合部队的规模和结构。而在整个《预算控制法案》生效期间，我们执行防务战略的能力将受到极大削弱。国防部的战备挑战，尤其是近期，将大大削弱我们开展稳定国家活动及对危机做出快速反应的能力。关键的现代化项目将减缓或缩减，导致我们部队的技术能力的缺乏。美国在未来的对抗和冲突中，将可能需要更多地依靠盟友和伙伴的贡献，但前提是他们有意愿并且有能力采取行动，来支持共同利益。力量规模和能力的削减将极大地挑战我们对战略突袭的反应能力，尤其在面对需要投入大量现代部队的突袭更是如此。

如果持续的自动减支问题得不到解决，将对美国军队在未来10年内能做什么，不能做什么，造成重大影响。美国人民将不得不接受这样一个现实，即进行军事行动的风险水平将大幅增加。我们的军队将失衡，并最终会由于规模太小，而不能全面满足我们的战略需求，导致在出现冲突时，出现战争拖延的时间更长的风险，而且对美国及盟友和伙伴的伤害会更严重。最终，持续按自动减支水平提供资源，可能会使敌人更加大胆，并瓦解盟友和伙伴的信心，而这反过来又会导致比现在更富挑战性的安全环境。

五、结论

美国仍将致力捍卫自身利益，维持美国的领导地位，维护全球的稳定、安全与和平。国防部认识到当前的财政现实，作出了许多决策，以确保联合部队在迫于财政限制而必须开始削减部队结构的情况下，仍然在较长时期内尽可能保持平衡。我们必须让国防部为未来作好准备，并且在实施这些改革时，保持全志愿部队的健康。

总统的2015财年预算为自动减支提供了一种现实的替代方案，支持了国防部完成升级版防务战略的能力，并开启了向一支更小型部队逐渐高效转型的进程。自动减支的重启将导致对本战略的更直接、更严重的风险。最终，由于自动减支的影响，到2021年，联合部队将因规模过小且过于落伍而无法全面执行我们的防务战略。作为全球领袖，美国需要一个强大的防务战略，利用一支能够有效执行本战略的军事和文职人员队伍来捍卫并促进自身利益，并确保盟友和伙伴的安全。这只有通过国防部向国会提交的改革与削减措施的战略平衡才能实现，也将要求国会与国防部携手做出政治上的艰难抉择。

引　言

2014年《四年防务评估》是一份战略驱动、资源导向的文件，其重心在于使国防部为未来做好准备，并且在财政窘迫时期优化我们的努力。本《四年防务评估》提出了三项重要倡议：第一，它根据2012年颁布的《防务战略指南》，提出一种能够捍卫并促进美国利益和维持美国领导地位的升级版防务战略。第二，它说明了国防部准备如何负责任地并且现实地采取措施，来在不断变化的环境中再平衡联合部队的主要成分。第三，它展示了我们再平衡国防部自身的意图，以作为我们在财政窘迫时期控制内部成本增长努力的一部分，这种成本增长正在造成消蚀我们战斗能力的危险。我们在执行这些改革措施时，将保护全志愿部队的健康。

在撰写2014年《四年防务评估》时，国防部首先评估了富有挑战性的国际安全环境。高级领袖们试图极力识别出，我们在近期、中期和长期内可能面临的、较为真实的战略和作战未来，尤其关注到了自2012年《防务战略指南》颁布以来出现的威胁、挑战和机遇。在这些评估的指导下，高级领导层明确指出了为了支持美国的国家安全利益，国防部所可能需要完成的目标，并且对联合部队的充足性和专业性能否满足这些需求进行了评估。这些评估的结果，不仅指导着国防部制订部队规划建构，还为总统的2015财年预算请求提供了足够的信息。在撰写《四年防务评估》的过程中，对于较低预算水平对国防部捍卫美国利益的能力的影响，包括自动减支在内，高级领袖们也都进行了充分考虑。本《四年防务评估》的基石，是继续努力保证在战斗力量上的开支，但同时也要找出新的方法来达成目标，找出新的途径来改革防务界。

第一章　未来的安全环境

即便完成了在阿富汗的转型，但在展望未来时，美国面临的国际安全环境依然具有很大的不确定性和复杂性，大量的威胁和机遇并存，因此在未来数年内必须要做好准备，随时予以应对。

力量强大的全球部队正不断涌现。力量中心正处于不断变迁之中，使国际舞台上的一些小型国家和非国家行为体获得了更大的力量。全球联系正在不断增强并深化，加强了国家、非国家实体和私人公民之间的互动。从根本上说，当今世界已经实现了全球化。在其中，亚洲地区的经济增长，美国、欧洲、中国和日本人口的老龄化，中东和非洲地区的持续动荡，以及许多其他趋势强力地交互作用。技术的发展使作战环境更加复杂，因为技术其他许多的行为体获得了过去仅限于大国才拥有的某些类型的能力。迅猛加速的信息扩散，不仅对某些政府控制其人民和维持社会秩序的能力构成了挑战，同时也改变了作战方式，并且还为某些集团进行动员和组织提供了帮助。

安全环境中的这些地区和全球性趋势，在财政窘迫形势的推波助澜下，迫使美国必须要比过去更加迅捷地去进行适应，并且寻求更富创新性的途径和伙伴关系，以维持自己的全球领导地位。

一、地区性趋势

长达一个多世纪以来，美国一直是一个太平洋国家，与该地区保持着密切而持久的经济和安全联系。尤其是在过去60年中，美国通过自己对自由、开放的商业的保证，通过促进公正的国际秩序，以及通过保持对公共领域的开放进入，帮助确保了亚太地区的和平与繁荣。美国与该地区的经济、安全和人民之间的关系非常强劲，并且还在不断增长。

亚太地区对全球商业、政治和安全日益重要，该地区内的防务开支在持续增长。地区内国家继续发展其军事和安全能力的过程中，也出现了一些风险，由于历史久远的主权争端，或是对自然资源的声索而产生的紧张状态，可能会激发破坏性的竞争，或者会爆发为冲突，扭转正在崛起的地区和平、稳定和繁荣的趋势。尤其是中国的军事现代化进程还在继续，步伐快速，范畴全面；与此同时，其领导层无论是在军事能力上，还是在军事意图上，都相对缺乏透明度和公开性。

该地区内正在出现一种多边安全结构，有助于管理紧张状态和预防冲突。该结构主要由东盟（Association of South East Asian Nations，ASEAN）和另一些地区行为体组成，它们在从人道主义救援、海上安全到反击恐怖主义等事务上，正在进行广泛的合作。澳大利亚、日本和韩国等传统地区安全大国，以及印度和印度尼西亚等新兴大国，正在发挥更大的领导作用，以促进更好的沟通和共同的认识。

许多亚太国家都在争取实现更大的繁荣，建立地区规范，并努力达成稳定的军事平衡。但与此同时朝鲜却依然保持封闭和独裁局面。朝鲜的远程导弹和大规模杀伤性武器计划，尤其是其违背自己的国际义务而追求核武器，对朝鲜半岛和东北亚地区的和平和稳定都构成了重大威胁，并且日益成为对美国的直接威胁。

中东地区的摩擦点持续存在。宗教差异，尤其是不断扩大的逊尼派和什叶派分裂，是导致该地区出现跨国对立的根源之一。在未来数年中，对包括能源和水在内的资源的争夺将使紧张状态更加恶化，并且可能会使地区性对抗升级为更大规模的冲突，在脆弱国家中尤其如此。在该地区内，伊朗仍然是一个破坏稳定的行为体，它通过挑衅国际法，以及通过寻求能够开发核武器的能力，对安全造成了威胁。即使伊朗誓言不会追求获得核武器，但它其他的破坏稳定的活动仍将继续对中东地区构成威胁，尤其将威胁到我们在该地区和全球范围内的盟友和伙伴的安全。

中东和非洲的许多国家正在经历重大的政治和社会变革。包括突尼斯、利比亚、也门和埃及在内的一些国家的人民正寻求在其国家治理中拥有更大的话语权，并在此过程中推翻了传统的权力中心。恐怖集团企图利用转型政府，并且扩大自身的影响。叙利亚的内部冲突仍在宗派摩擦中持续，已经造成了重大的人员生命损失。叙利亚已成为吸引全球圣战组织的磁石，并且只要其当前的领导层还在台上，这种情况很可能就会持续下去。严重的外溢效应正在发生，包括外国战斗人员的流入，以及大量难民涌入邻近国家。这些艰难的政治转型提醒我们，该地区的事件尚需数年，甚至可能是几十年，才能完全露出其面目。

在非洲，恐怖分子、犯罪组织、民兵、腐败官员和海盗仍然在利用该大陆上缺乏治理或治理不善的地区，及其周边海域。一些迅速发展的潜在可能威胁，尤其是在一些脆弱国家中，包括暴力公众抗议和恐怖袭击，足以对美国利益构成严峻挑战。与此同时，也存在着催生出更加强健的治理机构的极大可能性，帮助打造职业化、能力超强的军队，与美国形成伙伴关系，共同应对所有的地区性安全挑战。在维持和恢复国际安全方面，联合国、非洲联盟（African Union）和一些次地区组织主持下的多边和平合作平台正在发挥日益突出的作用，其方式包括通过在威胁环境中预防和纾解大规模屠杀，而这种环境先前可能会对多边行动起阻止作用。

欧洲仍然是我们促进全球安全的主要伙伴。由于动荡和暴力持续存在，尤其是在中东和北非地区，欧洲在应对这些挑战方面至关重要。欧洲是我们最可靠、最能干的盟友和伙伴的家园，在确保美国武装力量更加灵活、更具远征能力、更能对全球挑战做出反应方面，这些国家提供的战略通道和支持是至为关键的。虽然大多数欧洲国家今天都是安全的生产者，但巴尔干地区和欧洲边缘地带仍然存在着不稳定，将继续构成一种安全挑战。不管是在双边关系中，还是在寻求解决地区性挑战的方案时，只要我们的利益一致，美国就愿意与俄罗斯进行安全合作，包括在叙利亚、伊朗和 2014 年以后的阿富汗。同时，俄罗斯多维度的防务现代化努力，以及其侵犯其邻国主权的行为，也制造了一些风险。我们将促使俄罗斯提升透明度，以减少军事误判的风险。

在西半球，国家间冲突、右翼准军事人员，或是左翼叛乱分子已经不再是安全挑战的主要来源。当前的威胁主要源于毒品扩散和其他形式的跨国有组织犯罪，而自然灾害和经济机会不均又会使效果更加突出。这些挑战是所有国家共同面对的，不会受主权边界的限制。西半球国家团结起来，发展出瓦解、摧毁和击败这些来自非国家行为体的威胁的地区力量规模，符合所有国家的共同利益。

二、全球趋势

能够决定未来安全环境的全球趋势具有一些显著特点，主要表现为变化的高速度，以及由于相互交织、彼此影响的多种方式而带来的复杂性。因此，虽然全球范围内信息的可获得性和流动性在不断增加，但要预测全球威胁或机遇将会如何发展的挑战性也越来越大。

在塑造全球不断涌现的积极和消极趋势方面，美国持续的关注和接触非常重要。我们发现，许多地区内都有一些国际伙伴，有能力在各自地区发挥富有成效的，甚至领导性的安全作用。通过技术、旅行、贸易和社会媒体，全球建立了前所未有的相互联系，这也提供了共同的动力和更加有效的方式，以促进国际合作和共同的行为规范。在世界某些最为贫困的地区，全球化的力量正在引发一些重要的宏观经济变化。私营部门中技术和科学创新的步伐，尤其是能源市场上出现的创新，其潜能不但能够催发整个行业的二次革命，还能产生出一些新的途径，在将来为美国提供安全。

与此同时，技术催生的21世纪作战环境也提供了新的工具，让国家和诸如恐怖分子等非国家敌人可以寻求非对称途径，利用我们的最薄弱之处。在未来数年中，中国等国家将继续寻求通过使用反介入和区域拒止方法，以及通过使用其他新型网络和空间控制技术，来反击美国的力量。此外，这些及其他国家还在继续开发尖端、一体化的防空系统，以期对在其领土边界之外的水域和空域中的进入和行动自由施加限制。日益增长的精确常规弹道和巡航导弹威胁的数量，对美国和伙伴的海上力量和陆地设施，都提出了更多的、代价高昂的挑战。

美国已经开始依赖网络空间，来以新的方式进行通信，创造和储藏财富，提供基本服务，以及执行国家安全任务。网络空间对美国的生活方式和国家安全都极为重要，因此对于想要挑战我们的安全和经济秩序的行为体来说，它就成为了极具吸引力的目标。由于网络空间的特性使然，它将继续呈现出更多的机遇，但也会带来经常性的冲突和竞争，因为无论是硬件、软件、网络配置，还是人们使用模式的改变，都会不时产生出脆弱性。网络威胁来自于大量的国家、组织和个体，其活动对美国的国家安全构成了日益严峻的风险威胁。某些威胁者试图通过定期非法进入国防部和工业网络和基础设施，来削弱国防部的近期和长期军事有效性。而且，潜在敌人还在积极侦测美国全国及伙伴国家的关键基础设施，这可能对全球经济造成重大破坏，造成或加剧安全环境的动荡。

太空对美国安全和全球经济仍然十分关键。由于常规太空活动和不负责任的行为使然，太空阻塞状况正在日益增长。对美国太空能力的威胁，以及对太空环境自身的威胁，正在稳步增长。某些国家正在开发一系列同时兼具可逆转和永久效果的反太空能力，旨在阻止或降低我们在全球范围内军事作战和投射力量的能力。此外，许多国家还在将太空赋能的精确效果融入自身的系统，使其能够对美国资产形成威胁。

其他尖端技术的扩散造成了一系列新型威胁。反隐形技术就是一个很好的例证，说明一些高度先进的武器系统可以如何扩散和改变作战平衡，而这些武器系统先前只有拥有强大的研发能力和丰厚的采办预算的行为体才能获得。自动化和自主系统及机器人，已经具有一系列的商业、工业和军事用途，并且此趋势还可能会持续下去。低廉的三维打印机越来越容易获得，这可能会促使与战争相关的制造业和后勤供应出现新的革命。一些新的开发大规模杀伤性武器的方式，如生物技术突破等，可能会使更多人可以获取危险介质，因此会造成移动迅速的威胁难于发现，更难反击。这些及其他技术最终在战场上将如何完全展现，前景仍然不明。

不管恐怖分子使用高技术工具，还是较为落后的武器，恐怖主义对我们国家利益的威胁仍持续存在，并且自2001年来已经发生了极大演变。许多负责策划和实施对美国本土进行攻击的“基地”组织领袖人物已经被俘或被杀。虽然核心的“基地”组织已经严重削弱，但是受中东地区的动荡和叙利亚内战的影响，“基地”组织已经得以扩大在全球的影响范围，开始在全新地区行动。恐怖分子仍然梦寐以求地想要对美国及其公民和利益造成威胁，并且已经具备了这种能力，其威胁方式既包括进行重大且协调良好的攻击，也包括进行更小型、更简单的攻击，不一而足。恐怖网络继续显示了对获得大规模杀伤性武器的兴趣。附属于“基地”组织的外国恐怖组织，以及自行其是的恐怖分子领袖，还可能寻求招募或鼓励西方人员，在预警很少、甚至没有任何预警的情况下，对我们的国土发动攻击。例如，本土成长的暴力极端分子已经袭击了国防部人员和设施。某些组织即使没有能力对美国本土造成伤害，也可能在海外威胁到美国利益和人员。包括暴力抗议和恐怖袭击在内的威胁发展非常迅速，并且可能会快速升级，因此威胁到美国在国内外的利益，这是对美国的严峻挑战。

气候变化对美国和全世界都构成了严峻挑战。由于温室气体排放量增加，海平面不断升高，全球气温上升，极端天气模式正在加速出现。与此同时，全球范围内还出现了人口增长、城市化和人口流动性更强，以及印度、中国、巴西和其他国家的经济快速增长等动态，而这些因素交织在一起，将摧毁家园、土地和基础设施。气候变化还可能加剧水资源的稀缺性，并且导致食品成本的急剧攀升。气候变化带来的压力将影响到对资源的竞争，同时给全球范围内的经济、社会和治理机构都带来更大的负担。这些后果都是一些威胁倍增器，将恶化海外的贫困、环境破坏、政治动荡和社会紧张等压力点，从而对恐怖活动和其他形式的暴力起到鼓舞作用。

三、美国的力量和机遇

在应对这种挑战性环境的过程中，美国将依靠自己的多种比较优势。美国经济仍将是美国的力量基础，在经历了全球经济危机之后正在复苏。我们的经济力量与稳定的国际秩序关系密切，而它需要得到美国及其盟友和伙伴的支持，共同发挥作用确保全球通道自由和商业的自由流动。页岩气开发和利用烃矿层的新技术，将使美国在未来数十年内成为一个能源净出口国。总体上看，美国经济的未来前景十分光明。

虽然美国的联盟和伙伴关系建立在共同的利益和共享的价值基础之上，但其各自的力量却并不相同。世界各地的人民都向往美国公民能够享有的自由、平等、法治和民主统治。美国与盟友和伙伴共同努力，无论是在提供击败恐怖主义威胁的全球规范方面，还是在提供人道主义救援方面，都达成了一系列共同的战略、行动和战术目标。我们在联合国及其他多边论坛上，利用美国的领导地位和能力，驱动了应对安全挑战的全球合作。仅最近几年，我们已经与欧洲盟友和伙伴在阿富汗和利比亚进行了合作，并且与亚洲盟友和伙伴就地区安全问题进行了合作。这些及其他联盟和伙伴关系网络，其中许多是与其他领导性全球军事大国结成的，将加强美国应对危机和紧急事态的能力。

最后，美国的军队仍然保持着良好的状态，以利用我们的技术和人力资本力量。在创造性开发和利用技术方面，美国仍将是全球领导者。美国在作战中的创新建立在我们的防务工业基础之上，这也是国防部一直致力于支持的国家资产，而在水下战斗等领域内，这种创新提供了关键的能力优势。先进技术除了提供新的战斗能力外，还将应用到士兵、水兵、飞行员和陆战队员的治疗中，继续提供足以改变命运的进展。我们的军人的作战能力仍将保持不输任何人，而这种能力是凭借教室里的严格训练，以及战场上拼命赚得的经验而获得的。

第二章　防务战略

美国通过发挥领导作用来加强全球安全，以向四项核心国家利益提供支持：

（1）美国、美国公民及美国盟友和伙伴的安全；

（2）能够促进机遇和繁荣的开放国际经济体系，以及身处中的强健、创新并不断增长的美国经济；

（3）在国内和世界各地尊重普世价值；

（4）美国领导地位推动的国际秩序，该秩序能够通过更紧密的合作来促进和平、安全和机遇，从而应对全球挑战。

军队只是我们作为一个国家所拥有的捍卫国家利益的诸多工具之一。只要有可能，我们就将寻求通过外交、经济发展、合作与接触，以及通过我们思想的力量，来追求这些利益。在事关捍卫国家利益和共同福祉的问题上，美国和盟友已经显示了在必要时诉诸武力的意愿和能力。为确保军队能够响应这种召唤，国防部必须准备好进行各种紧急行动。

国防部在支持美国利益方面的作用植根于我们的努力，通过在关键地区内慑止侵略和胁迫行为，以及通过我们的前慑接触来积极影响全球事件，从而降低冲突的可能性。在作出任何将美国部队投入到敌对环境的决策时，都不仅应考虑军事行动的可能成本和预期风险，还应根本上考虑处于风险之中的国家利益的性质。保卫美国及其公民的安全是一项重要的国家利益。如果国家的安全处于危险之中，我们的国家领导层将准备好在必要时使用武力，并且在必要时采取单边行动。我们将确保自己军队的全球影响，超强能力，以及可持续维持，以便军队能够在必要时随时为外交提供可靠的增援。我们在使用军队时将坚持原则，有选择地使用，只在必要时使用，并且遵从所有可适用的法律、美国利益和美国价值观。

2014年《四年防务评估》是对本届政府先前所有防务评估的进化。从根本上来说，2010年的《四年防务评估》是一种战时战略。它要在两个东西之间取得平衡：一个是在伊拉克和阿富汗取得压倒性胜利的近期努力；另一个则是一些从长远看必须要做的事情，如预防并慑止冲突，准备应对广泛的未来紧急事态，同时还要保持和提升全志愿部队的健康。2012年的《防务战略指南》阐明了一系列的21世纪防务优先事项，并且启动了国防部从进行当前战争到准备未来挑战的转型，同时还要指导国防部如何消化《预算控制法》所要求的4870亿美元的开支削减。

2014年《四年防务评估》在捍卫和促进美国利益方面，与《国家安全战略》是一致的，也体现了2012年《防务战略指南》所勾划的21世纪防务优先事项。这些优先事项包括：向亚太地区的再平衡，以维持和平与稳定；维持对欧洲和中东地区的安全和稳定性的承诺；保持反击暴力极端分子和恐怖威胁的全球路径，尤其是在中东和非洲地区；在部队力量规模变得更加弱小的同时，继续保持和优化对技术的关键投资；以及重新激发努力，打造创新性伙伴关系和加强重要联盟和伙伴关系。2014年《四年防务评估》强化了这些优先事项，并且将它们融入到一个更加广泛的战略框架之中。随着美国完成在阿富汗的转型，该升级版防务战略旨在捍卫并促进美国利益，维持美国的领导地位，并且抓住战略机遇。国防部的防务战略强调三大支柱：

（1）保卫国土。国防部的首要优先事务是维持能力，慑止和击败对美国的攻击。这体现了国防部的持久承诺，即在对美国利益的非国家和国家威胁日益增长的时代，保卫国土安全。保卫国土同样包括保持能力，能够在以下两个方面为民事官员提供帮助：

保卫美国的天空、海岸和边界；对国内的人为和自然灾害作出有效反应。

（2）打造全球安全。美国将继续致力于塑造世界事件，这非常重要，因为它可以慑止和预防冲突，以及让盟友和伙伴对我们对共同安全的承诺感到放心。这种全球接触对美国的领导地位和影响至关重要。

（3）投射力量和取得决定性胜利。美国武装力量必须保持能够决定性击败敌人，从而在一个或多个战区慑止侵略行为，这种能力对于维持稳定非常关键，对我们作为全球领袖的地位至关重要。美国武装力量同样还要投射力量，以提供人道主义救援和减灾。

这三大支柱相互增强、相互依赖。我们的核威慑力量是防止对美国发动核攻击的终极保卫力量，并且通过延伸威慑，还能够让我们远方的盟友放心，不会遭受地区侵略。它还能够通过向潜在的有核敌人传达一个信息，不可由于常规侵略失败而升级其侵略方式，从而为我们的投射力量能力提供支持。打造全球安全不仅能够让盟友和伙伴放心并建设它们的能力，还能通过在中东和北非等地区内慑止冲突和加强稳定，来帮助保卫国土。我们投射部队到远如也门、阿富汗和马里等地方与恐怖主义战斗的能力，以及增强力量以帮助伙伴反击恐怖主义和反击大规模杀伤性武器的扩散和使用的能力，降低了这些威胁能够渗透到美国的可能性。

总统2015年财年提出的拨款水平将使军队能够捍卫并促进美国利益，并且成功实现升级版防务战略，但某些任务面临的风险水平将会增加。国防部能够按照总统的2015财年预算计划管理这些风险，但是，如果在2016年重启自动减支，如果提出的改革措施未被采纳，或者如果围绕预算水平的不确定性持续下去，这些风险将会显著升高。

一、美国防务战略的支柱

（一）保卫国土

国防部最根本的职责是保卫美国公民的安全。国土不再是美国部队的庇护所，我们必须要准备应对日渐增加的各种攻击美国国土的可能性。面对一系列种类各异、维度多向和日益增长的威胁，我们将继续采取一种积极、多层的路径来保卫国土。我们将保持状态稳定的部队战备水平及恢复力强的基础设施，以为确保完成任务提供支持，还将保持强大的导弹防御能力，保卫国土免受有限的弹道导弹攻击。国防部将保持现代化的作战持续性和政府态势持续性，并将准备在必要时向民事官员提供支持。

导弹技术的发展，及其向新行为体的扩散，对美国军队完成保卫国土的任务构成了日益增长的挑战。我们必须要领先于来自朝鲜和伊朗等地区行为体的有限弹道导弹威胁，寻求在攻击发生之前就对其进行慑止或预防。为了完成此项任务，我们加强了对积极反击弹道导弹挑战的重视，在更远的距离外和在所有高度上发现导弹，持续保卫美国国土。慑止和击败此类威胁的能力能够保卫美国，让盟友和伙伴放心，并且保持与俄罗斯和中国的战略稳定。

美国核力量的基本作用是慑止对美国、对盟友和伙伴的核攻击。美国将继续降低核武器在慑止非核攻击中的作用。然而，在应对由有核国家和不遵守核不扩散义务的国家造成的威胁的国家战略中，核力量继续发挥着一种有限但关键的作用。面对这些潜在的敌人，我们的核力量能够慑止对国土的战略攻击，并且能够在威慑失利时提供有效的反应方式。我们的核力量有助于在多个地区慑止对美国和盟友利益的侵略，让盟友确信我们延伸威慑保证的可靠性，并且显示我们能够在威慑失利时击败或反击侵略。美国的核力量还有助于让潜在敌人确信，他们不能由于对美国或盟友和伙伴的常规侵略遭遇失败，而成功地升级其侵略方式。

美国将依据《新战略武器削减条约》（New START Treaty）对战略核武器进行削减，但仍将保持安全、可靠和有效的核力量。我们将进一步与俄罗斯谈判削减核武器。在新一轮谈判中，美国准备将已部署战略弹头的上限削减至新条约水平下1/3。美国还将与北约盟友合作，寻求大幅削减美国和俄罗斯在欧洲的非战略核武器。

随着网络威胁的频率加快，复杂性增长，我们将继续高度关注网络防御和网络能力。国防部将慑止，并且在得到总统批准和国防部长指令时，破坏并拒止敌人威胁美国利益的网络空间行动。为此，我们必须要能保卫自己网络的完整性，保卫关键系统和网络，在得到指令时进行有效的海外网络作战，并且保卫国家免受迫在眉睫、破坏巨大的网络攻击。美国部队将遵守保护美国公民隐私和民事自由的相关法律、政策和规制。此外，国防部将依照与战争法相关的政策原则和立法框架而进行作战。

慑止和击败网络威胁需要一个强大的、多方参与的联盟，它能够合法运用蕴藏于美国政府、产业界及国际盟友和伙伴的权威、责任和能力。我们支持联邦政府网络安全小组，并将继续与国土安全部（Department of Homeland Security，DHS）合作提升关键基础设施的网络安全，与国土安全部和联邦调查局合作支持执法活动。国防部仍将努力与产业界和国际伙伴合作，共享威胁信息和保护与防卫美国关键基础设施的能力，包括就我们的角色来说，我们是防务工业基础的专门部门。我们将通过帮助盟友和伙伴改进其自身的网络防御能力，并通过共同行动减轻共同面临的网络威胁，来使其对威胁环境中的挑战保持警觉。

除了反击针对国土的高技术威胁，国防部还将保持能力，防御先进程度虽低但仍具潜在致命性的挑战。我们将准备好慑止，甚至在必要时防御，直接的空中和海上攻击。我们将保持持续的空中威势感知，保持能力高强、反应敏捷的防御力量。我们还将在国内出现危机时向民事官员提供支持。如果发生了包括极端气候事件、瘟疫和工业事故在内的各种自然和人为灾害，美国人民期望国防部帮助民事官员拯救和维续生命。

要阻止潜在攻击，最保险的方式就是防止威胁的发生。击败美国境内由高度多样和日益网络化的恐怖威胁制造的恐怖袭击，需要一种同样多样和网络化的反击努力。国防部保卫国土的活动并不止于国境。我们将与机构间和国际伙伴协作，解决驱使冲突产生的根源，包括与盟友和伙伴国家军队共同打造反恐力量的规模，支持发现、破坏和击败恐怖主义阴谋的全球努力。要在大规模杀伤性武器直接袭击国土之前，消除所有类型的大规模杀伤性武器危险，全球的预防、发现和反应努力就至为关键。例如，对于全球减小大规模杀伤性武器扩散和威胁的合作性努力，国防部仍然致力于向其提供资金支持。这包括在海外恰当地防止对大规模杀伤性武器的获得，搞清其去向，确保其安全，并在适当时予以摧毁，正如当前正在叙利亚进行的进程。

（二）打造全球安全

美国军队通过前沿部署和轮换部署部队来打造全球安全，以支持我们的国家安全利益。这些部队能够提供例行存在，并且从事训练、演习和其他形式的军事活动。为支持这些目标，国防部将继续再平衡全球范围内的态势。在此过程中，我们将继续与盟友和伙伴密切合作建立规范，对抗共同威胁，因为没有哪个国家能够单独应对我们集体面对的全球化的挑战。

美国的利益仍然与亚太地区的和平与安全密切相联。国防部致力于实现总统的目标，再平衡美国与该关键地区的接触。我们要兑现对亚太地区的和平与安全的承诺，就必须拥有持续的能力，以慑止侵略，在所有各个领域内有效作战，并且对不断涌现的危机和紧急事态做出决定性反应。为支持这些目标，我们正在提升自己在整个该地区内的防务关系、态势和能力，并使其实现现代化。

对于美国政府在亚太地区的再平衡，国防部的努力重心仍将是提升与澳大利亚、日本、韩国、菲律宾和泰国的安全联盟，并使其实现现代化。我们正在与各个盟友采取措施，提升我们的共同力量规模，并且提出前瞻性的角色和任务，来最有效地应对不断出现的地区性挑战。我们还在深化与地区内关键伙伴的防务关系，例如新加坡、马来西亚、越南及其他国家。通过这些联盟和伙伴关系，我们主要关注提升伙伴的能力，应对某些领域内日益增长的地区性挑战，这些领域包括导弹防御、网络安全、空间恢复性、海上安全和减灾。就与中国的关系而言，国防部正在与人民解放军开展可持续和内容丰富的对话，旨在提升我们在一些具体的实务领域内进行合作的能力，例如反海盗、维持和平和人道主义救援与减灾。与此同时，我们还将以按照国际规范和原则来提升地区和平和稳定为指导，有效管控双边关系中的竞争性因素。

国防部在亚太地区所有接触活动的核心，是要努力维持一些对地区和平与安全至关重要的关键原则和价值。我们正努力支持并扩大日益兴旺的多边组织和接触机制网络，这些东西正在该地区内生根。我们主要关注促进负责任的行为和建立机制，此二者能够防止产生误判和破坏性的地区竞争，并且能够避免可能导致冲突的升级性活动。这包括支持双边接触和演习，以及通过参加诸如“东盟国防部长会议＋”（ASEAN Defense Ministers’ Meeting-Plus）等机制，来增强东盟在该地区的中心地位。

随着我们结束在阿富汗的作战行动，我们将准备转型为一种有限的任务，重点在于反恐和向阿富汗安全部队提供训练、咨询和援助。我们将继续努力，帮助稳定中亚和西南亚地区，深化在印度洋地区的接触，以加强向亚洲地区的再平衡。巴基斯坦和南亚地区的稳定对这种努力仍然十分关键。印度是该地区内一个能力不断增强的行为体，美国支持它的崛起，并且正在深化我们两国的战略伙伴关系，包括通过《防务贸易与技术倡议》（Defense Trade and Technology Initiative）而进行的合作。

对于中东地区的稳定，美国仍然拥有深切、持久的利益和承诺。我们寻求在共同、持久的利益基础上，深化与中东伙伴的战略合作。我们将加强与盟友和伙伴的联合规划，以在所有领域采取多边行动，并且反击对通道和航行自由的挑战。国防部将开发新的论坛或扩大现有论坛，与盟友和伙伴就海湾地区面临的威胁和机遇交换看法，尤其是通过海湾合作委员会（Gulf Cooperation Council，GCC）这个多边论坛进行。国防部计划在 2014 年召开美国—海湾合作委员会国防部长会议，并且深化美国—海湾合作委员会弹道导弹防御合作。美国将继续寻求更加创新和灵活的途径，践行自己对一个安全的中东的承诺。

美国同样还将在世界其他地区积极行事。如果某个欧洲伙伴军事上有能力，且政治上有意愿与美国携手应对未来的安全挑战，那么我们就将对其产生深切且始终不渝的兴趣。我们对北约联盟的承诺是稳固而坚定的，并且将与盟友和伙伴合作，确保北约仍然是一个现代和能干的联盟。在一系列广泛的共同目标上，美国部队与欧洲国家进行了紧密合作，包括加强北约的军事能力、互通性和反恐努力，保持共同的战略和作战通道，以及打造其他全球伙伴的力量规模。通过持续的防务合作，国防部将继续促进地区安全、欧洲—大西洋一体化，以及增强联盟行动的规模和互通性。我们将继续调整在欧洲的防务态势，以支持美国在世界各地的军事行动，同时还要在欧洲地区内部进行一系列的预防、慑止和保证相关活动。

美国在西半球的接触旨在促进并保持地区稳定。如果有国家想与美国结成伙伴，并且致力于投入时间和资源来发展并维持有效的文人治国政府，国防部就将把有限资源集中投入到他们身上。我们将强调打造防务的制度化能量，加强与美国和其他志同道合的伙伴的互通性，以及支持一整套的多边防务合作来应对共同的挑战，例如美洲国家国防部长会议（Conference of Defense Ministers of the Americas）和泛美防务委员会（Inter-American Defense Board）。

美国仍然关注通过与关键伙伴积极合作来培育稳定和繁荣，以使我们在整个非洲地区的影响力达到最大。许多非洲国家都在采取努力，通过改进其治理机构，加强法治，并且采取更加有效的边境保护措施，来应对所面临的广泛挑战。美国武装力量在反恐及反海盗努力、伙伴关系力量规模打造（尤其是维持和平），以及危机和紧急事态反应等事务上，与非洲同道共同合作。近期，在索马里和马里的接触中，非洲国家和地区组织与欧洲和美国的国际伙伴进行了密切合作，这可以为未来的伙伴关系提供一种模式。

（三）投射力量并取得决定性胜利

我们的全球接触态势是在必要时进行危机反应的基础。60 多年来，美国保持了无以伦比的长距离投射大规模军队的能力。我们的力量投射能力由多种要素构成，包括国内准备充分、训练有素的部队，在不同地点间迅速转移部队的能力，以及在世界任何地方作战的能力。这些能力使我国能够在世界各地推进利益，对远离本土的事件施加影响，并且有助于给饱受冲突困扰的地区带来稳定。

在国防部向更加重视全频谱作战的再平衡过程中，在保证我国总体安全战略的可靠性方面，保持优势的力量投射能力将继续占据中心地位。虽然我们的部队规模不会再取决于进行大规模、长时期的稳定行动，但我们仍将保持过去 10 年从伊拉克和阿富汗的反叛乱和稳定行动中所获得的专业知识。我们将保护再生能力，以满足未来对此可能的需求。

联合部队将准备好与日益尖端的敌人作战，这些敌人可能会运用先进的作战能力，同时还会试图损害美国部队当前在太空和网络空间享有的优势。为了反击这些挑战，美国武装力量不仅要投资于新型系统和基础设施，还将继续提出创新性作战概念，更能让敌人陷入战略混乱。美国将继续使自己的地区性防务能力实现现代化，包括部署先进的防空和导弹防御系统、第五代战斗机、远程打击、情报侦察和监视，以及关键海军资产的更新模式。国防部还将提升空中、海上、地面、太空和导弹防御能力的恢复力，使其即便遭受了大规模协同攻击，也能从中恢复。保持我们投射力量的能力，还需要利用、拓展和获取网络和太空控制技术方面的优势，以及无人系统和非接触式武器方面的优势。

美国的全球通信和军事作战对太空的自由进入具有高度依赖性，因此，对于我们在冲突中投射力量并取得决定性胜利的能力来说，太空领域的安全至关重要。国防部将采取多层级的途径来慑止对太空系统的攻击，并且保留在威慑失败时进行反应的能力。这需要继续发展能力、规划和选项来保卫太空系统，并在必要时击败敌人干扰或攻击美国或盟友太空系统的努力。我们将继续提升太空系统的恢复力和可用性。同时，太空领域内的商业化活动和国际投资在不断增长，为太空能力的多样化提供了机遇。美国政府将努力与产业界、盟友和其他国际伙伴共同塑造太空领域内的通行规则，而国防部有关太空的所有倡议都将继续受其指引。

我们将保持并加强自己的力量投射能力，以便能够慑止冲突，并且在威慑失败时，能够取得对敌人的决定性胜利。朝鲜还在追求与美国相背的利益。面对这种威胁时，美国仍然致力于在与韩国、日本、中国和俄罗斯进行协调的情况下，通过军事和外交渠道保持朝鲜半岛的和平与安全，并密切监视情势发展。美国武装力量将继续坚持与韩国军队的密切合作，以慑止并防御北朝鲜的挑衅。韩国军队是一支能力强、专业精的力量，其主导韩国防务的能力正在增加。美国定期与韩国军队人员进行训练，并且参加了多种双边和多边的演习，目标都是要提升互通性。

美国还致力于确保自己的能力，能够在中东地区的冲突中取得决定性胜利。过去 5 年中，美国政府在中东地区的首要优先事项之一，就是通过一种多边和多维的战略，防止伊朗获得核武器，该战略将外交、国际经济压力和始终将军事选项摆在台面上的意志融为一体。在2013年11月与伊朗举行的“海湾5国+1”核谈判中，我们达成了“联合行动计划”(Joint Plan of Action)，但要达成一项更长期的全面解决方案，这只是迈出了第一步。伊朗破坏稳定的影响惹人关注，大中东地区的发展道路也具有不确定性，因此需要美国和地区伙伴继续保持能力，击败该动荡地区内出现的侵略行为。虽然关于核问题的外交还在继续，国防部仍将综合考虑所有选项，并且反击伊朗在该地区内制造的其他威胁，包括其对中程和远程导弹的开发，以及向恐怖分子和叛乱分子提供的支持。

保持不仅能反击国家威胁，还能反击非国家威胁的力量投射能力，其重要性正日益显现。美国将保持一种全球途径，综合使用经济、外交、情报、执法、发展和军事工具，来反击暴力分子和恐怖威胁。国防部将再平衡我们的反恐努力，使其更加重视打造伙伴关系能力，尤其是在脆弱国家，同时还要保留强大的直接行动能力，包括情报、持续侦察、精确打击和特种作战部队。我们仍将关注反击大规模杀伤性武器的扩散和使用，因为这还在继续破坏全球安全。国防部将继续与地区伙伴进行合作，以瓦解、摧毁和击败“基地”及其他极端势力威胁。我们将对由黎巴嫩真主党和哈马斯等其他冥顽恐怖组织制造的威胁保持警惕。由于这些威胁正在变得更加多样，并且还在持续调整之中，因此我们将加大对特种作战能力的运用，以维持安全和保持袭击的突然性。

考虑到暴力抗议和恐怖袭击的威胁能够将美国的海外公民和利益置于险境，美国将致力于提升美国设施和人员的安全。国防部将与国务院和东道国密切合作，研拟前慑性措施来提升美国海外设施的安全，并且我们还准备对一系列的紧急事态做出反应。

最后，美国的力量投射能力并非仅止于击败威胁。在一些国家或地区最需要时，美国将投射力量提供稳定，包括从对危机作出反应，到执行非作战撤离行动，直至与文职官员伙伴共同执行人道主义减灾任务。

二、部队规划构成

按照升级版防务战略的要求，并且依托《总统预算》提供的拨款水平，从总体上讲，2015—2019财年《未来年代防务计划》（Future Years Defense Program，FYDP）所规划的部队能够同时执行以下任务：防卫国土，进行持续、分布的反恐作战，并且在多个地区内，通过前沿存在和接触来慑止侵略和安抚盟友。无论何时，如果威慑失败，美国部队将能够在大规模、多阶段的战役中挫败地区性敌人，并且使另一个地区内的第二个侵略者的目标不能得逞，或迫使其付出不可承受的代价。

总统的预算提供了打造并维持进行这些行动的能力的资源，虽然对某些任务来说，风险水平有所增加。按照总统的预算，我们的军队能够击败或拒止任何侵略者。预算缩减不可避免地会压缩军队在应对这些风险时犯错误的余地，规模更小的部队使我们一次同时对一个以上的重大紧急事态做出反应的能力略显紧张。国防部能够在总统的2015财年预算规划下管理这些风险，但如果在2016年重启自动减支，如果提议的改革措施未被采纳，或者如果围绕预算水平的不确定性得以持续，这些风险将会急剧升高。

三、创新与调整的基础

围绕防务战略三大支柱，国防部致力于找出创新、有效、高效的方式来达到目标，作出艰难的战略抉择。无论是在国防部内部，还是在我们的跨机构和国际伙伴关系中，创新在所有努力中都占据着中心地位。从根本上来说，要将创新和调整文化融入到国防部这么一个庞大的机构之中，并产生出引人注目的成果，这是一项长期的任务，不可一蹴而就。我们将积极探索一些创新途径，来研究如何作战、如何部署部队，以及如何利用我们不对称的力量和技术优势。考虑到我们预期将遭遇的作战环境必会日益复杂，创新至为重要。

过去12年在伊拉克和阿富汗的冲突激发了惊人的战术和技术创新，美国武装力量的经验越来越丰富，互联互通性越来越强。我们所有四个军种和美国特种作战司令部都越来越多地使用无人空中系统，为大量的联合任务提供支持，并且开发出了能够长时间覆盖全战场的新一代平台和传感器。情报能力和程序也得到了改进，使我们得以有效定位和打击价值高、追踪难的目标。美国部队还通过帮助打造伊拉克和阿富汗部队，获得了无比珍贵的经验，学会了如何更有效地向伙伴国家部队提供训练、咨询和援助。所有这些领域内的改进已经被写入了学说、战术、教育、训练和其他地方。

国防部在将注意力转向未来挑战时，美国部队在伊拉克和阿富汗学习到的经验仍将弥足珍贵。为了最有效地为战时接触作好准备，作战司令官们将重启努力来调整紧急事态计划，以更加清晰地反映战略环境的不断变化。即使我们身处和平时期，美国部队也不能全时无所不在，因此国防部正在试图找到一些创新的新型存在范式，来管理和使用我们的部队，提升海外存在和活动的质量。下面的例子就是国防部正在采取的某些实在的步骤：

（1）在亚太等关键地区部署更多的前沿海军部队，以便以更低的经常费用，实现更快的反应时间和更多的存在；

（2）综合部署新的舰船、航空资产和危机部队，以便让作战司令部在应对稳定状态和紧急事态需求时，能够得到更加灵活和适度的支持；

（3）使用聚焦具体地区的部队，以便提供更多适度的、能够实现关键的全球和地区性目标的一揽子力量包，包括在亚太等关键地区；

（4）优先使用海外多边和联合训练设施，以便加强盟友和伙伴的战备状态和与其之互通性；

（5）开发概念、态势和存在选项及支持性基础设施，以便快速利用国防部对先进能力的投资，例如联合攻击机；

（6）以创新方式延长舰船的寿命，以便从我们的投资中获得更长的使用时间；

（7）寻求达成进入协议，以便能够在发生危机时提供更多的战略和作战灵活性。

在国防部的创新和调整努力中，另一个重要的方面就是与盟友和伙伴的密切合作，尤其是与海湾地区和亚洲地区国家的合作，使他们能够对自己的防务作出更大的贡献。而对于欧洲国家，则要让他们能够对所有地区作出更大的安全贡献。国防部正在研究一些战略上起到相互补充作用的途径，深化与紧密盟友和伙伴的合作，包括更多地集体规划我们在未来能力中的作用、任务和投资。这不仅有助于盟友和伙伴开发最急需的能力进行自我防御，还能使他们更紧密、更有效地与美国展开合作。展望未来，我们在自己的防务规划努力中，将全面考虑盟友和伙伴不断演进的能量。

例如，美国将与英国和澳大利亚一道，在我们各自进行自己的防务规划时加强合作。美国正在与英国合作，在未来重建其航母能力，这将使我们使用先进战斗机时互通性更强，并且在联合部署部队时能够获得更加灵活的选项，尤其在世界关键地区投射力量时更是如此。美国和澳大利亚在各自进行规划时也加强了协作，以强化互通性和合作，并且正在共同努力在澳大利亚北部全面实施各项美国部队态势倡议，侧重点在于潜艇系统和武器、直升机和作战及运输飞机。

国防部和我们最紧密的盟友还在努力调整其投资组合，以更好地进行投资配置，并确保我们的活动能够对彼此的共同优先事项起到补充作用。长期以来，美国极大地依赖技术优越的装备和系统来反击敌人。技术优势使我们在需要时获得了大致自由的力量投射通道。然而，这种优势正在遭遇一些能力日渐增强、经济强大的潜在敌人的挑战，他们可能正在开发和部署一些反制措施，专门针对美国高度依赖的某些或所有关键技术。要保持优势，军方就必须开发出既新颖又有效的能力、战术、技巧和程序。

虽然全球技术全景显示，美国在做规划时，不应依赖在所有领域内都享有无可争议的技术领导地位，但国防部必须要确保维持在最关键领域内的技术优势，以应对当前及未来的军事挑战。国防部已经对能源效能、新型技术和可再生能源来源进行了投资，以使我们成为更强大、更有效的作战力量。能源改善提升了我们部队行动的范围、持久力和灵敏性，在未来后勤补给受限的安全环境中尤为如此。

最后，国防部将使用一些创造性的方式来应对气候变化的影响，而气候变化将对作战环境和美国武装力量的作用和任务产生持续影响。伴随着气候变化和环境破坏带来的挑战，国防部仍将准备好在不断变化的环境中作战。我们已经加强了应对环境破坏后的战备状态，并将继续寻求在利用机遇的同时缓解这些风险。国防部的作战准备程度，取决于能否无障碍地使用陆上、空中和海上训练和测试空间。因此，我们将对所有设施进行全面评估，评估气候对任务和作战恢复力的潜在影响，并根据需要研拟和执行规划以进行调整。

气候变化既提出了需求，也创造了机遇，让所有国家合作努力，而国防部将通过一系列倡议来抓住这些需求和机遇。我们正在国防部内部与盟友及伙伴一道，研拟新的政策、战略和规划，其中包括国防部的《北极战略》（*Arctic Strategy*）和我们打造人道主义救援和灾难反应能力的工作。

第三章 再平衡联合部队

国防部依据不断变化的战略环境和升级版防务战略，正在采取负责任和切合实际的措施，对联合部队的各个组成部分进行再平衡。在经过了12年冲突，并且仍面临持续的预算削减之时，联合部队目前已经失衡。与冲突时期相比，部队的战备状态本已出现了下滑，而受执行2013财年的自动减支影响，战备状态进一步受到损害，部队未能跟上现代化需求的步伐。

国防部仍将继续面对挑战性的财政环境。自2012财年拨款起，国防部就开始承受了一项总额4870亿美元、为期10年的开支削减的重大影响，而该削减则缘于2011年的《预算控制法》（Budget Control Act，BCA）所设置的最高限度。该法还建立了一种自动减支机制，要求从现在起直到2021年，每年削减大约500亿美元。2013年的《两党预算法》（Bipartisan Budget Act）些许缓解了自动减支的影响，但除非国会采取行动，年度自动减支将按计划于2016年财年恢复。总统的2015财年预算认识到当前的财政环境，与2014年预算案相比，将5年内的规划防务预算削减了大约1130亿美元。该预算案反映了对2015年财年《两党预算法》要求的谨慎拨款所施加的严格限制，但又未接受其后的自动减支，向国防部拨款大约1150亿美元，比5年期自动减支水平要高。与自动减支计划相比，总统预算提供的途径更加谨慎和富有战略性，可以对由于财政不确定性环境而导致的资源逐渐下降状况进行有效管理。为了支持该战略，在整个《未来年代防务计划》期间，联合部队的规模将更小，但也将逐步变得更加现代化，战备状态将恢复到自动减支前的水平。

近期内，全面执行本《四年防务评估》所列载的谨慎措施，可以在万一财政前景未得到改善的情况下，提升国防部满足国家安全需求的能力。我们期望预算最高限额能得到提高，所以暂未作出更长远的关键决策。如果不能得到更多的资源，这些决策的执行就会越加困难、越加痛苦，对我们的战略落实能力的破坏性就越大。总统2015财年预算反映出的决策，旨在保护关键优先事项，并且将风险降至最低。

一、空军

国防部要想拥有在全球投射力量和对紧急事态做出快速反应的能力，那么空中力量至关重要。无论是在空中、太空，还是在网络空间，空军都能赋予对国家安全非常关键的能力，并将继续提升在各个作战领域内的绩效。我们将在空军中融入下一代装备和观念，以应对复杂的威胁。关键的优先事项包括继续推进装备新一代作战飞机的计划，并推动网络能力、航空电子学、武器、战术和训练领域内出现进展。空军将优化其最关键的现代化努力，包括：

（1）发展多用途第五代F－35战斗机，它能够提升生存率，并能提供一套一体化的传感器来更新其骨干战斗机队；

（2）研制新型、隐形和远程攻击飞机，以保持从远程起飞进行作战的能力，携带大量载荷，并能在争夺空域内及其周边作战；

（3）开发KC－46A下一代加油/载货飞机，用以替换以前遗留下来的加油机队，以便实施有效、快速的远程部署。

为了腾出资源用于这些投资，空军近期内将裁减空运、指挥与控制和战斗机等任务领域的规模。如果在2016财年及以后强制实行自动减支计划的话，空军将不得不退役80多架飞机，包括整个KC－10加油机队和“40块全球鹰”（Global Hawk Block 40）机队，放慢采购联合攻击机的步伐，只保留不超过10架“捕食者”侦察机（Predator）和“死神”无人机（Predator）进行24小时战斗巡逻，并且进一步缩短飞行小时。

二、陆军

在我国保持和平稳定的能力中，地面部队仍然是不可或缺的组成部分。自其诞生以来，陆军部队就已经运用于争取并捍卫我们的自由，慑止并击败侵略，向民事人员提供援助，打造并维系联盟，培育其他国家的安全部队来提升集体安全、对人权的尊重和社会治理，以及捍卫我们的国家利益。由美国主导的在阿富汗战斗行动的结束，为陆军提供了一个机遇，准备好迎接更加广泛的未来挑战，而这挑战可能需要动用地面部队才能予以应对。要成为一支全球接触、现代化、训练有素和准备就绪的陆军，需要有能力开展大量的行动，包括从在本土支持民事官员到向重大作战行动提供安全部队援助，从慑止侵略到在威慑失败时取得决定性胜利。在财政受限的环境中，未来的美国陆军需要能够进行迅捷、持续的陆上战斗，以作为大规模、多阶段联合和多边作战行动的一部分，包括将战场胜利转变为持久安全繁荣的冲突后稳定行动。要在一段时间后恢复部队的平衡，陆军将对其所有部分进行缩减。常备陆军部队将继续从其战时高峰期的 57 万人缩减至 44 万—45 万人。陆军国民警卫队规模将继续从战时高峰值的 35.8 万人缩减到 33.5 万人，美国陆军预备役部队将从 20.5 万缩减至 19.5 万人。

如果陆军按规划步伐进行削减，虽然近期内在战备状态和现代化程度上会呈现不足，但却会迅速实现资源节余，同时受损程度又不会过于严重。陆军对所有部分的削减计划还包括重建陆军航空兵的结构，以及在完成地面战斗车辆（Ground Combat Vehicle）计划的当前技术开发阶段后，不再继续推进该项目等。而这些活动可以把可用资源最终用于恢复战备水平，并投资于改进作战能力，包括有选择地更新用于战斗和支持的车辆和飞机，以及投资于 21 世纪战争所需的新技术。如果在 2016 财年及其后强制实行自动减支计划的话，陆军的各个部分还需进一步缩减，现役最终实力减至42万人，陆军国民警卫队减至31.5万人，陆军预备役减至18.5万人。

三、海军

无论是在全球海洋的海面上、上空，还是水下，打造全球安全和力量投射仍然需要海上力量。海军将继续打造一支未来舰队，能够投射所需的存在和能力，并且应对最重要的作战想定。投资将集中于能够确保美国海上优势和维持国家安全与繁荣的资产。海军将优化以下事项：

(1) 保持一支可靠、现代和安全的基于海洋的战略威慑力量，包括在2021财年开始投资建造下一代战略导弹核潜艇（SSBN(X)）；

(2) 维持或以可接受的成本提升非对称优势，保持领先于敌对威胁，或至于与之持平。这些优势包括进攻性攻击能力，如进攻性反水面战争（Offensive Anti-Surface Warfare）武器、下一代陆地攻击武器（Next-Generation Land Attack Weapon）、“弗吉尼亚”级核潜艇有效载荷模块（Virginia Payload Module）和F－35项目等。

直至21世纪20年代，海军的舰船库存量将继续保持增长，同时考虑到新兴的安全环境，将根据对未来水面舰队所需能力的评估进行调整。尤其是，“宙斯盾”巡洋舰（AEGIS cruisers）将暂时搁置起来，进行长期的现代化改造。这将极大地延长其使用寿命，并且直到21世纪30年代，都能使海军防空司令官（Air Defense Commander）的能力得到维持。继续生产III型“阿利·伯克”级导弹驱逐舰的计划，则将极大提升防空和导弹防御能力。濒海战斗舰数目达到32艘之后，我们不会再进行任何新的采办谈判。海军将认真评估濒海战斗舰是否拥有足够的防护和火力，确保在面对一个军事上更加先进的敌人时能够生存下来，尤其是在亚太地区。海军将提出替代建议，购买高性能和致命的小型水面船只。2019财年，海军将依托对下一代两栖舰（LX（R））的先行采办投资，开始更新41/49级船坞登陆舰（LSD）两栖舰只。为了维持对关键部队结构和现代化的投资，海军将每年削减30亿美元的合同商服务投入，回复到2001年的合同商支持水平。如果在2016年财年及以后强制实行自动减支，“乔治·华盛顿”号航母将不得不于其计划的加油和大修日期前退役。国防部将不得不在提交2016年预算时作出这个决定，使海军只剩下10个航母打击集群。

四、海军陆战队

海军陆战队仍将是一支时刻准备就绪的远征力量，主要承担前沿部署以慑止冲突，安抚盟友和伙伴，并且对全球危机做出反应等任务。如果对关键地区或盟友的进入遭到拒止，或是处于险境，就可以快速出动已经过专业训练，并且时刻准备就绪的海军陆战部队，执行两栖作战行动，支持美国的利益。为了更加方便地进行这些作战行动，海军陆战队将采取下列措施：

（1）分阶段采办两栖战斗车辆（Amphibious Combat Vehicle，ACV）。这可以在采办两栖作战车辆的同时，继续保持对能够拓展濒海行动的技术和能力的科学和技术投入。

（2）为了维持对这种两栖能力的关键现代化项目的投资，海军陆战队将把现役力量的最终实力规划为18.2万人，如果在2016财年及以后强制实行自动减支计划的话，还会再削减至17.5万人。该最终实力还包括900多名“使馆安全保卫”计划的陆战队员，其职责是保护美国在海外的利益和设施。

五、调整现役和预备役力量之间的平衡

在规划并塑造未来联合部队的整体努力中，恰当地平衡现役和预备役部队十分关键。预备役部队提供的关键能力和力量规模，是落实防务战略所必需的。10 多年来，无论是在海外紧急状态作战中，还是在支持应对国内出现的紧急事件方面，我们一直在持续且大规模地使用预备役陆军、海军、空军和海军陆战队员，而预备役部队也已经实现了转型，能够完成多种任务中的常规作战，并能有效作战。

美军结束在阿富汗的任务后，预备役部队仍将继续在保卫国土、打造全球安全和投射力量并取得决定性胜利方面发挥关键作用。为满足未来的防务需求，国防部将维持这样一支预备役力量，它能够在需要时提供训练有素的部队和人员，对现役部队起到加强和补充作用。在国防部逐渐发展其部队和能力的过程中，预备役部队将寻求招募拥有关键技巧的人员，保留经验高度丰富的人员，并且保持与现役部队互为补充的能力。

六、保护关键的优先事项

在一个资源削减的时代中，国防部尤其要加倍努力，保护与我们升级版防务战略的支柱关系最为密切的能力。

（一）保卫国土

保卫美国国土是我们最为重要的国家利益。国防部将以此需求为基础，继续调整联合部队的规模，并对其进行塑造。

（1）导弹防御。美国正在将陆基拦截器的数量从 30 部调整至 44 部，并且正在改进传感器网络的探测深度。在日本政府的支持之下，

我们正在该国部署第二部侦察雷达，它能够对朝鲜发射的任何导弹提供预警，并追踪其轨迹。为了确保国土在 2020 年之前都能免受突出的洲际弹道导弹威胁，国防部将把投资定位于提升防御性拦截器的可靠性和有效性，提升辨识能力，并且建立一个更加强大的传感器网络。国防部还在研究论证在美国境内选取另一个最佳的地点作为导弹防御拦截器阵地，以在必要时缩短部署更多拦截器所需的时间。盟友和伙伴采办可互操作的弹道导弹防御能力，并且参与到地区威慑和防御结构之中，同样可以降低敌对弹道导弹系统的胁迫和作战价值。

（2）核力量。美国虽然由于与俄罗斯签订了协议，而正在对核力量进行削减，但是，确保我们仍然保有安全、可靠和有效的核力量的重要性却有所增加。因此，国防部将与能源部通力协作，继续加大投资，使我们的基础核投送系统、弹头、预警和指挥与控制，以及核武器基础设施等实现现代化。这些项目将确保美国保持有效的三位一体的战略核投送系统，并且保持前沿部署的、能够投送核武器的战术飞机。

（3）网络。近年来，国防部在招募、训练和保留网络人员方面取得了重大进展。国防将以此为基础，继续投资于建设新型、拓展的网络能力。其核心就是建设“国防部网络任务部队”。这些部队包括：网络保护部队（Cyber Protection Forces），主要负责操作并保卫国防部网络，同时向全球军事行动提供支持；战斗任务部队（Combat Mission Forces），主要负责向战区司令官提供支持，帮助他们规划并执行军事任务；国家任务部队（National Mission Forces），主要负责反击针对美国的网络攻击。网络任务部队将在 2016 年开始配备人员。除了人员之外，国防部还要投资于开发最新的工具和基础设施，以帮助网络部队执行其任务。为了保卫自己的网络，国防部还要将自己的信息系统迁移至“联合信息环境”（Joint Information Environment，JIE）。“联合信息环境”是一个通用网络基础设施，全国防部都在使用。无论是研发防御能力更强的网络构造，还是改进网络作战，它都十分关键。国防部还将继续与其他美国政府部门和机构一道，以及与海外盟友和伙伴一道，打造他们的网络防御能力，并且降低共同的网络风险。

（4）空中/陆地/海洋。维持用于保卫美国领空、海岸和边界的能量规模，仍将是国防部的优先事项之一。美国空军从事“高贵之鹰行动”（Operation NOBLE EAGLE）的战斗机仍将时刻保持警惕，挫败对主要城市的空中威胁。我们还将在首都地区保持专业的地基空防资产，做到能够迅速拦截敌意的空中目标。在海洋上，美国海军资产将继续对远离美国海岸的地区提供海上领域态势感知和安全。

（5）向民事官员提供支持。国防部将继续重塑美国武装部队的能力，以便在需要时向民事官员提供支持，并且与国内机构伙伴密切协作。从2010年开始，国防部重组了国内化学、生物、放射和核（Chemical，Biological，Radiological，And nuclear，CBRN）反应部队的结构，并且在为维持国家战备状态而采取的“全社会”途径中，再平衡了军队在联邦、地区和州之间分布的贡献。在未来数年中，我们将随着战备状态的不断改进，通过更好地与国内伙伴协调事件发生前的规划及发生后的响应，来对重大国土自然灾害和人为威胁作出反应。国防部还将在其他方面，无论是预防国内孳生的暴力极端分子，还是预防其他对国土构成威胁的组织，努力向联邦民事执法机构提供帮助。

（二）打造全球安全

在一个资源受到局限的环境中，保持美国的全球态势和存在来支持稳定、安全和繁荣，将变得越来越有挑战性，但同时可能也更加重要。国防部将继续再平衡我们在海外的存在和态势，以便更加有效地捍卫美国的国家安全利益。

（1）亚太地区。美国正在从多个方面向亚太地区再平衡。为了支持此项努力，美国将在东北亚地区保持积极的活动，同时提升我们在大洋洲地区、东南亚和印度洋地区的存在。到 2020 年，60％的美国海军资产将驻扎在太平洋地区，包括改进我们在日本的重要海军存在。这包括在新加坡轮换部署濒海战斗舰，将数量更多的驱逐舰和两栖舰只母港驻扎在太平洋地区，以及将联合高速船（Joint High Speed Vessels）等舰只部署到该地区。作为我们分布式驻军计划的一部分，国防部正在增加美国海军和空军部队的数量，并且还在将海军陆战队重新部署到关岛，以产生出一种地理上更加分布、行动上更具弹性、政治上更可持续的力量态势。美国空军为了与盟友和伙伴协同行动，以提升陆地、空中和海上领域内的态势感知，已经将包括战术和远程打击飞机在内的一些资产部署到了亚太地区，并且还将把更多的情侦监资产等力量转移到该地区内。海军陆战队将增强在澳大利亚达尔文的部署，其目标是在未来数年内建设一个强大的轮换存在，主要由 2500 名海军陆战队空地特遣部队（Marine Air Ground Task Force，MAGTF）构成。过去 10 年中，即使我们在同时打两场战争，美国陆军在朝鲜半岛和东北亚仍然保持了一种生存力强、规模巨大的存在，以慑止侵略，展示对地区稳定的承诺。美国结束在伊拉克和阿富汗的战斗后，就可以把当前投入这些战斗的部队重新部署回到其分配的母基地，其中许多都位于亚太地区内，以支持向亚太地区的再平衡或其他的任务。这些部队将恢复例行的双边和多边训练演习，制造更多的训练机会来改进伙伴国家的能力和力量规模，以及支持为地区稳定作贡献的人道主义救援、减灾、反恐及其他行动。

（2）中东地区。国防部将继续在海湾地区保持强大的军事态势，对危机做出迅速反应，慑止侵略并且安抚盟友，同时确保我们军事能力的发展能够应对新型威胁。当前，美国武装力量在该地区内拥有强大的存在，超过 3500 名军事人员部署在海湾地区内或紧邻地区，其中包括先进的战斗机、情侦监资产、导弹防御能力，旨在打造伙伴关系力量规模的轮换地面部队，以及强大的海军存在。我们的部队正在与地区伙伴密切合作，提供安抚和足够强大的能力，来慑止并应对一系列威胁挑战，尤其是来自恐怖分子、准军事人员和常规威胁的挑战。未来，国防部还将把更多的重心放在打造伙伴的力量规模之上，使其能够为我们在该地区内的强大存在提供补充。总之，我们将与伙伴密切合作，提升关键的多边能力，包括一体化的空中和导弹防御、海上安全和特种作战部队。除了在该地区的前沿存在外，国防部还计划在发生危机时将更多的部队部署进来。

（3）欧洲地区。美国部队将继续寻求通过保持在欧洲前沿部署并提供轮换存在，包括通过共享的联盟或伙伴驻地，来加强欧洲盟友和伙伴的能力。我们认识到了欧洲对于在非洲和中东地区行动的战略重要性，因此将与驻在国密切合作，加强欧洲基地的可用性和灵活性，以便能够更好地对该地区内外的危机做出反应。我们将继续对在欧洲的美国基础设施和司令部进行研究论证，以在以下二者之间实现平衡：一是在财政窘迫时期的进一步合并；二是与我们承担的永久职责，即提供部队来应对地区内外的危机，并且与北约盟友和伙伴共同训练。国防部认识到，在全球范围内的作战行动中，欧洲国家是美国的主要伙伴，因此将作出各种努力来改进与它们之间的共同训练。我们将继续努力建设一个和平繁荣的欧洲，并与俄罗斯保持建设性接触，以支持该项目标。

（4）非洲地区。虽然美国在非洲地区的存在规模相对较小，但国防部仍将继续使其影响实现最大化，这主要通过以下方式来实现：进行高效益的训练和演习；谈判达成灵活的协议；与跨机构伙伴密切合作；投资于新型、有效和高效的小型驻足地点；找出创新性的途径来利用驻在该国的设施或盟友的联合基地。

（5）拉丁美洲地区。我们将与跨机构同事和国际伙伴共同提供援助，反击拉丁美洲地区的非法毒品走私和跨国犯罪组织网络，它们形式多样，并且其规模、范畴和影响还在不断扩大。国防部将继续与我们的伙伴一道，培育积极的安全关系，保持西半球的和平与安全，从而使美国在拉丁美洲地区的存在的影响力实现最大化。

（三）投射力量和取得决定性胜利

无论是对于捍卫和推进美国利益，还是对于促进世界安全，美国在海外投射大规模军队的能力都非常重要。我们在进行部队规划和发展时，顶级优先事项仍是要保持优势的力量投射部队，即便在财政窘迫时期也是如此。而此种力量投射部队应由多种机动能力来支撑，包括空运、空中加油、水面投送、海运和前置部署等。

（1）空中/海上。国防部的系列投资，包括对战斗机和远程攻击机等作战飞机、生存能力强的不间断侦察、恢复力强的构造和水下作战的投资，将增强联合部队反击“反介入/区域拒止”挑战的能力。国防部将继续维持对多种急需能力的投资，其中就包括空军、海军和海军陆战队对F－35项目的投入。国防部还在深化与关键盟友和伙伴的协作，开发能力来反击更尖端的敌对未来部队。盟友们采办F－35战斗机是一个重大的步骤，能够提升我们之间的互通性。

（2）地面部队。我们要想慑止侵略、获得通道、投射力量并取得决定性胜利，拥有击败敌人的地面部队并且占领其领土的能力就至为重要。我们将进一步提炼自己的学说，使自己的能力更加现代化，并且重拾我们在强力进入和大规模联合兵种机动作战方面的娴熟性，以打败与我们过去10年所面对的有所不同的敌人，这些敌人规模更大、能力更强。

（3）太空。国防部将继续重视太空投资，因为它们能够提供更强的恢复力，并且能够提供慑止、防御并击败针对美国或盟友系统的攻击所需的能力。在太空态势感知领域内与国际伙伴的合作，例如将一部雷达和太空侦察电子望远镜迁移安置到澳大利亚，能够使国防部日益实现多元化，扩大关键地区的覆盖面，同时还能节省成本。同样地，国防部还将依靠共享搭载、商业图像和国际情侦监能力，使太空能力来源实现多样化。近期还需要加强对技术论证和能力的投资，以逐步开发出恢复力更强的设计。此外，国防部还在部署新的能力来侦察对太空系统的干扰，并确定其特性，以便及时地进行咎责和反应。国防部还将加速推动一些倡议来反击敌人的太空能力，包括其情侦监能力和由太空赋能的精确打击能力。为此，我们需要一种动态性更强、专门聚焦于防务的战场管理指挥、控制和通信构造，来对这些活动加以协调。

（4）反击恐怖主义和特种作战行动。国防部将继续保卫其力量规模和能力，在全球范围内反击恐怖主义威胁。在这些努力中，特种作战部队发挥着核心作用。除承担危机反应和应急作战外，它还越来越多地通过维持持续的前沿存在来防止危机。国防部将把特种作战部队总的最终实力增加至6.97万人。对于特种作战部队维持持续网络化和分布式作战行动的能力，我们将予以保护，以击败“基地”组织并反击其他新兴的跨国威胁，反击大规模杀伤性武器，打造旨在反恐的伙伴关系能力，让敌人无法获得庇护所，并且在适当时候直接参战，或向作战提供支持。随着我们的部队逐步从阿富汗撤出，作战司令官们可获得更多的特种作战部队的支持，推进其在全球范围内反击一系列挑战的努力。在未来数年中，会出现更多的需求，要求使用美国部队来帮助盟友或伙伴部队拓展反恐能力。美国将继续向伙伴部队提供咨询、训练和装备，来执行反对恐怖网络的根本任务，以向美国的战场活动提供有益补充。举个例子来说，在马格里布、撒哈拉和非洲之角的作战行动和活动，就在没有大规模使用美国部队的情况下，进一步促进了我们的国家安全利益。

（5）精确打击。国防部正在优化通过空中、陆地和海洋进行精确打击的能力。空军将采购这样的空对地导弹，使战斗机和轰炸机无需完全压制敌人的防空系统，便能有效打击各种目标。海军同样正在研发一种新型的联合远程反舰巡航导弹，这种导弹将提升联合部队在受防卫的空域内打击水面战舰的能力。虽然海军将降低“战斧”陆地攻击巡航导弹（Tomahawk Land Attack Cruise Missiles）的年度采购量，但仍将保有成千上万枚这种远程精确导弹的库存。目前，我们所有的水面战舰和潜艇都部署有“战斧”导弹。

（6）情报、侦察和监视。要想有效完成任何军事任务，及时、准确地掌握作战和战术态势信息，就极为重要。美国部队无论是和平时期，还是在危机或冲突中，都拥有大量的系统来提供这种信息。从伊拉克和阿富汗逐步撤出部队以后，鉴于来自国家对手的挑战不断增长，国防部将再平衡投资于在设防空域和拒止区域内仍然有效的系统。我们将通过扩大对商业和盟友太空情侦监系统的利用，来增强关键天基系统的恢复力。国防部在做出这些投资的同时，将维持适用于更宽松环境的能力，以便向全球态势感知、反恐和其他作战行动提供支持。我们将延展反恐机载情侦监平台的有效距离，并且继续为其装备更新、更好的传感器。美国部队将顺应 20 世纪 90 年代后期启动的潮流，加强对情侦监无人航空系统的使用和一体化。

（7）可恢复力。同样地，如果空中、海上、地面、太空和导弹防御能力受到大规模协同攻击，国防部将致力于提升其可恢复力。我们将综合利用大量相辅相成的措施，减少美国部队的脆弱性，并使他们能够维持快节奏作战行动。这包括采取一些主动和被动措施，提升海外基地的恢复力。国防部将提升能力，将陆基和海上远征部队分散到其他基地和作战地点，使其能够在只使用少量补充性后勤资源和支持人员与装备的同时，从形势严峻的基地起飞并保持前线作战飞机。我们还将投资于建设更多的快速机场修复能力，并且还将采购燃油囊来确保补给物资的生存能力。

七、风险

本《四年防务评估》已经清楚表明，我们的升级版防务战略对于国家非常合适，能够维持美国的全球领袖地位，还能够为我们的决策提供基础，有助于在未来10年内使军队进入平衡状态，并且负责任地作好应对财政和战略不确定性的准备。美国需要继续作出艰难而审慎的决策，决定如何根据国家安全利益来优化对军队的使用，如何将部队部署到遍布全球的作战司令部。近期内，美国部队仍将积极致力于打造伙伴关系，提升关键地区的稳定，但我们的接触将更具适度性和选择性。在中东和北非等地区内，我们将维持更高的戒备态势。只要有可能，我们就将寻求通过采取与关键伙伴国家进行军方对军方的接触等措施，来增强我们对地区安全的承诺。从长远看，安全环境本质上在动态发展，具有内在的不确定性，因而我们将面临由此而来的风险。虽然联合部队将逐步变得更加现代化，但由于其他人也在不断开发并部署先进能力和尖端武器系统，我们仍面临着诸多风险。在应对安全环境中不可预知的变化时，可以允许我们犯错误的余地越来越小。

依据总统的2015财年预算计划，国防部尚能管理这些风险。但是，如果在2016财年自动减支计划重启的话，这些风险将会极大增加。因此，国防部倡导的途径对自动减支提供了一种现实的替代方案，能够维持对防务长远战略优先事项关系最关紧要的战备状态和现代化水平。此外，在2015财年中，根据总统提议的“机遇、增长和安全”倡议，国防部会额外获得260亿美元，这将会降低近期内的战备状态和投资方面的风险。要将一支健康、准备就绪和现代化的部队带入未来，非常重要的一点就是，必须要批准所提议的资源节余计划，主要来自于“基地重组和关闭”、补偿、医保及其他增效措施。

八、规划的2019财年美国部队的主要构成和最终实力①

（一）陆军部（Department of the Army）*

18个师（常备部队10个，陆军国民警卫队8个）

22个航空旅（常备部队10个，预备役部队2个，国民警卫队10个）

15个“爱国者”防空和导弹防御营，7个末段高空区域防御（Terminal High-Altitude Area Defense，THAAD）导弹防御营（均归属陆军常备部队）

军事人员：44万—45万名常备军人；19.5万名预备役人员；33.5万名国民警卫队成员

*由于陆军尚需在部队、现代化和战备状态之间进行平衡，并且还要研究创新性的部队设计，所以陆军部队的具体数量和构成尚未最后定型。

（二）海军部（Department of the Navy）

11艘航空母舰和10个舰载飞行联队

92艘大型水面舰（68艘“阿利·伯克”级导弹驱逐舰（DDG—51），3艘“朱姆沃尔特级”（DDG—1000）驱逐舰，21艘“提康德罗加”级（CG—47）巡洋舰，其中10—11艘暂时处于闲置状态待现代化）

43艘小型水面舰（25艘濒海战斗舰，8艘“复仇者”级猎雷舰，10艘巡逻艇）

33艘两栖作战舰（10艘通用两栖攻击舰/多用途两栖攻击舰

① 如果国会按总统预算请求的5年期水平进行拨款的话，在某些困难年份，部队结构规划可能出现变更。

（LHAs/LHDs），11艘船坞运输舰（LPDs），12艘船坞登陆舰（LSDs），其中1艘暂时闲置待现代化）

51艘核动力攻击潜艇（SSN）和4艘核动力巡航导弹潜艇（SS-GN）

人员最终实力：32.32万名现役人员；58.8万名预备役人员

（三）海军陆战队

2支海军陆战队远征部队，由3个现役和1个预备役师/航空兵联队/后勤集团队组成

3个海军陆战队远征旅指挥部

7个海军陆战队远征分队指挥部

人员最终实力：18.2万现役人员，3.9万预备役人员

（四）空军部（Department of the Air Force）*

48个战斗机中队（26个现役中队，22个预备役中队）（971架飞机）

9个重型轰炸机中队（96架飞机：44架B—52，36架B—1B，16架B—2）

443架空中加油机（335架KC—135，54架KC—46，54架KC—10）

211架战略空运机（39架C—5，172架C—17）

300架战术空运机（C—130）

280架情侦监飞机（231架MQ—9，17架RC—135，32架RQ—4）

27架指挥控制机（Command and Control Aircraft）（18架E—3，3架E—4，6架E—8）

6个作战卫星星座（operational satellite constellations）（导弹预

警、导航和校时、宽带及受保护的卫星通信（SATCOM）、环境监测、多用途）

人员最终实力：30.88万名现役人员，6.65万名空军预备役人员，10.36万名空军国民警卫队

*此处只列出了“作战编号”（“combat coded”）库存中的美国空军飞机数量，即配属到分队执行战时任务的飞机。

（五）特种作战部队

大约660支特种作战小组［包括陆军A类特种作战分队（Army Special Forces Operational Detachment—Alpha，ODA）及其同类分队，海军“海豹”突击队（Navy Sea，Air，Land，SEAL），海军陆战队特种作战小组，空军特种战术小组，以及作战飞行分遣队（operational aviation detachments，OADs）。不包括民事小组或军事信息支持作战（military information support operations，MISO）分遣队。］

3个突击营（Ranger battalion）

259架机动和火力支持飞机

大约83架情侦监飞机（40架遥控驾驶，43架有人驾驶）

人员最终实力：6.97万人

（六）战略核部队*

不超过1550枚可说明的已部署弹头，用于下列战略核投送工具：

最多420枚“民兵3型”洲际弹道导弹（Minuteman III intercontinental-range ballistic missile）

240枚潜射弹道导弹（Submarine-Launched Ballistic Missile），部署在14艘战略导弹核潜艇中的12艘上

最多60架可执行核任务的重型轰炸机，其中每架已部署的重型轰炸机都计作一枚已部署弹头

*本美国战略核力量遵守了美俄《新战略武器削减条约》中规定的中心限制。从2018年2月5日往后，也就是说条约生效7年以后，这些限制就不能再被突破。这些数量涉及到《新战略武器削减条约》中规定的已部署弹头和已部署战略核投送工具。

（七）网络任务部队

13支国家任务部队，其中8支为国家支持小组（National Support Teams，NSTs）

27支作战任务部队，其中17支为战斗支持小组（Combat Support Teams，CSTs）

18支国家网络保护部队

24支服务网络保护部队

26支作战司令部和国防部信息网络保护部队

第四章　再平衡防务机构

国防部正在采取措施来再平衡自身的机构，以控制日益加速的内部成本增长，这种增长已经威胁到未来的可持续性。国防部首要的优先事项是保持我们最伟大的资产的力量，即在美国武装部队中服役的男女及其家人。我们将继续向现役人员、已经转业退出军队的人员，尤其是退出战斗后需要照顾的人员提供支持。在防务预算削减的时代，要保持我们对维持并加强全志愿部队的健康的承诺，要求我们只要有可能，就要进行谨慎、重大且持久的改革。这包括在国防部组织内部找到增效措施，改革内部过程并合并基础设施，并且对薪金和补偿制度进行某些调整。在此过程中，我们将对托付

给国防部的资源进行良好监管，同时继续尊重所有服务人员所作出的牺牲。

一、加强全志愿部队的健康

过去12年的作战经历对全志愿部队产生重大且深远的影响。来自所有部队的士兵、水兵、空军和海军陆战队员表现优异。即便整个联合部队在美国领导的在阿富汗的战斗任务临近结束，并且将更多的注意力转移到应对未来挑战时，美国军队的成员仍将继续忍受艰难困苦，包括与家人的长期分离，以及在危险地区的部署。

国防部在从战时状态进行转型时，将继续确保由于作出了牺牲而受伤、患病或致残的服役成员能够得到最高品质的医疗和心理照顾。在我们的全球作战行动中，有大约1.4万名战士受伤。国防部将继续努力向这些战士及其家人提供支持，使其能够从所罹患的伤害中得到恢复，并且能够自如应对。国防部将对“康复协调项目”（Recovery Coordination Program）等倡议进行投资。“康复协调项目”指定了一个单一的联络点，从军队人员受到伤害的那一刻起，直到他们重返岗位或退出现役，提供全程帮助。对于正在住院、康复治疗，或采取其他恢复方式的武装部队男女，我们还将继续作出努力，打造最可能强大的支持网络。

美国武装部队的所有老兵在退出现役后，都应该有机会把他们的辉煌经历，其中包括领导小分队作出决策和解决问题，转化到新的职业中。国防部将继续与退伍军人事务部和劳工部合作，帮助美国公司、协会、城市和非营利组织，从大量将退役和已退役人员挑选人才。例如，国防部将继续与退伍军人事务部和劳工部合作，支持“转型援助项目”（Transition Assistance Program，TAP），该项目旨在帮助服役成员接受必要的训练、教育和文凭，以成功转型到地方工作。这样的努力对双方都有利，不仅可以帮助为我们国家提供了服务的男女找到回报丰厚的工作，还可以向潜在的雇主提供积极、熟练、有效的工人、经理、领袖和执行人。

当前正在美国武装部队中服役的每一个成员，都为了支持美国的安全而作出了牺牲，因此国防部必须要为他们提供这样一种环境，使其能够将自己的最佳能力成功地发挥出来。以负责任的方式对抗性侵犯仍然是国防部的最高优先事项。我们正在作出努力，使所有军种的预防措施实现标准化，并且在加强对受害人的支持和审判前调查的同时，还在加大司令官的责任和受害人的支持。我们致力于在性侵犯预防和反应方面取得重大进展。

我们还在继续采取重大措施，减少所有其他由于性别原因造成的服役障碍。陆军终结了排斥女军人直接参加地面作战的条款，其他军种也正在努力，消除所有不必要的性别服役障碍。正是由于这些及其他决策的影响，自2012年以来，国防部向妇女开放了大约5.7万个职位，并且我们还在对职业表现标准进行评估。国防部还将继续推行一些必要的变革，以全面落实其决策，让同性恋男女能够公开在军中服役。在作出所有这些努力时，高级领导层将忠守于一条原则：确保任何形式的歧视都不能在美国武装力量中长久存续下去。

二、再平衡防务机构

防务预算的减少要求国防部继续尽最大可能地进行谨慎、重大、持久的改革。

（一）增效措施

前两任国防部长在推动机构改革方面取得了成功，为本《四年防务评估》建立了基础。我们已经实施或正在实施一些改革措施，旨在降低医疗供应成本，提升内部医疗保健设施的效能，清除优先级别更低的组织，统一信息技术操作，以及其他更多的工作。在总统提交的2010财年预算中，对于一些效率低下、性能较差的项目，国防部对其开支设置了最高限额并予以取消。而经过2011年国防部长领导的效能评估后，国防部实现了总额1500亿美元的5年期节余。2012年，国防部规划在5年内再削减600亿美元，而2013年则计划再削减350亿美元。2013年12月，哈格尔部长宣布，国防部将采取一系列更多的增效措施，包括：

（1）从国防部长办公室（Office of the Secretary of Defense, OSD）、参谋长联席会议、军种司令部及秘书处、作战司令部和防务机构及战区活动开始，将国防部主要的总部预算削减20%；

（2）通过进一步合并国防部长办公室的内部功能，以及通过取消一些岗位，减少直接向国防部长提交的报告的数量。

总之，这些努力将在未来5年内使国防部的运行成本减少约50亿美元，并且在未来10年内还将在此基础上减少两倍多。各军种也在其组织内部寻找增效措施。

（二）更好购买力和财政管理改革

国防部正在努力提升防务开支的生产率，以向纳税人和战斗人员提供更大的价值，其核心就是要实现更大的效能。2010年通过的“更好购买力计划”包含了一系列的倡议，旨在推动国防部朝向这个目标奋进。2012年11月，国防部启动了第二阶段“更好购买力计划”，反映出国防部致力于在7个关键领域内进行持续改进：

（1）实现各类项目符合支付能力；

（2）在产品寿命周期内自始至终进行成本控制；

（3）激励产业界和政府中的生产力和创新；

（4）清除非生产性程序和官僚机构；

（5）促进有效竞争；

（6）改进合同制服务采办中的商业技巧；

（7）提升整体采办队伍的专业性。

这些目标非常宽泛，任何要使其得到实现的倡议，都必须要重视人员队伍的创新、技术、最佳价值和职业技能。上述最后一项领域认识到，要改变国防部向作战人员提供关键能力的方式，人是最重要的，因此它寻求对关键领导位置建立更高的标准，对所有采办专业提出更高的职业资格（而非仅是证书）要求，加强对采办管理的卓越性的承认，以及继续增强采办队伍的成本意识。

国防部还在改进其财政管理，部分目的是要使财政报告经得起审计。我们已经采取了许多措施：收紧财政商业过程，安装现代系统，以及针对防务财政管理人员，启动一项正式的基于课程的证书项目。当前，我们的这些努力正在产生回报。今年，首次出现了一个军种（海军陆战队）对其当前年度预算报告提出了一条不合格意见，并且我们期望到2014年9月时，我们大多数的预算报告都能够经得起审计。通过这些财政和采办改进及增效措施，国防部继续展示了其对增强防务支出的生产率的承诺。

（三）管理整体队伍

由于得到了合同支持，国防部的文职人员队伍有了很大提升，并且通过提供基础训练，执行装备现代化和重置，提供医疗保健，进行基地运行和基础设施服务，以及确保重要的家庭成员支持项目的活力，直接支持了任务战备状态，并且对作战部队起到了重要赋能者的作用。从2001财年到2012财年，国防部文职队伍保持了稳定增长，尤其在情报、网络和采办等领域内更是如此，越来越多的文职人员已成为这些领域内的运行骨干。国防部曾寻求通过多项措施来减轻联合部队的压力，包括将5万个军事岗位转换为文职岗位，以将更多的军事人员解放出来从事作战任务，以及增加后勤和医疗人员等等。文职队伍的增加使国防部可以降低对合同商的过度依赖，并且使整体队伍实现再平衡，以确保一些职能的基本能力和政府表现，而这些职能本来就是政府固有的，是非常关键的。

考虑到规划的对军装队伍的削减，对部队结构的变革，以及国防部在财政局限下采取的战略方向，对于由现役和预备役军事人员、文职人员和合同支持组成的这支整体队伍，国防部必须要继续找出其中的增效措施。国防部需要一些灵活性，来决定其整体队伍各组成部分的规模和结构，其方式应能最高效和有效地满足任务需求，产生出我们各司令官要求的战备状态，并且保持全志愿部队的活力、士气和福祉。

（四）基地重组和关闭

国防部在削减部队结构时，尤其要避免把宝贵的防务开支浪费到维持不必要的设施上。国防部经过评估认为，我们现有的基础设施超过了所需；随着部队结构的削减，我们多出来的设施规模还将进一步增加。要清除美国境内的不必要基础设施，最有效的办法就是通过“基地重组和关闭”程序进行。“基地重组和关闭”计划是一个经过详细分析、非政治性、透明、并经过独立确证的方法，已证实是一个成功的增效工具。过去25年中，我们已进行了5轮“基地重组和关闭”，每年都节省了120多亿美元。过去两年的每一年中，国会都拒绝了国防部再进行一次“基地重组和关闭”的请求。如果国防部要想有效地用好纳税人的美元，国会就必须授权在2017年再进行一次“基地重组和关闭”。

美国需要进行一次“基地重组和关闭”来清除不必要的基础设施成本，国防部还在其全球基础设施中找出增效措施。为此，国防部已经启动了对欧洲基础设施的全面评估。该项努力应能产生出足够的改变，使运行的高效性和有效性出现实际进展，并且找出哪些基础设施是我们为践行对该地区的战略承诺而必须维持的。

三、薪金和补偿

加强全志愿部队的健康，要求在财政窘迫时期保持部队的平衡。美国将保持与美国武装力量的两重的神圣合约：在我们的军人服役期间和退役后，都对他们及其家人进行恰当补偿和照料；尽可能地为我们的军人提供最好的训练和装备，以让他们平安完成任务。

在长达10多年的战争中，国防部和美国人民已恰当地为军中男女提供了有力支持。2001年以来，薪金和福利的增长远超补偿差距，使军队的补偿与国家其他劳动力更好地保持了一致。补偿增长下滑轨迹之所以出现增加，主要是由于以下因素的结果：

（1）将基础薪金提升设置得比私营部门工资增长更高；

（2）对65岁及以上退役人员实施新的医疗保健计划（终身TRICARE）；

（3）提供住房补贴，对已测量的租赁、基础设施和租户保险成本提供100%全覆盖。

将这些提升考虑在内，今天的全志愿部队实际上已经享受了多种薪金和福利，包括基本薪金（Military Basic Pay）、基本住房补贴（Basic Allowance for Housing，BAH）、医疗保健、生活补助、服装、军营超市和特殊薪金及奖励。为确保未来部队的规模、形状、训练和装备能够与日渐受限的预算相匹配，以及为了将人员成本控制在可持续的道路上，国防部必须要负责、公正和可持续地减缓薪金和补偿的增长速度。国防部必须要作出调整，将仍处于上升态势的补偿曲线调整到一种更加恰当、可持续和负责的下滑曲线上来。

国防部正在提出一系列的变革措施，在减缓补偿增长速度的同时，提供一种有竞争力的一揽子补偿措施，来征召并维持我们未来的联合部队。如果全部得到实施，这些措施能够在未来5年内节省大约120亿美元，而在未来10年内还将节省多得多。而且，在国防部最重要的立法总削减中，比起我们削减的部队能力、规模和战备状态来，这些变革措施所占的比例要小很多。

军队基本薪金是军队人员根据工资级别和服役时间决定的可征税的收入。国防部建议在未来5年内，通过提供低于“雇佣成本指数”（Employment Cost Index）的薪金增长来限制年度军队薪金增长，在2015财年开始时将幅度设定为1%。这不包括将军及其副官，他们的薪金将冻结一年。

基本住房补贴是为未住用政府营房的军队人员提供的住房成本免税现金补贴。在2001年以前，军队人员的住房补贴只补偿了其全部住房成本的80%。从2001年开始，国防部逐步采用了“从口袋里掏零开支”（“Zero Out-of-Pocket Expenses”）政策，并且到2005年时，基本住房补贴就覆盖了100%的平均预期开支。随着更多的军队人员享用基本住房补贴及各军种规模变大，成本份额和对预算的影响相应地出现了增长。国防部建议在3年之内逐步放缓基本住房补贴的增长速度，并且在免税住房补贴降到只占开支补偿的95%之前，不再报销租房者的保险。该建议只适用于国内的基本住房补贴，军队人员在变更服役地点前，会受到“幅度保护”。在2015财年至2019财年之间，这种变革预期能够节省50亿美元。

TRICARE为军队人员及其家人和退役人员提供成本低廉、世界一流的医疗照顾。在过去10年间，军队卫生系统的成本翻了一番多，从2001财年的190亿美元增长到了总统2014财年预算请求的490亿美元，其中某些增长源自为65岁及以上的退役人员提供的终身TRICARE。而且，自1996年全面实施TRICARE以来，成员会费只进行了小幅调整。当时，一个工作年龄的退役人员的三口之家，如果使用社会保健的话，平均要承担其卫生保健总成本的27%。而今天，由于成本增加而用户费用却没有适当地增加，因此该贡献的百分比已经降至不足11%。

根据近期改革军队卫生保健制度的努力，国防部建议，将三种

TRICARE服务会费和管理下的保健选择整合为一个统一的计划。该建议是仿照私营部门的最佳实践而来的，能够降低成本，同时又不会对卫生保健服务产生消极影响，并且能够在2015至2019财年之间节省大约90亿美元。它包括调整折扣和共同付费比率，以鼓励成员使用最经济的保健方式。现役军队人员的卫生保健福利不会改变。受益人将能够保持其对医生的选择，并且我们当前所做的任何事情都不会促使目前的提供商或医生退出TRICARE。病退人员或在现役岗位上牺牲人员的家人将视为现役岗位家庭成员。国防部将继续向“受伤、患病和残疾人员”项目（Wounded，Ill，and Injured warrior programs）提供全面资助。即便产生了额外费用，这种保健也远比同等的社会部门卫生保健计划便宜，并且质量能够与其相媲美，甚至更好。

国防给养局（Defense Commissary Agency）在世界各地经营着243个军营超市（国内178个，海外65个），以在成本价基础上加价5%的价格，向军队人员及其家人和退休人员提供廉价百货商品。军营超市是几十年前建立起来的，当时军队薪金非常低，大部分军队人员都居住在营房中，并且在驻地附近的社会市场上所提供的低成本百货选择也寥寥无几。今天大多数地方的情况都有所改观。国防部建议，在未来3年中，将给予军营超市的年度直接补贴逐步削减10亿美元，该补贴当年总额已达14亿美元。根据该计划，所有的军营超市仍将免交房租并且无需纳税，并且海外和偏远地区的军营超市仍将接受直接补贴。总之，按计划，该建议从2015至2019财年能够节省39亿美元。

总结起来，这些提议的变化措施将保持我们的承诺，向全志愿部队提供公正和恰当的薪金和补偿；同时，在把他们送上战场时，尽我们所能地为其提供最好的训练和装备。国防部长、各军种部长和参谋长、高级军士顾问（Senior Enlisted Advisers）和国防部所有领导高层，都支持这项一揽子全面改革计划，我们相信这会将我们置于一条可持续的道路上，并且有助于加强对我们维持全志愿部队所需的作战能力的资金支持。我们将与国会和美国人民合作来推进这些改革，以确保我们继续拥有世界上最精良的军队。

第五章　自动减支的意含和风险

国防部致力于通过各种措施来再平衡并为未来作好准备，以捍卫并促进美国的国家安全利益。当前，根据总统的 2015 财年的预算支持水平，国防部仍能保卫我们的国家，并落实防务战略，但对于某些任务来说，风险水平会有所升高。按照总统的 2015 财年预算计划，国防部尚能控制这些风险，但是如果 2016 财年重启自动减支计划，如果提议的改革措施未被采纳，或者如果围绕预算水平的不确定性继续存在下去，这些风险将极大升高。财政缩减的规模和最后期限，将迫使国防部更大幅度地削减军队规模、影响范围和技术优势的富余量。在此背景下，与 3 年前设想的相比，国防部将在未来 10 年内将规划预算削减将近 10000 亿美元。此种力度的预算削减会使部队结构和现代化水平受到过大削弱，从而缺乏落实防务战略的活力。

自动减支对防务战略和部队现代化的意含

如果在 2016 财年重启自动减支，将极大地减弱国防部全面落实战略的能力。与总统的 2015 财年预算拨款水平相对应，军事作战行动中的相关风险将极大地增长。我们的军队将失衡，并最终会由规模太小和现代化不足，而不能满足战略需求，从而导致美国和盟友及伙伴面临战争时间拖长的风险，并且伤亡程度更高。最终，持续的自动减支可能会使敌人更加大胆，并瓦解盟友和伙伴的信心，而这反过来又会导致比现在更富挑战性的安全环境。

在持续的自动减支计划下，国防部即使面临更高的风险，也要把优先事项聚焦于国土防御上。随着时间的推移，国防部保持空中、导弹和海上防御的能力，将受到削弱的战备状态和力量规模的挑战，尤其如果我们在海外面临大规模冲突时更是如此。同时，这还会对我们支持国内国土安全机构的能力产生消极影响，并且对我们向民事官员提供灾难性灾害反应支持的能力造成影响。

近期、中期和长期内的自动减支将对国防部塑造全球事件的能力产生消极影响。在自动减支计划下，美国仍将聚焦于加强联盟和伙伴关系，并与我们的伙伴合作打造力量规模，但是，由于可用于接触活动的资源在不断削减，因此国防部彻底贯彻意图时将遇到困难。在未来10年内，由自动减支计划带来的战备状态和力量规模缩减，将降低国防部在全球打造安全、保持稳定、慑止冲突和安抚盟友的能力。例如，海军可用于提供全球存在的舰只数量将比2013财年自动减支时进一步下降。诸如“联合综合交流训练”（Joint Combined Exchange Training）事件等项目同样会大量减少。随着时间推移，国防部的某些能力将受到严重限制，如反击恐怖主义，与伙伴共同举行演习和训练活动，进行港口访问，以及向地区作战司令官提供情侦监能力等。

在自动减支计划下，美国将继续对维持并完成我们向亚太地区再平衡的努力进行优化，包括继续重视确保与盟友和伙伴建立强劲关系。国防部将继续落实该地区内的关键态势倡议，到2020年时，将60％的海军舰只部署到该地区。然而，要保持整个太平洋地区当前的存在水平，尤其是保持航空母舰的数目，会受到力量规模缩减的挑战。如果资源水平未得到增加，一段时间之后，美国在该地区内以及与盟友和伙伴共同进行的演习的规模、数量和复杂程度，同样会大幅下降。

虽然美国将继续保持对中东地区的关注，寻求反击暴力极端分子和破坏稳定的威胁，但如果在未来数年内自动减支计划仍然存在的话，我们将需要建立一种规模更小、但反应能力仍然较强的态势。如同在亚太地区一样，水面舰队力量规模的减小将致使存在受到削弱。

美国仍将保持对欧洲盟友和伙伴的安全承诺，但在自动减支计划下，我们将不能继续以当前的水平参加联合训练和演习，而这对我们与盟友和伙伴的关系却是至关重要的。在中、长期内，这和另外一些趋势共同作用，将降低我们和欧洲军队之间来之不易的互通性，并且在可能发生的未来作战行动中，威胁到我们共同和迅速达成目标的能力。如果自动减支继续，美国将在当前的水平上，减少在西半球等地区内的军队部署。由于资源日渐紧张而产生的影响，已经在这些地区内显现出来。

对于国防部在未来冲突中投射力量和取得决定性胜利的能力来说，自动减支也会制造一些风险。国防部慑止冲突的能力将减弱，并且在受命从事重大战斗时迅速击败敌人的能力还会面临挑战。所有军种尤其是陆军力量规模的削减，将挑战我们对战略突袭作出反应的能力，尤其遭受需要动用大量部队的突袭时更是如此。在未来的对抗或冲突中，我们可能需要更多地依靠盟友和伙伴来作贡献，但这有一个前提，即假定他们有意愿和能力采取行动支持共同利益。

总体战备状态的减弱，尤其是最近几年之内，将进一步挑战部队投射力量并对紧急事态作出反应的能力。降低战备状态能够迅速实现资源节余，但对于各军种和美国特种作战司令部来说，这也会使他们丧失原先赖以配备人员、训练和装备部队的资源，包括航空母舰、旅级战斗小组、特种作战部队和飞行单位。自动减支将减小各军种可用的力量规模，用于保持一支随时准备好进行快速部署的部队“激增池”。在某些情况下，部署部队，尤其是在陆军和海军陆战队中部署部队，必须要从未部署部队中抽调人员和装备，从而导致在出现事先未能预知的紧急状况时，或是需要部署部队来提供前沿存在时，战备水平更低。今天的战备决策将继续对未来数年产生影响。我们知道，重新生成核心和最高技能所需的时间，要比消蚀它们的时间长得多。这些有害的战备影响需要时间和金钱来纠正。

在自动减支计划下，一些关键的现代化项目也可能被中断，导致我们部队的技术能力出现缺陷，但同时我们部队又面对着一系列能力需求，要对各种威胁作出反应，包括大量的“反介入/区域拒止”和网络空间挑战，以及由创造性综合使用现代武器和非对称战术的敌人制造的威胁。尽管国防部最需要一些关键作战能力，包括先进的第五代战斗机、远程打击资产、水面和水下舰只和精确武器等，来应对日益增长的威胁，但是对其之研发和部署将处于极大的风险之中，国防部将不得不在关键能力之间进行平衡。各军种将不得不推迟、削减或取消某些高优先性现代化项目，以及许多低优先性项目。

最后，如果出现自动减支，国防部将被迫作出许多会消极影响到美国利益的非战略性决策。例如，海军将被迫考虑将一艘航母及其配属的空军联队编入预备役，并且从其未来几年的造舰计划中拿掉1艘核潜艇、最多3艘“阿利·伯克”级导弹驱逐舰、3艘下一代后勤补给舰［TAO（X）］，以及1艘海上前进集结基地/机动登陆平台舰（Afloat Forward Staging Base/MLP），目的仅是为了在近期内避免增加成本。这将使美国的核心竞争优势受损，并且削弱我们全球作战、投射力量、慑止冲突和取得对敌人的决定性胜利的能力。其他各军种将不得不作出类似的艰难平衡。不管是对美国部队，还是对我们力求安抚的盟友和力求威慑的敌人来说，这种选择的消极影响一目了然。

美国仍然致力于捍卫其利益，维持自己的领导地位，以及维护全球稳定、安全与和平。国防部认识到了当前的财政现实，作出了许多决策，以确保联合部队在迫于当前的财政限制而必须瘦身的情况下，仍能经过一段时间之后保持平衡。我们在推行这些改革措施时，将使国防部和联合部队为未来作好充分准备，并且保持全志愿部队的健康。

总统要求的2015财年拨款水平能够使军队捍卫并促进美国的利益，并且实现升级版防务战略，但是某些任务面临的风险水平会升高。按照总统的2015财年预算计划，国防部能够管理这些风险，但如果2016财年重启自动减支计划，如果所提议的改革措施未被采纳，或者如果围绕预算水平的不确定性持续下去，风险将会极大攀升。最终，如果财政环境未能改善，到2021年时，联合部队将因规模过小且过于落伍而无法全面落实我们的防务战略。作为全球领袖，美国需要一个强大的防务战略，利用一支能够有效落实该战略的军队来捍卫并促进其利益。国防部致力于与国会和美国人民共同努力，确保在国家财政恢复良好状况时，继续提供足够的资源来建设强大的防务。

参谋长联席会议主席对《四年防务评估》的评价

我支持2014年《四年防务评估》所阐明的战略方向。历经10多年冲突后，随着我们战备水平的重建，美国军队将能够执行2014年《四年防务评估》，但某些领域的风险会更高。实际上，如果我们不落实该报告所载明的这些类型和程度的变革，一段时间之后，我们军队的风险会迅速攀升。

战略就是关于目的、方式和手段的平衡，即我们的国家目标、作战概念和可用资源。显然，《四年防务评估》触及到了这样一个事实，即在可预知的将来，国防部可资用于捍卫国家安全利益的“手段”会越来越少。毫无疑问，考虑到我们作为一个全球力量的责任，《四年防务评估》的战略继承了2012年《防务战略指南》所阐明的“目的”，因为人们普遍认为，这些“目的”对捍卫美国的核心利益非常必要。当前，我们的“目的”既定，但“手段”却在不断下降，因此我们必须在保卫国家的“方式”上进行创新。美国军队是一个庞大而复杂的组织，要对其进行成功的创新尤为困难。这有赖于军队内部强大、英勇的领导能力，以及与我们民选领袖的密切协作。

因此，在我看来，2014财年《四年防务评估》的核心主旨就是“再平衡”。由于多个因素使然，包括地缘政治变化，作战方式频繁演进，潜在敌人的能力日渐提升，以及国家由于赤字而出现的资源削减等，我们需要在多个领域进行再平衡。这些领域包括：

（1）我们欲使联合部队准备好应对的冲突类型。过去10年间，部队的关注焦点一直集中于某种单一的冲突类型，而现在需要恢复战备状态来应对全频谱的潜在冲突；

（2）我们在全球范围内的前沿态势。我们需要在永久、前置和轮换存在与激增能力之间实现平衡。我们将寻求新的存在模式，一方面履行自己在世界各地承担的多项责任，一方面安抚盟友并慑止敌人；

（3）我们部队的能力、力量规模和战备状态。我们需要更多的时间来恢复三件事情之间的平衡，即我们能够做什么、能够以何种频率去做，以及随时做好准备，捍卫我们周知的承诺并应对不可避免的突发事件。当前时刻，它们处于极大的不平衡状态；

（4）我们的“牙齿/尾巴比率”。虽然效率低下状况通常是由国防部以外的因素引发的，但我们仍需继续努力，竭力成为一个效率更高的组织，以保持战斗力；

（5）现役、警卫队和预备役之间的部队组合。我们需要充分利用各军种及其组成部分的独特属性和职责，精心设计可能的变革措施，维持现役、警卫队和预备役部队之间的平衡。

一、评价

如同我在去年的风险评估中指出的那样，我认为，由《国家安全战略》勾划的四项核心利益中，直接衍生出了六项国家安全利益，应该由军队来负责推进。这些利益正是我们所要捍卫的，是我们战略的“目的”：

1. 国家的生存；
2. 防止对美国领土的灾难性攻击；
3. 全球经济体系的安全；
4. 我们盟友的安全、信心和可靠性；
5. 保护海外的美国公民；
6. 维持和拓展普世价值。

这六项利益都非常重要，但其重要程度却并不相同。在我们制订战略和运用资源的过程中，它们起着指导作用。

根据这六项利益，联席参谋长们和我使用了如下任务（或称“方式”）优先排序，来向国防部和总统提供咨询意见，并且决定如何在作战司令部之间分配力量：

1. 保持一支安全、有效的核威慑力量；
2. 对国土进行军事防御；
3. 击败敌人；
4. 提供全球、稳定的存在；
5. 与恐怖主义作战；
6. 反击大规模杀伤性武器；
7. 阻止敌人实现目标；
8. 对危机作出反应并进行有限的紧急事态作战；
9. 进行军事接触和安全合作；
10. 进行稳定和反叛乱作战；

11. 向民事官员提供支持；

12. 提供人道主义救援和灾难反应。

进行优先事项排序可以帮助我们对各种资源选项作出抉择，对各种计划进行分析，以及在一段时间后将风险明晰起来。当前，美国军队能够执行所有这些任务，但在某些情况下，在执行其中某些任务时，我们会受到能力、力量规模和战备状态的限制。鲜有国家拥有拒止美国力量投射的能力。无论在外交上，还是在军事上，我们的海外基地都是安全的。国土也非常安全。我们的技术优势依然远胜于其他国家敌人。

然而，我预料，在未来10年内，东亚地区发生国家间冲突的风险会升高，我们的平台和基地的脆弱性会增长，我们的技术优势会消蚀，中东地区的不稳定会持续，暴力极端组织制造的威胁会长久存在。几乎所有的未来冲突都将以更快的速度发生，并且其战场也更具技术挑战性。并且，就美国在海外冲突中的卷入来说，无论是对我们的部队，还是对我们的公民，国土都将不再是一个庇护所。

我相信本《四年防务评估》认识到了这种未来，并且为我们指明了有益的减轻风险的方向。我们将需要新的作战概念，需要新思维来思索如何利用我们的比较优势，还需要新的组织和结构。我们将比当前更需要联合部队的协同作用。首要的一点是，我们将需要投入更多，要在各个层级上发现并培育重要领袖，即一些能力和品行兼具的男女。

我认为，相对于可获得的资源来说，《四年防务评估》提出的结构建议是恰当的。本《四年防务评估》优化了能够支持我们利益和任务的投资，尤其关注到了太空、网络、态势感知和情报能力、非接触式打击平台和武器、反巡航和弹道导弹技术，以及保持我们的水下优势。

对每个军种的力量规模来说，《四年防务评估》提出的部队结构都有一定的风险，但承受风险最大的是陆地部队。虽然美国对侵略的反应大多通常从空中或海上领域开始，未来可能还会从网络和太空领域的对抗开始，但它们通常也会在陆地上动用某些部队，并以之而结束。因此，《四年防务评估》规划的陆地部队需要得到更好的组织、训练和装备，以应对全频谱的21世纪挑战。然而，由于在陆地部队的使用中时间因素具有决定性作用，因此我强烈建议对国家动员现有的预备役部队的能力进行全面评估，并且还要全面评估是否已经准备好迎接可能要进行的国家动员。

其他领域内的风险也在升高。我们需要能够在竞争激烈的环境有效作战，并且要有能力进行强力进入。这也就是指我们必须拥有这样一些能力，它们的作战范围更大，能够更好地与其他系统和概念进行互操作，并且能够进行分散的作战行动。我们需要继续提供并提升某种系统网络，它能够挫败深度埋藏和加固的目标，并且能够追踪和摧毁机动发射器。我们需要在不牺牲当前态势和能力组合的条件下，开始抛弃传统的平台和方法。这样的转型挑战性很强，而且代价很高。我们要避免采办这样的系统，它们虽然昂贵且精致，但敌人却能以非常低的投资就使其失效。

判断此种做法的成本有多高几乎是不可能的。技术扩散的速度、潜在国家敌人正在研发的日益尖端的系统、恐怖分子的智慧与执着、我们调整采办项目的能力，以及美国技术和经济周期的活力，都可能大大出乎我们的意料，既可能是令人愉悦的惊喜，也可能是令人不安的意外。同样地，如果我们试图去评估自己将以何种方式、在哪儿作战或是进行军事干预，可能通常会得出一些错误的结论。

我们需要打造一支平衡的联合部队，并且该部队需要准备好迎接频繁发生的调整。

二、风险

《四年防务评估》断言，美国军队能够落实升级版防务战略，虽然在某些领域内的风险水平会更高。我想要强调三个主要的、风险更高的领域：

（1）更加艰难的常规作战。我们的作战计划需要由能力、力量规模和部队战备状态来支撑。如果部队规模虽大但在时间上却没有作好准备，或是虽有准备但规模过小，都不能完成作战计划。对该战略最重要的解读就是呼吁要保卫国土，还要同时进行击败并拒止的战役。如果拿高到中烈度作战计划来衡量，如果利用《四年防务评估》规划的部队来同时执行这种紧急事态任务组合，风险水平会更高。为了减轻潜在的风险，我们目前正在评估自己的作战计划，确保我们已经全面利用了情报能力，提前足够长的时间发现逼近的威胁，以保证我们的非对称能力与作战路径实现了全面结合，并且保证我们已经对自己的海外态势进行了优化，以缩短反应和后勤期限；

（2）对盟友和伙伴的依赖。指望通过增加对盟友和伙伴的依赖，来完全缓解我们自己力量规模减小的影响，似乎是不太可能的。尤其是在与潜在威胁相关的方面，我们期望盟友还能作出更多的贡献，即便他们自身的军队规模大多数也处于下降之中。由于我们自己的部队结构正在缩减，因此我们建立新的伙伴关系将更加困难，而这正是我们每个军种的核心能力。作为我们与盟友和伙伴互动的一部分，我们已寻求为部队管理增加更多的可视性。更多的缓解措施可能包括混合部队，应对部队需求和供给的联盟“共用池”，以及日渐增多的互通性和训练；

（3）全球责任的现实。要满足为时甚久的美国政策承诺，与之相关的军队目标非同寻常，并且难度也在增加。安全环境正在迅速变化。正如《四年防务评估》所阐明，更多不同的全球行为体更加紧密地联系在一起，能够更好地获得先进技术，并且已经证实了其恢复力和适应性。中等国家能够威胁到美国国土，同时次国家行为体也能不负责任地攫取权力。有核国家的数目也在增长。在正在进行现代化的国家（其中许多国家已投资于进行跳跃式技术开发）面前，我们日益老旧的作战系统的脆弱性在逐渐增加，使得我们更加急迫地要拥有能力，研发和使用最先进的技术、系统和概念。此外，我们还必须对自己的部队、平台和设施给予更多的保护，使其免受创新的低技术威胁和战术威胁。所有这些因素都能减小我们目前的军事优势，并且使我们实现雄心勃勃的战略目标的能力变得更加复杂。联席参谋长们和我正在与国防部长合作，提炼和优化美国军队的目标，使其与我们规划的部队的规模和能力相匹配。

三、结论

我相信，到2020年，我们仍将是世界上最为强大的军队。超过100万现役男女（目前部署在130多个国家和海上），仍将拥有在各个领域远胜潜在敌人的能力。由于与大多数最强大的国家都建立了联盟关系，因此我们将是唯一能够在全球投射大规模军队力量的国家。

我们的部队同样还将承担大量的责任。他们必须要保护盟友，部署到全球以慑止冲突，保护全球公地，并且使战争远离我们的国土和公民。这些义务是美国军队独有的，本身就需要很大的花销。

《四年防务评估》勾划的军队规模更小、能力更低，使得承担这些义务更加艰难。我们大多数平台和装备将更陈旧，我们在某些领域内的优势也会逐步削弱。我们所有部队中后备力量的丧失，可能会削弱我们恐吓对手不敢升级冲突的能力。一些国家和非国家行为体可能会由于逐渐习惯了我们的存在，从而开始以不同的方式行事，并且通常是以有害的方式行事。而且，我们许多能力最强的盟友将失去关键能力。我们目前的战备状态隐忧在未来3至4年将会恶化，而这又会使该种情形加剧。

2014年《四年防务评估》的基本精神是正确的。考虑到我们未来的不确定性，以及风险判别固有的不确定性，我支持它关于近期的结论和方向。正如《四年防务评估》所暗示的那样，我们作为一个机构，即便进行一些相对简单并且大家都了解的改革时，也会受到挑战。考虑到先前预算削减的毁灭性影响，我们在近期内将专注于恢复战备状态。然而，如果我们的民选官员迅速撤销《预算控制法》的最高限度，并且如果我们能够兑现《四年防务评估》的承诺，我相信我们还是能够在适度的风险水平上向国家提供安全。

我最大的担忧是，我们不能足够快速、足够深入地进行创新，以准备好迎接未来，迎接我们从现在起20年后将要面对的世界。我再次强烈呼吁国会迅速采取行动，作出艰难的决定，取消对我们的限制，使我们拥有在国防部内部进行艰难抉择的能力。进行机构改革需要作出一些变化，这肯定不会令人愉悦，不会受到欢迎，但我们需要民选领袖与我们一道来减少过多的基础设施，减缓军队薪金和补偿的增长，以及使我们并不需要的装备退出现役。这些改革措施可以帮助我们节省资源，从而帮助我们实现现代化，增加研究和开发投资，并且提供恢复战备状态急需的资金。这些事情是必须要做的，如果不作为，只会逐渐消耗我们的意愿，使我们不愿意去实践《四年防务评估》提出的更加深远的思想。

真正的风险在于，我们不能对部队、计划、态势、目标和战争观念进行深远的变革。我深信，到2025年时，在所有这些方面都需要进行剧烈的变革。其中某些变革已广为人知，并且在《四年防务评估》中有所体现。另一些变革今天却只得到模糊的认知，需要鼓励和指导。创新是军队必须要履行的责任，也是这一代人的领导机遇。机遇稍纵即逝。

我们在把美国儿女投入战斗之时，必须要确保他们是地球上训练最为有素、装备最为精良、领导最为有力的作战部队。其建设不易，需要耗费大量的时间和金钱，但毁之却不难。

美国陆军上将：

马丁·E. 邓普西（Martin E. Dempsey，签名）

（译者：解放军外国语学院副教授　李洪波）

2014 年美国国家情报战略*

序　言

我曾经公开表示，当前我们所面临的威胁是我 50 年情报生涯中最为复杂多样的。这是千真万确的，然而同样千真万确的是，与 13 年前相比，我们已经能够更好地应对这些威胁。“9·11”事件以来的十年间，在《国家情报战略》（National Intelligence Strategy，NIS）的指引下，我们使情报界（Intelligence Community，IC）得到了加强并实现了一体化。

这是我们第三度阐明《国家情报战略》，它将指导我们未来四年的情报工作，使我们能够更好地服务于情报用户，使他们在国家安全事务上作出明智的决策，并最终使美国更加安全。21 世纪，我们面临的本土及全球安全环境正在发生巨大的变化，我们必须随时准备好应对这些挑战并抓住转瞬即逝的机遇。《国家情报战略》作为我们行动的指南，将推动我们的业务工作，使我们的目标更加贴近于国家战略的需求。《国家情报战略》使我们有机会将国家优先目标告知我们的工作人员、伙伴以及用户——从决策者，到作战人员，到最初应急反应人员（first responder），再到我们的国民。

为在当今复杂多变的战略环境中辨明方向，我们必须：（1）灵

* 原文出自 http：//www. dni. gov/files/documents/2014 _ NIS _ Publication. pdf。

活地执行我们的任务，并找到更有效地利用我们的伙伴及潜在伙伴的扎实工作的方法；（2）继续整合、变革和加强情报界对国家安全的支援；（3）保护隐私与公民自由，并遵守“情报界职业道德准则”（Principles of Professional Ethics for the IC）；（4）适应不断变化的需求与资源，创造性地为用户提供独特的预测情报（Anticipatory Intelligence）和战略情报（Strategic Intelligence）。

在我们最近一版《国家情报战略》公布以来的5年间，我们卓有成效地对情报进行了整合，既取得了引人注目的行动业绩，也实现了业界（Enterprise）的重大改进。我们必须在本更新版《国家情报战略》的指导下，共同发扬成绩，降低风险。我们必须通过诸如“情报界信息技术业界”（IC Information Technology Enterprise）等倡议，沿着一体化情报界的方向继续前进，精进我们的技术能力与技艺（Tradecraft），并推动任务与业界管理不断改进。

我们面临着艰巨的工作。高级决策者有赖于我们协助其作出明智的国家安全决策，美国民众依靠我们来协助保护国家不遭受攻击，同时增加透明度并保护他们的隐私与公民自由。我们必须尽可能提供高质量的情报以支持上述目标，完成这些工作是我们所有献身情报界的专业人员的集体责任，我们将与合作伙伴携手实现我们的构想。

感谢各位对这一事业以及美国民众安全的无私奉献，我们将共同前行。

国家情报主任（Director of National Intelligence，DNI）：

詹姆斯·R. 克拉珀（James R. Clapper，签名）

一、目的

为了支持《国家安全战略》中设定的国家安全优先事项，国家情报主任通过《国家情报战略》向情报界提供未来4至5年的任务导向。情报界的活动必须与国家安全优先事项保持一致，并且必须严格遵守宪法和各项规章制度，同时必须对国会的监督要求作出回应。同时，《国家情报战略》还必须与《国家情报优先搜集框架》（National Intelligence Priorities Framework，NIPF）以及《一体化情报战略》（Unifying Intelligence Strategies）一起指导任务的开展，以及计划、项目和预算的制定。

二、组织框架

《国家情报战略》的内容分为四个部分，分别为：（1）战略环境部分（Strategic Environment section）阐述当前全球国家安全的总体环境；（2）任务目标部分（Mission Objective section）描述关键的优先任务及预期结果；（3）业界目标部分（Enterprise Objective section）描述成功完成任务所需的资源与能力；（4）战略执行部分（Implementing the Strategy）提出为达到《国家情报战略》要求所应遵循的广泛的组织指导方针。

我们作为一个情报界整体所取得的成功，不仅表现在我们履行情报使命的情况，而且表现在捍卫美国价值观的情况。下述内容简要描绘了情报界的任务与构想，这些任务与构想是任务目标与业界目标的基础，而情报界职业道德准则是一切事项的基础。

三、情报界的任务

情报界的任务是在国家安全问题与重大事件上提供及时、客观、深刻以及相关的情报，以辅助决策。

四、情报界的构想

通过一个全面一体化、灵活、创新、适应性强，并能代表美国价值观的情报界来更好地维护国家安全。

五、任务目标

战略情报、预测情报、当前行动（Current Operations）、网络情报（Cyber Intelligence）、反恐（Counterterrorism）、反扩散（Counterproliferation）、反情报（Counterintelligence）。

六、业界目标

一体化的任务管理（Integrated Mission Management）、一体化的业界管理（Integrated Enterprise Management）、信息共享与防护（Information Sharing and Safeguarding）、创新（Innovation）、情报界人员、情报界伙伴。

七、情报界职业道德准则

作为专业情报人员，我们必须遵守一定的基本准则。我们将会在下面的内容中详细描述这些准则，它们适用于情报界的所有人员，无论他做什么工作或者是隶属于哪个机构。虽然许多准则同样也反映在其他情报文件中，比如关于情报人员核心价值观的论述，再比如《行动法则：政府官员及雇员的道德准则》，但是单列章节对情报人员的职业道德准则进行论述依然非常重要，因为这样做不仅可以统一我们的思想，还可以反映出我们专业情报人员的鲜明特点。

1. 使命：我们为美国人民服务，同时我们也须明白，我们的任务要求我们为了国家安全作出无私奉献。

2. 真理：我们追求真理，向权力讲真话，客观地获取、分析和提供情报。

3. 合法：我们坚决支持并维护宪法，遵守美国的法律，确保在行动时尊重隐私、公民自由和人权。

4. 诚实：我们彰显诚实，无论是公开还是秘密行动，我们都将确保情报界的诚实。

5. 尽职尽责：我们将用工作来回报公众的信任，我们将谨慎地使用情报权力与资源，保护情报来源与途径，通过适当渠道汇报错误行为，对我们以及我们的监督机制负责，最终通过这些监督机制向美国民众负责。

6. 卓越：我们将持续提升我们的技艺与绩效，负责任地进行信息共享，与同事精诚协作，同时展现我们的创新精神与灵活反应能力，以更好地应对新挑战。

八、战略环境

美国今天面临的是一个复杂变化的安全环境，威胁无处不在，难以捉摸又高度危险。国家与非国家行为体在全球范围内对美国的国家安全与利益构成了威胁，使情报界迫切关注反恐、反扩散、网络情报、反情报等领域的任务。

一些重要的国家依然在挑战美国的国家利益。中国在东亚有稳定的利益诉求，但是考虑到其不断深入的军事现代化进程，其战略意图依然模糊不清。俄罗斯仍谋求恢复其传统的大国地位及影响力，其行为在某种程度上必然会损害到美国的利益。但同样可以看到，俄罗斯愿意在一些重要的、对双方利益都有影响的安全事务领域与美国进行合作。朝鲜谋求发展核能力以及弹道导弹能力，其在国际事务上的强硬态度是情报界关注的重点。伊朗的核意图、导弹计划、对恐怖主义的支持、政权的更迭变化以及其他军事能力的发展等依然是情报界关注的重点。中东以及北非地区的剧烈动荡需要情报界持续关注。最后，情报界还将对全球范围内可能威胁到美国利益的地区冲突保持关注。

美国本土及国外的暴力极端组织以及跨国犯罪网络，对美国的安全构成了巨大挑战。“基地”及其附属组织依然阴谋损害美国及西方国家的利益。只要有可能，他们将会尽一切努力使用大规模杀伤性武器。跨国犯罪组织的行动有可能会造成政府、金融市场以及整个地区的动荡。情报界将不断加大对国土安全、军事及政治目标的保障力度。

（一）国内环境

在当前美国政府预算紧缩的背景下，情报界正面临着巨大的财政挑战。我们必须在资源减少的情况下通过创新来维持我们的核心能力，确保完成我们的任务。同样，我们的伙伴及情报用户也面临着资源缩减的挑战。尽管资源缩减的压力需要情报界接受和平衡风险，但是我们也应看到，这些挑战意味着额外的机遇，那就是我们可以借此机会加强与伙伴间的合作关系，推动信息共享，并实现自我超越。

美国依然还将面临内部的以及其他途径的非授权泄密威胁，这些威胁可能会破坏我们的情报来源、途径、情报获取能力乃至正在进行的情报活动，更有甚者，可能会影响到国际与国内的政治动态。这些泄密举动会破坏我们完成情报任务的能力，威胁美国的国家安全。

（二）全球环境

全球的权力分布将变得更加分散。新的权力调整以及非正式的权力网络（除了传统的大国集团以及国家政府外）将会对经济、社会、政治事务产生重要影响。解决上述复杂的安全挑战需要情报界关注更多的行为体。无论是在现实的地区事务中还是在虚拟的世界里，私人机构、公共部门、政府、商业部门以及一些意识形态的倡导者将会更具有影响力。全球范围内不断壮大的中产阶级力量及其不断增长的影响力将会对经济与政治带来新的挑战。一些国家与国际组织的管理与正常运作也将因此受到挑战。

许多政府将不得不面临满足其民众最基本需求的挑战，因为这些民众需要面对人口的变化、资源的缩减、气候的变化以及全球传染疾病爆发的问题。这些因素都将成为威胁的倍增器，从而加速贫富差距、环境恶化、政治动荡以及社会紧张（这些可能孕育着恐怖主义以及其他暴力形式的活动）等等。冲突以及大规模的暴乱风险可能增加。

小规模的、地方性的行动也可能产生打破平衡的持久性影响。各式各样的组织团体可能因政治、社会和经济变化的原因而出现，这些团体没有一个中央领导机构，但是他们可能会积极作为，寻求达成其目标。识别、理解和评估这些组织的举动，对情报界来说，既是持续的挑战也是机遇。

（三）技术

技术的不断进步在带来好处的同时也带来了一系列挑战。技术的发展给个人健康、劳动力水平、生产力、全球通讯以及投资都带来了潜在的巨大进步。

技术在快速变化的环境中依然会扮演催化剂的角色，让人难以预测与准备。这些因素可能会考验到政府的能力甚至可能会损害到美国民众的海外利益。技术进步同样带来了潜在的脆弱性，因为外国政府以及非国家行为体总是试图推动新的、不断变化的技术以满足他们的利益。

（四）自然资源

对稀有资源（比如水、食品以及能源等等）的争夺，将会加剧国家间的紧张关系，甚至可能导致更多的地区性冲突以及政权的动荡。相比之下，美国国土以外的潜在资源供应，以及美国通过国内生产来满足预期的化石燃料需求的潜力，有可能使全球能源市场发生巨变，进而改变美国与其他石油生产国间的关系。

九、任务目标概述

七个任务目标概括了需要优先生产的产品，这些产品必须传递及时的、深刻的、客观的以及相关的情报给我们的用户。情报包括国外情报与反情报。任务目标的设定就是要解决这些情报界所面临的所有地区与职能议题，它们的优先次序通过《国家情报优先事项框架》传达给情报界。

情报界用户

- 总统
- 国家安全委员会（National Security Council，NSC）
- 政府各部门首脑
- 参联会主席（Chairman of the Joint Chiefs of Staff，CJCS）及高级军事指挥官
- 国会
- 其他由国家情报主任决定的用户

资料来源：1947 年《国家安全法》修订版。

其中三个任务目标涉及情报界必须完成的情报任务，无论是什么威胁或主题：

（1）战略情报—让用户理解有关国家安全的持久性议题；

（2）预测情报—对初现的问题及断续性现象进行探测、识别和预警；

（3）当前行动—支援进程中的行动及其他敏感的情报行动。

其中四个任务目标是情报界必须完成的首要现实任务：

（1）网络情报—提供网络威胁相关情报；

（2）反恐—查明并反击从事恐怖主义及相关活动的人员；

（3）反扩散—反击大规模杀伤性武器的威胁和扩散；

（4）反情报—挫败外国情报实体的活动。

（一）战略情报

在持久性议题上提供战略情报以加强用户的理解并赋予用户决策上的优势。

> 战略情报是深度阐释背景、知识和理解以支援国家安全决策的过程和产品。

战略情报的基础在于理解国家和非国家行为体的历史、语言和文化，关键的领导人和对手，目标与隐患，自然资源、技术和跨国议题。情报界通过研究、拓展知识、不断超越和情报技艺来掌握重要的国家情报议题，为各类政策和战略制定提供深度背景。

为达成该目标，情报界将：

（1）深化对战略环境的理解，使情报界的用户得以实现国家安全及特定议题和特定任务目标；

（2）了解并评估外国的能力、活动和意图，以向情报界的用户提供更为可靠的真知灼见；

（3）提供深入的、脉络清晰的目标分析以及专业技能，以支援美国国家安全政策和战略。

（二）预测情报

感知、预测和预警可能要求迅速转换国家安全态势、优先事项或重点的新显现的状况、趋势和时机。

> 预测情报是对趋势、事件和变化的状况进行情报搜集和分析的产品，以便识别和描述潜在的和即将发生的突发事件、重大事件、重要时机和对美国利益的威胁。

战略环境中变化的复杂性、规模和幅度，将检验情报界交付富有真知灼见的可行动情报的能力，良好的可行动情报将满足用户对准确、快速情报的需求，从而有利于减轻威胁并抓住时机。情报界将加大对定量分析法的使用力度，与此同时加强长期以来的定性分析方法，特别是那些鼓励新观点和挑战固有设想的方法。在情报需求不断变化的情况下，预测情报对于有效分配情报界资源非常重要。情报界将改进其预见、预测能力，提醒分析界注意潜在的隐忧事项，向国家安全用户提供预警并为其提供最佳的行动时机。

为达成该目标，情报界将：

（1）建立动态的监视和发现能力，以评估变化的、新出现的、可能影响美国国家安全的状况和议题；

（2）深化对情势、议题和趋势的理解，发现细微的变化，评估它们可能的发展轨迹并预测其对美国国家安全的影响，从而把握警报或预警时机；

（3）形成一体化能力，为情报界以及用户提供及时的、相关的预警。

（三）当前行动

为实现行动与国家安全目标提供及时的情报支援。

> 对当前行动（搜集、分析、反情报及情报行动等）提供的情报支援，几乎在所有的情报组织及情报界各类议题中均有发生。当前行动情报支援的主要特点在于提供支援的迅速性。除了反应灵敏外，这种支援还会影响未来行动与调查。

情报界将适应不断变化的行动要求，持续提供用户所期待的支援，并进一步提升自己的能力。情报界需要集全政府之力来应对恐怖分子、有组织跨国犯罪、网络威胁和新出现的危机（从地缘政治到人道主义），还需要支援政策的执行，例如向亚太地区的再平衡及驻阿富汗盟军任务的转变。面对支援军事、外交和国土安全活动等多样化任务，情报界将对其工作进行优先次序的划定并减轻风险，在拒止区域开展行动，平衡前沿存在（Forward Presence）与安全撤离，提供行动的灵活性，使情报和行动的配合更加协调。

为达成该目标，情报界将：

（1）提供可行动的、及时的和灵活的情报支援，以取得并保持行动决策的优势。

（2）实现各类伙伴的协调和整合，以最大化地扩展情报力量对行动提供支援的效用和范围。

（3）实施敏感的情报行动，有效支援国家安全行动。

（四）网络情报

探知和理解网络威胁，支援并实现国家安全决策、网络安全及网络效应行动（Cyber Effects Operations）。

> 网络情报是对来自有关下列情况的所有情报来源的信息进行搜集、处理、分析和分发：外国行为体的网络项目、意图、能力、研发、战术、动向与征候，它们对美国国家安全、信息系统、基础设施和数据的影响或潜在影响，网络特征或外国信息系统的组件、结构、使用和脆弱点等。

国家和非国家行为体使用数字技术来获得经济和军事优势，煽动动乱，加大对网络空间的控制并达成其他的战略目标（通常比我们能更快地理解安全含义并减轻潜在的危险）。为加速实现国家目标，用户日益依赖情报界来提供及时的可行动情报（Actionable Intelligence）和关于当前及潜在网络威胁和意图的深刻见解。情报界也负责提供客户需要的专业技能，以保护美国政府的网络以及其他重要的通讯网络和国家基础设施。为了更加有效地履行职责，情报界将发展其网络能力，包括识别网络攻击的能力。情报界将集中关注威胁、脆弱点和影响的趋势，并提供背景分析以加深用户对它们的理解。

为达成该目标，情报界将：

(1) 提高我们的防范意识，深化对关键网络威胁对手的理解(包括他们的意图、能力和行动)，满足日益增多和复杂的网络相关需求；

(2) 拓展定制产品的数量并分发可行动的网络情报，以支援重要信息网络和基础设施的防护工作；

(3) 拓展我们实施网络效应行动的能力，以保护国家并支持美国的国家利益。

(五) 反恐

识别、理解、监视和扰乱参与恐怖主义相关活动的国家和非国家行为体，此类活动可能会对美国以及美国的人民、利益和盟国造成损害。

恐怖主义动态的、多样化的本质将继续挑战美国和美国的利益，并要求我们继续加强目标选择、搜集和分析工作。情报界将支援美国政府的工作，使国土免遭恐怖袭击，扰乱和贬损威胁美国海外利益的恐怖分子，反击影响恐怖分子的行动的暴力极端主义思想的蔓延，破坏其非法资金及其他支援网络，并建立国内和国外的反恐能力。我们的政府和我们的伙伴必须预见、监测、拒止和扰乱恐怖主义，无论这些恐怖主义在何地、以何种方式影响美国利益。情报界将继续监视这种威胁以保护我们的国家，提供预警，并评估可能使未来恐怖阴谋得逞的战略因素。

为达成该目标，情报界将：

（1）实施创新型的情报分析，扰乱对美国和美国利益构成威胁的恐怖分子行动；

（2）提供真知灼见以遏止暴力极端主义思想的蔓延趋势；

（3）预见新的、正在形成的恐怖主义威胁，并寻找反击它们的时机；

（4）增强恢复力并构建适应能力，以应对国内外恐怖主义。

（六）反扩散

反击国家及非国家行为体发动的大规模杀伤性武器及其运载工具的威胁和扩散。

与反击大规模杀伤性武器扩散相关的情报需求和挑战正在与日俱增。情报界将支援相关工作，以反对大规模杀伤性武器及其运载工具，以及相关的材料、技术和专业技能所带来的威胁，防止其扩散。情报界将与政府内外的伙伴进行合作，以更好地理解、探知和预警外国大规模杀伤性武器的能力、计划和意图；挫败大规模杀伤性武器的采购和部署；为美国的政策和倡议提供信息支持。

为达成该目标，情报界将：

（1）发展相关能力并支援美国当前的政策和做法，来劝阻或防止任何国家获取大规模杀伤性武器相关技术、材料和专业技能，或防止其重启原有项目；

（2）加深我们对既有的国家大规模杀伤性武器项目的认识，以便为美国的反扩散决策、政策和做法提供信息支援，并扰乱、逆转或摄止其使用；

（3）支援政府部门为保障大规模杀伤性武器全球储备的安全而共同作出的努力，预警并防止相关材料、技术和专业技能向恐怖分子、极端分子或其他非国家行为体转移；

（4）提升美国预见和管理危机的能力，支援美国政府为减轻大规模杀伤性武器使用后果或国家失控所进行的一体化应对措施。

（七）反情报

识别、理解和减轻外国情报实体危害美国经济和国家安全的行为。

外国情报实体可能是任何已知的或受到怀疑的外国组织、个人或团体（公共、私人或政府），这些组织、个人或团体实施情报活动来获取美国的信息，阻挠或削弱美国的情报搜集工作，非法影响美国的政策或扰乱美国的系统和项目。外国情报实体包括了外国情报和安全机构以及国际恐怖分子。

美国的安全和繁荣一直面临着来自传统和非传统对手情报活动的严峻挑战。外国情报实体也一直将美国政府、私营部门和学界视为情报活动的目标，以获取国家安全信息并取得经济、外交、军事或技术优势。

情报机构将识别新出现的、可以为我们对手所利用的、损害涉密信息和设备的技术，并制定和采取强有力的风险减轻战略。反情报活动必须与情报流程的所有步骤相融合。

为达成该目标，情报界将：

（1）理解、预见和渗透外国情报实体不断提升的情报能力；

（2）发展和运用探知、慑止和减轻内部人员威胁的能力；

（3）遏制外国对美国关键技术、数据和信息的窃取和利用；

（4）抵消并且（或者）减轻对手利用美国供应链和采购弱点的企图。

十、业界目标概述

要完成《国家情报战略》的七个任务目标，有赖于六个业界目标的实现。这六个业界目标主要描述了完成任务目标所必需的资源和能力。

其中，两个业界目标聚焦于业界的一体化和资源管理与决策的优化：

（1）一体化的任务管理——优化采取统一行动的能力；

（2）一体化的业界管理——提升情报界的一体化水平和互操作能力。

四个业界目标则描述了我们要为关键能力和力量打下坚实基础的战略：

（1）信息共享和防护——在保护信息安全的同时加强合作；

（2）创新——改进研发、技艺和流程；

（3）情报人员——建立一支更加灵活多样、兼收并蓄的专业人员队伍；

（4）情报界伙伴——通过合作加强情报工作。

业界目标对任务和业界一体化均进行了阐述，并以情报界职业道德准则为基础。

（一）一体化的任务管理

优化整个情报界的搜集、分析和反情报能力与行动，实现付出与成效的统一。

一体化任务管理是是情报活动的战略优先事项，它起着协调和规避冲突的作用，使相互依存的搜集、分析和反情报工种之间实现联合。

- 搜集活动及时对分析需求作出回应并提供信息。
- 分析活动作出情报判断、识别情报差距，并为搜集人员的工作导向提供基础。
- 反情报活动补充情报搜集和分析活动，识别情报来源、方法和活动的脆弱点。

有效完成任务需要灵活机动、反应迅速和恢复力强地开展工作，以恰当地跨越组织界限实现知识、信息和能力的共享。情报界将提升业内的一体化，加强彼此之间的协作，从而高效和有效地满足用户需求。与此同时，情报界将在各类工作的统一与各个工种和职能内部的专业化之间取得平衡，充分发挥二者的最佳效能以满足任务需求。情报产品总是量身定制，并按尽可能低的密级加以定密。

在协调管理、联合处理和提升能力的支持下，分析、搜集和反情报专业人员将团结协作，共同确定和解决问题。

为达成该目标，情报界将：

（1）推动情报界多门类专业技能和全方位能力的发展，以便联合确定和预测情报问题，制定行动方案，并把握解决方案在实施过程中的利弊；

（2）强化和整合管理机构，以优化资源并管理风险；

（3）形成情报界的联合规划、目标选择、任务分配和评估流程机制，以协调情报界的活动，不断取得进步；

（4）推动一体化投资决策以及多工种、一体化能力的实现，提供最佳解决方案以成功完成任务。

（二）一体化的业界管理

制定、实施并管理面向情报界的政策措施，推进一体化和互操作性，强化情报界能力。

> 一体化的业界管理是对情报界业务实践的战略协调，目的是优化资源管理和业界业务流程决策。

有效地管理业界资源可以使情报界高效完成任务。具体来说，情报界将寻求能够提升采购、资金、设备、后勤等领域连续性与安全性效率的解决方案。情报界的绩效评价和数据驱动的评估（与战略、预算相结合），将提升情报界的业绩，加强监督并提高遵章守纪意识，进而产生多样的观点、更好的结果和更低的成本。情报界将提升信息安全，及时与伙伴共享情报，教育用户更恰当地使用和处理涉密信息。

为达成该目标，情报界将：

（1）加强个人安全基础设施建设，利用情报界所广泛接受的持续评估以及通用实践和标准，来实现情报界内的统一；

（2）努力制定情报界的获取和采购战略和流程，提高效费比以及采购通用产品和服务的效率；

（3）统一情报界的业界财政标准、流程、工具和服务，推动政府和产业最佳实践的落实；

（4）促进情报界以战略为基础完成任务和评估工作，支援先发制人的、平衡的和更加合理的情报界决策；

（5）利用现存的和未来的情报界设施和物理基础设备，实现功能的通用并提升能源的效费比；

（6）将风险管理方法应用于连续性行动，在所有环境中不间断地提供国家情报；

（7）继续采取措施提供适当的透明度，保护隐私和公民自由，加强监管并提高遵章守纪意识。

（三）信息共享与防护

加强、整合和推动情报界的能力，以便改进协作以及信息的发现、访问、检索、保存和防护工作。

> 情报界信息技术业界将把以机构为中心的信息技术转化为业界共用的平台。在这个平台上，情报界可以轻松地、安全地实现技术、信息和能力的共享。

任务的成功完成在于正确的人在正确的时间得到正确的信息。正如优先事项具有相互加强效应一样，要改善我们的信息共享和防护能力，就必须提升人员、流程和技术水平。情报界会继续识别和强调信息共享缺陷，并加强协调以减少情报界信息技术业界范围内的重复劳动，从而取得更好、更有效的成果。

除了提供情报并满足信息获取需求，情报界将加强防护以保护信息，并在伙伴之间建立信任。一个一体化的、致力于保护隐私和公民自由的信息共享环境，能够使情报界顺利完成任务、抵御外部和内部的威胁并维持公众的信任。

为达成该目标，情报界将：

（1）将现有和未来的信息技术需求融入到有效和高效的情报界信息技术基础设备中，以使情报界实现更高质量的一体化、信息共享和防护；

（2）向情报界的工作人员提供信息的发现和访问途径，这一点是基于传递及时、适合和可行动情报任务的需要；

（3）恰当地整合业界范围内的信息，以提高发现能力、相关性以及分析能力，并且保护隐私和公民自由；

（4）为提供一个得到信任的、安全的情报界信息环境，以政策驱动的可互操作途径和基于属性的访问权限为基础，加强和同步安全与数据保护标准，用于新的和现存的情报信息；

（5）促进一种体现、支援和促进尊重隐私的信息共享文化。

（四）创新

寻获和部署新的科学发现和技术，培育创新思想，加强技艺和流程，来取得任务优势。

创新意味着要在科学和技术领域寻找研究与开发上的突破。为了产生创新成果，情报界将进一步开发、支援和培养智力上的好奇心和创造性解决问题的方法。情报界必须承认失败是成功之母，并且当风险明显具有理性基础时，愿意为高回报的结果去承受适当的风险。情报界将推动所有的创新，包括出色完成任务所需要的科学突破和尖端技术。情报界将通过接受新的流程和自动化操作，把创新拓展至我们的日常工作中，精简情报的事务性事项。

为达成该目标，情报界将：

（1）在最敏感的应用和社会科学、技术和数学等领域，实施和推动基础研究，并持续进行核心独立研究，以寻求突破；

（2）将创造性思维和具有良好前景的创新加以转化，以便提升整个情报界的情报服务和流程；

（3）增强和释放工作人员的创新才能，接受风险，提升技艺，并采用新的技术和流程。

（五）情报界人员

建立一支灵活多样、兼收并蓄的专业化人员队伍。

> "兼收并蓄"是指一种文化，它将每个工作人员与组织连接在一起，鼓励协作性、灵活性和公平性，推动组织内思想的多样性，从而使所有个体都能够出色地为情报界任务做贡献。
>
> 人员队伍规划是一个框架，该框架解决整体人员队伍的平衡（文官、军队人员和核心承包人员），从而确保情报界能够在正确的时间、正确的地点获得具有正确技能的正确人员，以便在一个高绩效的队伍和组织中完成任务。
>
> 多样化是指在一个大的背景以及与任务相关的情况下，所有能够突出个人的独特性以及美国特色（包括人种、肤色、种族特点、民族血统、性别、年龄、宗教、语言、残疾、性取向、性别认定、遗产等）的方面。

情报界人员队伍在保护和保持国家安全上是一致的，而离开了这样一支有才能的、体现情报界核心价值和职业道德原则的人员队伍，国家安全是无法实现的。为了这个目的，情报界将继续吸引、培养、雇佣和保留这些具备应对当前及未来威胁的能力又极其正直的人员队伍。即便预算有限，情报界也将对人员队伍作出长远战略投资，在雇员的整个职业生涯中增强活跃性和流动性。尤其需要招募、保留、培养和激励具备成功完成任务所需技能的人员，这些技能包括外语、科学技术、工程以及数学等。

情报界需要有效的工具用于人力规划、转型学习项目、技能评估与知识共享、联合任职（joint duty）及其他实验性岗位经历的机会，以及鼓励和推动工作与生活之间实现平衡的资源。

全体雇员都有责任来培育一种业绩驱动的文化，这种文化鼓励协作、灵活和公平而无需担心报复行为。

为达成该目标，情报界将：

(1) 塑造一支多样化的、兼收并蓄的、具备现在和未来所需技能和能力的人员队伍；

(2) 以管理人员和雇员之间相互承诺为基础，提供持续的学习和发展项目，提升人员队伍资质、关注度和灵活性；

(3) 培育一种创新而活跃的文化，鼓励能够适应不断变化的环境的思想和资源的共享，促进整个情报界的最佳实践；

(4) 提供一个没有歧视、骚扰和报复之虞的工作环境，在这个环境中，所有人都会享有尊严和尊重，并获得充分展现潜能的公平机会。

(六) 我们的伙伴

通过加强伙伴关系丰富情报工作。

伙伴由致力于保护美国安全利益的成分组成，包括美国军队、我们的盟友、其他外国情报和安全机构、其他联邦部门和机构以及州、地方、部落政府和私营领域实体。

情报界的伙伴关系对于我们的国家安全至关重要。我们的伙伴是力量倍增器，能够提供丰富我们情报能力并帮助我们成功完成任务所需要的途径、专业技能、能力和观点。情报界将深化现有的伙伴关系并促成新的伙伴关系，以便加强情报工作并使决策更加合理。

我们加强伙伴关系的方式将与国家政策指导进行更紧密的结合，通过能够清楚描述角色、责任和权威的政策、程序和实践来协调情报界的伙伴倡议。通过与政府、外国、军队和私营部门伙伴进行合作，情报界将牢记并致力于保护隐私和公民自由，并保持公众的信任。

为了达成该目标，情报界将：

（1）增加与所有伙伴共同承担的责任，汲取其真知灼见，以便推进情报工作；

（2）开发出一种业界都可以使用的方法来协调、整合伙伴关系；

（3）深化协作以加强我们伙伴的理解，并有效地为决策提供信息服务并促成行动。

十一、实施战略

情报界是一个一体化的业界，致力于实现更安全的美国。《国家情报战略》为实现任务和达到这个长远目标提供了核心架构。情报界将在国会的监督下，根据其法定权力落实《国家情报战略》。

国家情报主任和情报界各机构紧密配合，共同实施《国家情报战略》。职能主管（Functional Managers）监控重要情报力量的运行状态。任务主管（Mission Managers）对照各项任务的具体关切区域，对搜集、分析的和反情报的所有方面进行检查。项目主管（Program Managers）仔细审查项目的执行情况。情报界主管们联合所有职能以完成各项任务。情报界各机构招聘、培训、配备和实施情报任务。总监察长、法律顾问、隐私和公民自由官员则确保遵章守法和实施监督。

国家情报主任办公室负责对情报界实施顶层指导和协调。情报界各机构运用其法定权力完成其情报任务。最后，每位情报界的工作人员都有责任理解他们将如何对情报界任务作出贡献和用最大的能力发挥好他们的特定作用，同时保护好公民隐私和自由。

（一）国家情报主任

1. 担任首席情报顾问

作为总统的首席情报顾问，国家情报主任必须确保情报工作应对国家安全威胁。国家情报主任确定情报界的战略优先事项，并阐释其为完成国家情报战略任务所需要的力量。

2. 确立情报界战略优先事项

《国家情报战略》与《国家安全战略》和《国家情报优先事项架构》共同反映了情报界的任务优先事项。国家情报主任则需要向国会报告重要的优先事项调整和活动情况。

3. 调整国家情报项目（National Intelligence Program，NIP）

《国家情报战略》是国家情报主任调整国家情报项目，并向国会报告资源支出及业绩的机制。此外，国家情报项目还要与军事情报项目（Military Intelligence Program，MIP）和国家情报主任为情报界制定的年度联合规划和项目计划指导方针相协调。

（二）情报界各机构

1. 调整战略、计划和行动

《国家情报战略》的任务和业界目标应纳入到情报界各机构的战略和计划中。情报界各机构和职能主管将以一体化的方式完成情报界的任务。

2. 指导资源配置

《国家情报战略》将指导有关项目、预算、政策和采购的决策，以发展和维持情报界的能力。情报界各机构和项目主管将在他们的年度战略项目简介中反映《国家情报战略》目标，并明确降低年度规划和项目活动风险的计划。

3. 衡量结果

完成《国家情报战略》目标需要持续的评估。情报界各机构通过现有的流程提供信息，清楚地说明他们是如何完成《国家情报战略》目标以及情报界优先事项目标的，这将衡量国家安全议题的进展情况。衡量《国家情报战略》的进展对于提升情报界总体业绩至关重要。

十二、结语

《国家情报战略》通过支持情报界的一体化和情报界的任务，来提供有关国家安全议题和事件的、及时的、富有真知灼见的、客观的和相关的情报。情报界必须在机构战略规划、年度预算要求和国家情报项目的说明中全面反映《国家情报战略》的要求。国家情报主任将以《国家情报战略》的目标来评估情报机构的建议、工程和项目，建设一个全面一体化、活跃的、恢复力强的、富有创新精神，并彰显美国价值的情报界，实现让国家更加安全的情报界目标。

“情报界的存在，

是为了向政治和军事领导者提供尽可能大的决策优势。

我们比任何时候都明白，

完成我们这一目标的最佳途径是整个国家情报力量的彻底实现一体化。”

——国家情报主任：詹姆斯·R. 克拉珀

（译者：解放军外国语学院讲师、博士生　沈彦）

美国《国防部反击大规模杀伤性武器战略》*

白宫新闻秘书办公室

2014 年 6 月

部长前言

某些重要的行为体获取大规模杀伤性武器（Weapons of Mass Destruction，WMD）及他们使用这些大规模杀伤性武器的潜在可能性，对美国国家安全及全世界和平稳定造成了威胁。敌对分子可能使用大规模杀伤性武器威胁或攻击美国以及我们的海内外军事力量、盟国乃至合作伙伴。我们保证安全、抵制胁迫、打败侵略的政治意愿和军事能力绝不会因大规模杀伤性武器而削弱。

本文件《国防部反击大规模杀伤性武器战略》（Department of Defense Strategy for Countering Weapons of Mass Destruction）是国防部对于大规模杀伤性武器威胁的回应，详细说明了最终状态（end states），制定了优先目标，描绘了达成目标的战略途径，并列举了成功反击大规模杀伤性武器所必须执行的活动和任务。

在财政受限的条件下，我们正集中力量防止大规模杀伤性武器扩散，应对最可能发生的威胁。因此，本战略强调早期行动，着眼于挫败获取途径，营造劝阻相关行为体获取大规模杀伤性武器的环

* 原文出自 http：//www.defense.gov/pubs/DoD_Strategy_for_Countering_Weapons_of_Mass_Destruction_dated_June_2014.pdf。

境，并同合作伙伴一道达成应对大规模杀伤性武器的目标。国防部将优先发展应对重大作战风险的能力，优先执行国防部最擅长的行动，而非越俎代庖地执行应由美国政府其他部门甚至国际社会应该采取的行动。

本战略为执行国防部应对大规模杀伤性武器的政策、计划和程序提供了基本指南，并针对现有的和正在发展的大规模杀伤性武器威胁提出了全面的应对方案。

国防部长（Secretary of Defense）：

查克·哈格尔（Chuck Hagel，签名）

参谋长联席会议主席备忘录

华盛顿特区

2014 年 5 月 12 日

备忘录发至：各军种部部长

国防部副部长

副首席管理官

各军种参谋长

各作战司令部司令

国防局各局长

国防部门现场各活动机构负责人

联合参谋部各总监

主题：签发《国防部反击大规模杀伤性武器战略》

1. 美国正面临着寻求发展、扩散、获取乃至使用大规模杀伤性武器的国家行为体和非国家行为体带来的威胁。本战略的目标在于确保美国及其盟友和伙伴国不会遭受拥有大规模杀伤性武器的敌对势力的攻击与胁迫。

2. 军方将尽力完成《国防部反击大规模杀伤性武器战略》规定的打击大规模杀伤性武器扩散的三个目标，确保不会有新的行为体获取大规模杀伤性武器，已经拥有大规模杀伤性武器的行为体不会使用此类武器，一旦使用则保证将大规模杀伤性武器的影响降至最低。我们将会通过四个优先目标来达成以上结果。此外，国防部将继续准备相应的能力以支持反击大规模杀伤性武器的行动：阻止获取，抑制并降低威胁，及时应对危机。

3. 本战略吸取了自 2006 年 2 月 13 日《反击大规模杀伤性武器国家军事战略》（National Military Strategy to Combat Weapons of Mass Destruction）颁布以来的经验教训。鉴于我们从《反击大规模杀伤性武器国家军事战略》实施以来取得了许多进步，并对关键方面进行了整合，我将在《国防部反击大规模杀伤性武器战略》公布之后废除《反击大规模杀伤性武器国家军事战略》。

4. 我同意签发《国防部反击大规模杀伤性武器战略》。威胁使用或使用大规模杀伤性武器并不能破坏美国挫败侵略的能力。

美国陆军上将：

马丁·登普西（Martin E. Dempsey，签名）

执行摘要

美国的潜在敌人为了增强自身的国际影响力，对抗美国的优势，并与美国达成更大层面上的战略平衡，正在继续发展大规模杀伤性武器。这些敌人获取专业知识、材料和技术的途径越来越多，增加了他们研发、获取、扩散和使用大规模杀伤性武器的危险性。此外，一旦不稳定的国家获取并拥有大规模杀伤性武器或相关能力，那便会引发危险的大规模杀伤性武器危机。

《国防部反击大规模杀伤性武器战略》力图确保美国及其盟友和伙伴国不会遭受拥有大规模杀伤性武器的行为体的攻击和胁迫。本战略描述了三种目标状态：不新拥有大规模杀伤性武器，不使用大规模杀伤性武器，把大规模杀伤性武器的影响降至最低。本战略还明确了国防部反击大规模杀伤性武器的优先目标，制订了达成目标的具体途径，并且列举了必需的行动和任务。

反击大规模杀伤性武器的目标主要聚焦于通过合作塑造安全环境，并对敌对势力采取早期行动。这些目标包括：减少寻求、持有和使用大规模杀伤性武器的动机，增加获取、扩散和使用大规模杀伤性武器的障碍，管控源自敌对、脆弱与失败国家及安全天堂的大规模杀伤性武器危险，通过分层与整体防卫消除当前及潜在的大规模杀伤性武器威胁的影响。

这些目标主要通过三条途径加以实现：阻止获取，抑制并降低威胁，应对危机。这三条途径需要准备工作提供战略支撑，准备工作是一项持续的周期性工作，其将确保国防部有能力支持必要的反击大规模杀伤性武器行动，维持并拓展专业技术便是其中一项行动。这些战略途径展现了国防部在反击大规模杀伤性武器危险的过程中所做出的全面努力。

为了保证战略途径的有效实施，国防部采取了一系列行动，包括：了解环境、威胁和缺陷，管控、挫败、破坏并解决大规模杀伤性武器威胁，保卫军队并控制大规模杀伤性武器引发的结果。这些行动需要综合利用支撑性能力和专门反击大规模杀伤性武器的能力以解决特定威胁。国防部优先发展应对重大作战风险的能力以及美国政府其他部门不具备的能力。

国防部将其反击大规模杀伤性武器的行动融入到更广泛的计划和行动中，这涉及到整个美国政府以及国际伙伴。对于其他机构和部门主要负责的反击大规模杀伤性武器的行动，国防部将继续提供支持。

一、引言

重要行为体通过发展、获取、扩散、使用大规模杀伤性武器及相关能力对我们构成了威胁，这些能力包括专业技术、原材料、技术及运送方式。上述行动对美国的战略目标构成了明显的威胁。利用大规模杀伤性武器，国家或非国家行为体可能对美国公民及基础设施实施毁灭性打击；可能削弱美国的力量投送、维持与脆弱性保护；可能对美国实施区域拒止并限制美国应对紧急威胁的能力；可能破坏关键地区伙伴对美国政策及行动的支持。

本战略寻求确保美国及其盟友与伙伴国免受大规模杀伤性武器持有者的攻击和胁迫。本战略描述了三种终极状态：没有新行为体获得大规模杀伤性武器，拥有大规模杀伤性武器的行为体不会使用此类武器，一旦使用则保证将大规模杀伤性武器的影响降至最低。我们提供安全、抵制胁迫、打败侵略的政治意愿和军事能力绝不能因威胁或实际使用大规模杀伤性武器而削弱。作为政府整体行动的一部分，国防部将继续与盟友和伙伴国合作，共同建立新的能力、联盟、机制及国际准则以反击大规模杀伤性武器。

反击大规模杀伤性武器需要诸多努力，包括阻止重要行为体将大规模杀伤性武器及相关能力概念化，阻止其发展、拥有、扩散、使用大规模杀伤性武器及相关能力，以及削弱其使用后的影响。上述努力强调塑造安全环境以影响国家和非国家行为体，使其避免采取与大规模杀伤性武器相关的行动，致力于尽早阻止大规模杀伤性武器的发展并保护军事力量免于遭受重大作战威胁。国防部会将上述努力紧密地融入到更广泛的计划与行动中去。

本战略反映了当前与潜在的由大规模杀伤性武器带来的挑战，并为发展和落实必要的政策、计划和程序提供了坚实的基础。

二、大规模杀伤性武器的挑战

重要体行为体对大规模杀伤性武器的追求及使用的危险对世界和平稳定及美国的国家安全目标造成了持续的威胁。国家和非国家行为体可以通过合法及不合法的途径，并利用政治不稳定和安全缺陷去发展、获取和扩散大规模杀伤性武器及相关能力。由于技术的持续发展，上述大规模杀伤性武器的威胁有可能变得更加难以识别和防范。这些就是安全环境的持久特征。

（一）获取大规模杀伤性武器的动机

获取动机随着行为体在全球地区及国内的相对地位和境况的变化而变化。重要行为体寻求能够对抗竞争者的军事、技术优势或使其利益受到威胁的方法。这些行为体认为，持有大规模杀伤性武器将增强其战略影响力，丰富胁迫的手段，并获得慑止、破坏、击退军事行动以及实施造成大规模人员伤亡的袭击的能力。其他重要的动机还包括声望、意识形态、地区对抗、政权更迭压力以及国内的不稳定。一些行为体会投机地利用环境条件去获得大规模杀伤性武器或重要的原材料，这类原材料是用于武器制造的化生放核（chemical，biological，radiological，or nuclear，略作 CBRN）材料，如果数量充足便可以生产大规模杀伤性武器或其关键部件。追求或拥有大规模杀伤性武器的行为体会经常挑战全球规范、地区力量平衡及美国的目标。上述行为会使关键地区更容易发生冲突，增强局部或地区危机的影响，并通过连锁反应产生新的获取动机。

敌对势力对大规模杀伤性武器的积极追求或拥有提出了一项重大的情报和防御计划挑战。我们可能难以评估其战略意图、决策程序与能力并对其施加影响。他们会采取风险性行为，拒不接受美国的战略警示，还会对我们劝阻追求、拥有大规模杀伤性武器并慑止其使用的能力造成挑战。有些敌对势力为其他政府及非国家行为体提供包括大规模杀伤性武器及相关能力在内的支持。这些接受者会自主或代理使用大规模杀伤性武器。如果敌对势力准备使用大规模杀伤性武器以增加达成作战及战略目标的成本，那么军事行动将面临更大的挑战。敌对势力可以寻求通过许多途径利用大规模杀伤性武器的影响力，从而在战略、作战及战术层次上左右事件的发展方向。例如，攻击美国本土、阻止美国的干涉或对其作出回应、削弱国际联盟、破坏战斗行动以及区域拒止。

（二）大规模杀伤性武器的发展路径

由于专业、非法、耐用及不加控制的物品通过跨地区联系的流通日益增加，目前更广泛的行为体能够创造并使用新的更复杂的大规模杀伤性武器的发展路径。大规模杀伤性武器的发展路径包括能够使行为体将大规模杀伤性武器及相关能力概念化并发展、拥有和扩散的网络（个人、团体、组织、政府实体等之间的联系）。上述网络包括观念、原材料、技术、设备、工序、产品及项目。传播途径可以降低获取壁垒并经常挑战为发现、识别及应对试图追求大规模杀伤性武器的行为所做的努力，特别是那些被诸如化生放核防卫项目等合法活动所掩护的行为。

识别并破坏大规模杀伤性武器的发展路径有赖于对重要行为体及其支持网络之间关系的理解。由于支持项目和人员的广泛性，通常很难对大规模杀伤性武器计划进行监测。为揭露此类网络，必须区分合法和非法的活动，并追踪物品及人员跨区域流动。此外，对开展预测性威胁分析的需要将推动情报与其他能力需求的日益增长。因此，保持态势感知并预测大规模杀伤性武器威胁仍将是一大挑战。

（三）易散失的、失控的或失窃的大规模杀伤性武器

对大规模杀伤性武器感兴趣的国家或非国家行为体会试图通过大规模杀伤性武器项目或相关能力来利用脆弱或失败国家。尽管在保护易散失的大规模杀伤性武器材料方面取得了重大进展，但新的利用手段也不断出现。上述发展加剧了危险的大规模杀伤性武器危机发生的风险，这些危机包括武器或重要原材料的失窃或失控，从而被敌对行为体获取。

导致扩散风险上升的因素还包括暴力极端主义的潜在一致性、政治不稳定性及大规模杀伤性武器的不安全性。由于难以劝阻和慑止，极具野心的非国家行为体一旦决心获得并使用大规模杀伤性武器便会造成特殊的风险。阻止其接触所有来源的大规模杀伤性武器能力是必要的。暴力极端主义也正在将其活动的地理范围扩展到无政府地区，这些地区可用于支持包括发展和扩散大规模杀伤性武器相关能力在内的非法活动，从而增强了敌对势力的行动自由。

（四）大规模杀伤性武器的发展

武器、原材料和技术的不断演变使得劝阻、侦测、威慑及防卫更加困难，操作观念的创新以及当前大规模杀伤性武器技术的持续使用也会带来挑战。核武器仍然是重要关切。先进核知识、潜在的新浓缩技术以及改进的武器化与运送能力的传播将带来新型挑战。

重要行为体也对获得、发展和利用生物武器感兴趣。对生物技术能力全面使用及对生命科学的研究正飞速发展。无论是偶然还是蓄意，这些趋势都增加了创造全新生物制剂的风险。新兴传染病的爆发及危险病菌的集成为非法获取提供了机会。如果能够对军事力量构成重大作战风险，一些地方性疾病也会成为威胁。这些趋势将

会继续挑战我们的国家安全、军事力量的健康及全球卫生安全。

敌对势力利用化学威胁的尝试将会继续，如使用有毒工业原材料、创造新的化学制剂和增强运送方式。科学知识和先进化学制造流程的广泛传播将增加此类努力成功的可能性。

放射性传播和散布装置将愈发吸引重要行为体的注意。尽管这些装置不会产生与核武器相关的破坏性影响，但会造成重大的健康、心理和经济影响，并增加进入相应地区的成本。

（五）防务战略与规划的意义

如果不加以遏制，上述发展将危及安全环境的稳定。国防部必须采取灵活的政策、计划、战略和能力去反击多样、动态及变化的大规模杀伤性武器危险。财政限制要求国防部作出战略选择，保护并增强反击大规模杀伤性武器的投资。在很难或无法使用大规模杀伤性武器以及使用后影响有限的地区，国防部将承担使用的风险，这会使国防部能够优先发展有助于阻止大规模杀伤性武器的获取和使用的能力。国防部将支持其他机构和部门（而不是牵头）应对那些并未带来典型性重大作战威胁的化生放核危害，例如核电厂事故、化学泄露和疾病蔓延。

加强对旨在塑造环境和破坏网络的早期合作行动的重视有诸多益处。战略意图易受外部影响且通常会反映安全环境，这为劝阻行为体追求及拥有大规模杀伤性武器提供了机会。大规模杀伤性武器网络的动态结构具有挑战性，但这也提供了利用灵活的、创新的及适合的方式攻击网络中心的机会。这些措施有助于减少获取动机、强化阻止行动并削弱对能造成更高的政治、经济及人道主义危险的行为的依赖。以可靠的反击大规模杀伤性武器能力为支撑的威慑战略仍将是对抗许多拥有大规模杀伤性武器的敌对势力的有效途径。在承认上述努力并不总能取得成功的基础上，国防部必须准备好一整套综合能力以反击大规模杀伤性武器危机。

三、优先目标

国防部努力达成反击大规模杀伤性武器的三大最终状态，即不新拥有大规模杀伤性武器，不使用大规模杀伤性武器以及将大规模杀伤性武器的影响最小化。国防部将通过四个优先目标达成最终状态，即减少寻求、持有和使用大规模杀伤性武器的动机，增加获取、扩散和使用大规模杀伤性武器的障碍，管控源自敌对、脆弱与失败国家及安全天堂的大规模杀伤性武器的危险，通过分层与整体防卫消除当前及潜在的大规模杀伤性武器威胁的影响。这些优先目标构成了一个反击大规模杀伤性武器挑战的综合体系，并且着眼于塑造环境、与伙伴国合作以及优先采取先发制人的行动。

（一）减少寻求、持有和使用大规模杀伤性武器的动机

国防部将努力劝阻和慑止对大规模杀伤性武器的寻求、持有和使用。为达成目标，国防部将警示获取、保留和使用大规模杀伤性武器对全球、地区安全的威胁，支持遵守国际条约与实施国际制裁，并削减大规模杀伤性武器的吸引力。国防部还将通过各种正式与非正式的行动帮助那些放弃大规模杀伤性武器的盟友和伙伴国对本国安全保有信心。这些行动包括：强化不扩散机制并促进其国际参与，提供直接的安全协助，塑造反击大规模杀伤性武器的伙伴能力，维持由美国的常规军事力量与核力量提供的正式安全保证。

（二）增加获取、扩散和使用大规模杀伤性武器的障碍

国防部将针对关键节点与联系来破坏、挫败对大规模杀伤性武器的获取、扩散与使用。国防部将继续与其他部门、机构以及国际组织和伙伴国合作，通过特定的风险降低计划保护与大规模杀伤性武器相关的能力并限制其获取。对于专门限制供给与大规模杀伤性武器相关能力的条约、控制机制及其他多边行动，国防部对其谈判、执行与遵守的支持也是实现该目标的关键。这些措施包括：持续有效的实施，加强针对扩散和使用的国际规范，防范事故及无意识使用，保护并削减大规模杀伤性武器的项目、储存和原材料。

（三）管控源自敌对、脆弱与失败国家及安全天堂的大规模杀伤性武器危险

国防部必须对有全球性影响的复杂的大规模杀伤性武器危机有所准备，如大规模杀伤性武器与重要原材料的转移、大规模杀伤性武器安全天堂的建立、以及威胁或实际使用大规模杀伤性武器。在政府管控能力弱或面临国内外压力的国家，大规模杀伤性武器及重要原材料可能会失窃或失控，对此国防部也必须作好应对准备。这些风险对国防部构成了独特的挑战，应对这些挑战需要创新且适合的行动理念、军事力量的灵活部署以及跨机构与国际力量的有效融合。

（四）通过分层与整体防卫消除当前及潜在的大规模杀伤性武器威胁的影响

采取一系列超前于威胁发展的主动及被动的强大防卫手段，将有助于打消敌对势力对使用大规模杀伤性武器所得收益的期待，并

劝阻其追求、持有大规模杀伤性武器。有效的防卫手段使得国防部有能力保护军队、投送力量、维持同盟、阻碍敌对势力的战略收益并减少美国利益面临的危险。拥有能够阻止即将使用的大规模杀伤性武器以及确定一次大规模杀伤性武器攻击的种类与来源的能力尤为重要。防卫力量的研发与部署必须要考虑到已知威胁以及对手在大规模杀伤性武器的技术与使用方式上可能的意外发展，特别是那些能够危及现有应对措施的发展。

四、战略途径

国防部反击大规模杀伤性武器的战略途径以理想的最终状态为指导，直接支持优先目标的达成。这些目标主要通过三项途径加以实现：阻止获取，抑制并降低威胁，应对危机。这三项途径需要准备工作提供战略支撑。这四项元素共同构成了国防部的战略途径，展现了国防部在反击大规模杀伤性武器的过程中所作出的全面努力。不论何时，国防部与其跨机构及国际伙伴将采取多样性的手段对抗寻求发展、获取、扩散和使用大规模杀伤性武器的广泛行为体。

（一）准备工作是一项持续的周期性工作，它将确保国防部有能力支持反击大规模杀伤性武器所需的行动途径

国防部将武装训练军队，并开发可以灵活运用于塑造环境以及反击大规模杀伤性武器威胁和使用的能力。这包括为反击大规模杀伤性武器的行动提供政策框架，共享信息与能力，执行审慎的计划，促进执行部门的批准，保障人员的专业技术，并维持国防部的科技、研发和获取能力。要确保这些准备工作足够广泛且重点突出，那便

需要对全球范围内的大规模杀伤性武器行动及相关能力保持态势感知，并且能预测大规模杀伤性武器的威胁。

国防部的准备工作必须要融入旨在保护美国免受大规模杀伤性武器威胁的更广泛的能力与制度网络中。伙伴关系是对国防部战略与能力的明智拓展，它强调塑造美国其他部门机构、盟友、伙伴国和国际行为体的能力以及国防部与这些实体之间的互操作性。国防部将寻求利用、增强而非重复那些其他伙伴所擅长的能力以及由合作伙伴执行效果最佳的行动。

（二）阻止获取重点在于确保尚未拥有大规模杀伤性武器的行为体无法获取之

国防部将继续在减少寻求大规模杀伤性武器的动机中发挥积极作用。为了推动能够弱化获取动机、强化不扩散承诺的国际规范环境的形成，国防部将最大化地推动透明度、安全及裁军的实现，同时也将加大在强化国际条约、惯例与机制方面的工作力度，其中也包括加强对制裁的落实。聚焦于应对地区性大规模杀伤性武器威胁的务实安全合作也同样至关重要。此类合作有助于使合作伙伴在面临安全环境变化时仍不会有获取大规模杀伤性武器的动机。同时，国防部还将通过展示其建立在主动与被动能力基础上的分层防御力量来劝阻寻求、拥有大规模杀伤性武器的努力。上述措施将促使有野心的对手确信，他们的活动将被侦测、使用将被定位、效果将被稀释。强大的防卫力量连同美国的其他能力也会为盟友与伙伴国提供安全保证。必须让他们继续相信，只有不寻求和拥有大规模杀伤性武器，他们的安全才能得到最好的保护。

国防部将继续通过挫败发展路径来增加获取与扩散大规模杀伤性武器的障碍，即针对重要行为体及其网络采取审慎行动，以期延迟、中断、破坏或者困扰其构思、发展、拥有、扩散大规模杀伤性武器及相关能力的努力。这些行动着眼于对手大规模杀伤性武器发展路径中的特定节点与联系。挫败发展路径的举措用于创造多层复杂障碍，从而对那些寻求获取、扩散大规模杀伤性武器及其相关能力的行为体施加循环的、全面加强的、持久的代价和阻碍。

与挫败发展路径的举措相结合，国防部还将增设障碍，具体方法是支持能够限制与大规模杀伤性武器有关的材料和技术供应的管控措施的执行。国防部还将与跨机构和国际伙伴合作，共同采取威胁削减行动。这些措施致力于再定向、防护、保卫并削减处于危险状态的大规模杀伤性武器相关能力，以及侦测、阻止对大规模杀伤性武器的获取与扩散。国防部还将推进相关行动与实践，从而降低合法的科学与商业活动被滥用的风险。

在敌对行为体执意大力推动获取大规模杀伤性武器的地区，国防部将做好发动或支援的动态与非动态行动的准备，从而阻止敌对行为体完全掌握此类能力。国防部还将管控源自具有大规模杀伤性武器及相关能力的脆弱与失败国家的风险，方法是告诫这些国家扩散将破坏和平稳定并同其一道加强安全。剥夺非国家行为体的区域行动自由及其操控、获取国家行为体的工具与资源的手段也同样重要。

（三）抑制并降低威胁关注的是现存的大规模杀伤性武器威胁

为了减少保留与使用大规模杀伤性武器库的动机，国防部将支持制定并实施有效的军控倡议，其中包括能够加强安全与安保实践的措施。国防部还将最大化地推动自身军火库的透明，以及销毁、处理多余的原材料。国防部还会努力推动地区稳定，并抑制破坏稳定甚至升级的实践和动机。

国防部将通过与伙伴的共同增加使用大规模杀伤性武器的障碍，

以防范事故及无意识使用，并加强针对使用大规模杀伤性武器的国际规范。实施制裁并限制资金、原材料、商业与军事利益的获取，有助于抑制大规模杀伤性武器的深入发展并降低保存动机。国防部将通过直接和间接援助来鼓励、支持那些保护、转让大规模杀伤性武器以及减少、取消大规模杀伤性武器研究项目的国家。

全面防御包括能加强边界安全的被动反制措施和有助于威慑大规模杀伤性武器的运送与使用的导弹防御。只要核武器仍然存在，美国便会出于威慑的目的而维持安全、可靠且有效的武器库。联合行动也是当前军事作战的常见形式。因此，作为地区军事规划的一部分，国防部将会帮助盟友和伙伴国发展和部署针对大规模杀伤性武器的综合防卫力量。

国防部将继续发展专门的计划和能力以阻止包括代理人在内的特定重要行为体使用大规模杀伤性武器。国防部也会为领导或支援旨在定位、定性、保护、利用和摧毁大规模杀伤性武器的行动作好准备。这些行动可能会在各种意外环境下和不断变化的安全与政治背景下发生，其规划与实施将由国防部同其他部门机构以及国际伙伴、国际组织合作进行。

（四）应对危机聚焦于管控和解决复杂大规模杀伤性武器危机的措施和行动

涉及大规模杀伤性武器的复杂危机可能在预警很少甚至没有预警的情况下发生，也可能常常在其他行动过程中发生。无论是在国内还是国外支持民选政府，国防部都将为控制和解决大规模杀伤性武器危机做好准备。应对这些危机并减轻风险需要发展灵活的能力。国防部在与伙伴约定、协调、合作、和分享信息的同时会保持稳定的态势感知。

我们需要采取迅速而果断的行动来阻止大规模杀伤性武器和重

要原材料的转移运输并将其夺回。一旦失控，国防部会假设已获取大规模杀伤性武器和重要原材料的敌对的非国家行为体将计划使用它们，并据此采取行动。国防部将会在任何可能的时候与合作伙伴协同行动，但必要时也会采取单方面行动。此类危机有可能会超越责任地理区域，这便需要对重要地区及海域的通行自由实施区域控制。这些措施可以在定位、拦截、缴获和保护失控与失窃物品方面提供协助。必要时，国防部将做好使这些重新获取的大规模杀伤性武器及重要原材料失效的准备。

国防部也将准备采取动态与非动态行动，以此定位、中断、瘫痪、抵消或破坏敌人的大规模杀伤性武器准备工作及武器资产。分层整体防卫提供了避免或挫败大规模杀伤性武器攻击和削弱其即时影响的方法，从而使继续开展有效行动成为可能。为了反击大规模杀伤性武器的实际使用，我们需要具备能够阻止敌人发动进一步攻击的能力。国防部也将提供及时的技术鉴定以支撑战略决策。

国防部将做好维持行动和支持政府在大规模杀伤性武器事件后一系列努力的准备。由于化生放核泄漏和污染，在确定军队行动及其活动区域时，必须将残留影响控制到最小限度。这不仅包括对在作战中使用大规模杀伤性武器的应对，还包括一些专门行动，比如那些与准备化生放核设备相关的行动，部队防护是此类行动成功的关键。此外，国防部将时刻准备好运用化生放核应对能力，以此支持民选政府缓和这些事件在国内外造成的影响。在民间或国际实体可以承担责任之前，国防部也可能领导或支援清理敌对势力残余大规模杀伤性武器能力的行动。

在危机结束时，国防部将重建防卫力量并帮助政府努力恢复劝阻力与威慑力。力量重建是展示美国高度的恢复力的关键。这些措施将表明美国有能力塑造并适应危机后的战略环境。

五、反击大规模杀伤性武器的活动和任务

国防部将综合使用赋能力量与专门的任务导向性力量，以应对特定的大规模杀伤性武器威胁。以下讨论的任务和相关能力以最终状态为指导，支持优先目标，并在各条战线得到运用。在所有作战环境中，包括稳态行动、小型突发事态以及主要冲突，国防部都确保武装部队已做好准备，领导或支援授权行动，应对各类潜在敌对势力威胁或使用大规模杀伤性武器的举动。

国防部必须执行三组活动以确保本战略的成功。国防部将同步开展反击大规模杀伤性武器的行动，将其融入到更广泛的计划和行动中，并利用赋能力量。国防部必须参与基础行动从而可以维持并拓展专业技术以及配合并支持合作伙伴。这些努力反过来将支持专门行动和任务，以了解环境、威胁和缺陷，管控、挫败、破坏并解除大规模杀伤性武器威胁，防护好军队并控制大规模杀伤性武器的使用所带来的结果。

（一）同步行动和任务

1. 融合反击大规模杀伤性武器的努力。反击大规模杀伤性武器的努力往往是更大的美国政府行动或军事行动的一部分。因此，它们必须完全融入其他计划和行动，而不是作为单独行动孤立地开展。协调国防部同其他部门机构、州及地方政府、盟友和伙伴国以及非政府组织之间的行动是至关重要的，对于反击大规模杀伤性武器的国内行动而言尤为如此。

2. 利用赋能力量。反击大规模杀伤性武器的努力需要利用国防部的力量，这部分力量原用于应对一系列其他威胁并满足其他防务

需要，而且是任务职能超出反击大规模杀伤性武器范围的机构的职责所在。这类力量包括战略威慑能力、导弹防御、指挥控制、以及情报、监视与侦查。

（二）基础行动和任务

1. 维持并拓展专业技术。国防部及其跨机构伙伴和国际伙伴依靠的是国防部反击大规模杀伤性武器专家骨干提供的知识资本。国防部必须培育并维持知识技能库，这些知识技能将为与反击大规模杀伤性武器相关的计划、研发、设计、演练、系统整合、分析、回顾以及任务执行等提供必要的专业支持。维持专业知识技术需要开展长期活动以招募、发展和留住人才。这些必须通过公共机构支持系统和教育程序来加强。为了有效地行动，技术专家必须为了应对危机和其他有可能在多样环境下发生的突发事件而进行训练和演习。高层领导将反击大规模杀伤性武器作为国家安全的一环加以深入了解也是同等重要的。

2. 配合并支持合作伙伴。对国内外安全伙伴的配合与支持可以加强集体、区域和国家的能力，从而能够接受及时的指示和警告、追踪重要的原材料、保护大规模杀伤性武器材料和储备的安全、应对并挫败大规模杀伤性武器威胁以及控制攻击带来的后果。这些努力和能力增进了共同威胁意识、反击大规模杀伤性武器的自给能力、军事协作能力、军事和民事准备工作以及大规模杀伤性武器风险的降低。必须维持并进一步深化与现有伙伴的关系，也必须发掘和创造新的伙伴关系。此外，国防部必须与有助于强化能力与规模的非政府组织合作。

（三）专门行动和任务

1. 了解环境、威胁和脆弱性。对环境有尽可能清楚的了解对于国防部而言是十分必要的。这需要建立并维持对全球原材料和库存的位置、数量、脆弱性以及重要行为体的意图和能力的态势感知。这包括对手的扩散途径、研发行动、支持网络、决策以及教义信条。我们必须对当前和潜在的大规模杀伤性武器的威胁进行定位、鉴别和定性，并根据包括基于风险的优先次序在内的美国及伙伴的脆弱性进行评估。此外，及时确定来源和预测威胁的能力对于支撑有根据的决策而言是十分关键的。最后，国防部必须维持对美国、盟友及伙伴国反击大规模杀伤性武器的能力和行动的详细认知，将这些信息融入到全面认知当中，并且利用其支持所有反击大规模杀伤性武器的努力。

支持这些任务的能力包括：侦测，建模，详细的行动计划，对材料、前体以及制剂的分析等，这些都有可能与扩散活动、对手的研发与部署能力或者大规模杀伤性武器的实际使用相关。关键的要素包括：被动和主动探测器，快速先进的诊断和疾病检测系统，样品收集器材，响应性实验室分析，危险评估、测量与建模系统，扩散途径分析，以及标记追踪大规模杀伤性武器材料的能力。为了获得对化生放核威胁的综合认知与态势感知，分享和整合源自上述来源的数据是必不可少的。

2. 管控、挫败、破坏并解除大规模杀伤性武器威胁。国防部必须拥有用以实施管控、挫败、破坏并解除特定大规模杀伤性武器威胁的活动的能力。这些活动将利用能力来了解环境的威胁和脆弱性，并防护军队，管理后果。部分此类任务的执行需要相关行为体的同意与合作，但所有的任务都可能需要在多样的威胁条件和安全环境下开展并贯穿军事行动的全过程，而且可能会需要专业的部队、装备和技术。

管控活动需要具备隔离、拦截、转移、缴获和保护大规模杀伤性武器以及相关能力的力量。这些活动通常发生在稳定国家或者作战行动中，其惯常依赖的能力习惯上并不被认为是反击大规模杀伤性武器的一部分，但对于成功来说无疑是必须的。

挫败发展路径及挫败大规模杀伤性武器的活动针对敌手从意图直至发展和使用大规模杀伤性武器的发展路径的全过程。发展路径挫败行动集中于在对手获得大规模杀伤性武器之前通过延迟、中断、破坏或者扰乱其特殊的节点、联系和支持网络。一旦获得大规模杀伤性武器，大规模杀伤性武器挫败行动将以收集、贮存、运送、转移以及使用大规模杀伤性武器的能力为目标。国防部仍将维持并扩大其实施特定发展路径与大规模杀伤性武器挫败任务的能力。这些能力包括发展、部署用以抵消或摧毁武器和制剂的特定动态与非动态能力，运送系统以及材料、设备及包括结构性，功能性挫败地下目标在内的进程。

破坏活动包括剥夺、降解、破坏重要的处于危险中的大规模杀伤性武器项目组件。这些活动力图确保重要行为体无法使用上述组件，并寻求减少被扩散、失控与失窃的（与大规模杀伤性武器相关的）能力所造成的风险。如果还需要采取后续行动以完成对大规模杀伤性武器项目的拆除，那么大规模杀伤性武器破坏活动就会变成解除行动。

解除活动谋求部分或全部的拆除某行为体的大规模杀伤性武器项目。这些活动包括削减或者拆除生产方式、材料、库存以及技术基础设施的审慎技术程序，对某行为体的能力和技术进行重新定向使其用于和平的生产行动，以及建立监测机制以确保大规模杀伤性武器项目不会再次开展。

3. 防护军队并管理后果。这些任务和能力提供了应对化生放核事故的方法以减轻使用带来的危险和影响。这些任务、能力能够使军事人员和其他任务关键人员维持有效行动，还可以根据授权为美国及外国的民选政府提供支持。国防部必须做好准备以应对敌人对美国本土、盟友和伙伴国、或者美国的军事力量使用大规模杀伤性武器。如果这些情况发生，迅速治疗伤员，为人员和装备消毒，在继续监测军队的同时建立保护性态势是必要举措。增强军队健康保护所需要的关键能力包括健康和疾病监测、饱经训练且装备精良的军队、化生放核顾问、医学和物理对策、防护设备、能够提供物理保护的平台以及消毒系统。

六、术语与定义

除非另有说明，否则本表中的术语和定义仅适用于本战略。

定义

重要行为体。开展未知的，且如不加以制止会对美国政府的战略目标构成明确潜在威胁的活动的国家或者非国家行为体。在大规模杀伤性武器的背景下，重要行为体造成了发展、获取、扩散或者使用大规模杀伤性武器、相关专业知识、材料、技术以及运送方式的威胁。

定性。一旦识别出威胁，就必须要确定其外部联系、内部联系及个体成分。这包括威胁所包含的特定种类的大规模杀伤性武器和相关的专业知识、材料与技术以及它们所造成的危害。定性提供了对威胁的评估、属性以及预测性分析。

管控大规模杀伤性武器行动。隔离、拦截、转移、缴获和保护大规模杀伤性武器相关的专业知识、材料、技术以及运送方式的行动。

反击大规模杀伤性武器（CWMD）。旨在阻止重要行为体构思、发展、拥有、扩散、使用大规模杀伤性武器及相关的专业知识、材料、技术和运送方式，并削弱其影响的努力。

鉴别。一旦定位了某一目标，就必须分析其本质以确定其所构成威胁的范围、种类和优先次序。确定威胁后将能够更有效地对其进行定性并评估目标的特定要素。

重要原材料。数量充足时可以生产大规模杀伤性武器或其关键部件的用于武器制造的化生放核材料。

抵消。使地雷、炸弹、导弹、饵雷安全或者使生物和化学制剂无害的行动。（源自联合出版物 1—02，JP 1—02）

挫败发展路径。针对重要行为体及其网络采取审慎行动，以期延迟、中断、破坏或者扰乱其构思、发展、拥有、扩散大规模杀伤性武器、相关的专业知识、材料、技术及运送方式。

恢复力。快速恢复并重新参与标准行动的能力。

塑造安全环境。在反击大规模杀伤性武器的背景下，塑造活动力图影响国家或非国家行为体使其放弃构思、发展、拥有、扩散及使用大规模杀伤性武器。

大规模杀伤性武器（WMD）。具有强大毁坏能力或者能够造成大规模人员伤亡的化学武器、生物武器、放射性武器和核武器，但不包括那些可与武器分离分割的运输和推动工具。（源自联合出版物 1—02）

挫败大规模杀伤性武器。为抵消、摧毁大规模杀伤性武器装置与制剂或阻止使用大规模杀伤性武器装置而采取的审慎行动。

大规模杀伤性武器发展。获得大规模杀伤性武器的一系列过程，包括关键的人力资源、后勤、指挥控制、研究工作、生产设施、设备、原料、资金网络以及其他的支撑网络。

大规模杀伤性武器发展路径。能够使行为体构思、发展、拥有和扩散大规模杀伤性武器及相关能力的网络（个人、团体、组织、政府实体等之间的联系），该网络包括观念、原材料、技术、设备、工序、产品及项目。

大规模杀伤性武器项目。不论规模与复杂性，寻求为国家或者非国家行为体提供大规模杀伤性武器的生产计划。其所需资源包括设施、信息、安全、设备、原料、技术人才、组织架构以及预算。大规模杀伤性武器项目可能从其他实体获得专业知识、材料和技术，但也可能将其提供给其他的国家或者非国家行为体。

大规模杀伤性武器扩散。大规模杀伤性武器或者相关的材料、技术以及专业知识从供给者到国家或非国家行为体的转移。（源自联合出版物 1—02）

大规模杀伤性武器相关能力。与大规模杀伤性武器相关的专业知识、材料、技术以及运送方式。

（译者：解放军外国语学院教授　孙逊）

美国《总统政策指令（第27号）：美国常规武器转让政策》*

白宫新闻秘书办公室

2014年1月15日

主题：美国常规武器转让政策

21世纪初，常规武器仍将在武装冲突中发挥决定性作用，而且在可预见的将来仍将是负责任国家的防务和安全政策的合法手段。但是，在充满敌意或不负责任国家和非国家行为体手中，这些武器可能加剧国际紧张局势，导致形势不稳定，造成严重损害，而且可能被用来侵害普遍的人权。因此，全球常规武器转让模式对美国国家安全和外交政策利益有着巨大的影响，而且美国的常规武器转让政策在构建国际安全环境方面发挥着重要影响。

为支持美国的国家安全和外交政策利益，我们的常规武器转让政策支持符合我们盟友和伙伴的合法安全需求的转让。同时，如果美国或者其他供应商实施武器系统的转让可能破坏或危害国际和平与安全，本政策提倡克制。

---

* 原文出自 http：//www.whitehouse.gov/the-press-office/2014/01/15/presidential-policy-directive-united-states-conventional-arms-transfer-p。

一、美国常规武器转让政策的目标

美国常规武器转让政策服务于以下美国国家安全和外交政策目标：

1. 确保美国军队以及盟国和伙伴国的军队继续享有对潜在敌手的技术优势。

2. 推动美国系统的建立，以提高与盟友和伙伴的互操作性，降低单位成本，加强工业基础设施。

3. 加强盟友和伙伴国威慑侵略或者保卫自身不受侵略的能力。

4. 鼓励维持与我们有共同利益的国家的安全伙伴关系，并扩大对美国利益至关重要地区的区域进入权。

5. 促进地区稳定、争端的和平解决以及军备控制。

6. 防止可用作大规模杀伤性武器运载系统的常规武器的扩散。

7. 加强反恐合作，提升关键基础设施及其他本土优先保全目标的防护。

8. 打击跨国有组织犯罪，防止相关威胁影响到国家安全。

9. 支持民主的统治方式及其他相关的美国外交政策目标。

10. 确保武器转让不会侵害人权或者违反国际人道主义法。

二、指导美国武器转让决定的程序和标准

武器转让决定将继续符合相关法规的要求，例如《武器出口控制法》(Arms Export Control Act)、《对外援助法》(Foreign Assistance Act)、《国际紧急经济权力法》(International Emergency Economic Power Act)、年度《国防授权法案》(National Defense Authorization Act），同时也要符合所有相关出口管制条例及美国国际承诺的要求。

武器转让决定都将遵照系列标准，这些标准包括：在转让武器与限制转让之间权衡利弊，如果转让的武器用以支持美国及其盟友和伙伴国的国家安全，我们同意合法转让武器；如果转让的武器会增加敌国的军事实力、侵害人权、违反国际人道主义法、动摇国际安全，我们需要限制武器转让。但凡涉及国防用品、相关技术参数、国防服务直销、政府间转让、美国援助项目中的武器转让、批准重新转让武器、武器最终用途的转变、武器升级等方面的决定，都要遵守上述标准。更确切的说，武器转让决定都将符合相关国内法律、国际承诺和义务，并考虑以下标准：

1. 武器转让要保证美国和接受者的安全。

2. 武器转让要与美国地区稳定的利益相一致，尤其是转让涉及力量投射、反介入及区域封锁能力，或引入武器系统会使局势更紧张或者导致军备竞赛时。

3. 武器转让对美国的实力、技术优势的影响，尤其是要保护软硬件设计、研发、制造、集成方面的敏感信息。

4. 接受国所能提供的防护程度，包括对敏感技术、潜在的未经授权的第三方转让、国内未经授权使用的防护。

5. 系统漏洞暴露，美国为达成妥协而使作战能力受损的风险。

6. 接受国政治和安全形势的急剧改变，可能会导致不恰当使用或转让国防用品的风险。

7. 转让对美国战略、外交政策、国防利益的有益程度，而通过增加访问和影响、盟友责任共担、交互合作也能有利于美国。

8. 接受国在人权、民主化、反恐、防核扩散、核不扩散方面的记录，以及接收国可能会存在出口混乱的问题。

9. 接受国可能利用武器侵犯人权、严重违反国际主义人道法，或者接受国会重新转让武器给其他同样会错用武器的国家，或者接受国错用武器会被认为美国侵犯人权、严重违反国际主义人道法。

10. 不管转让是否被批准，都要考虑对美国的工业、国防基础设施的影响。

11. 接收国能够有效处理、支持、合理使用转让的武器系统，使其符合预期的最终用途。

12. 接收国面临经济、政治、社会不利影响，或者接收国可以通过其他方式获得安全。

三、支持军控和武器转让限制

美国常规武器转让政策的关键要素是加强武器转让的管制、限制和透明度。

国际上缺乏具有法律约束力的条约，要求武器转让的透明度，但美国仍将参与《联合国常规武器登记册》（U. N. Register of Conventional Arms）和《联合国军费开支标准汇报表》（U. N. Standardized Instrument for Reporting Military Spending）。美国将继续敦促国际社会广泛参与《联合国常规武器登记册》，并且鼓励各国向该登记册报告包括军事资产、国防产品的采购、转让武器的类型方面的信息，从而提供一张更完整的国家每年军事能力变化图。美国还将继续检查登记册涵盖的物品，以确保检查的物品符合美国国家安全担忧的事项。此外，美国将支持区域行动来加强常规武器的透明度。

美国将继续参加1996年生效的《关于常规武器和两用物品及技术出口控制的瓦森纳安排》（Wassenaar Arrangement on Export Controls for Conventional Arms and Dual-Use Goods and Technologies），该项安排旨在防止常规武器和相关两用物品及技术的积累破坏稳定。该项安排鼓励透明、磋商、合理地克制国家政策，加大了在武器转让和两用武器及技术方面的问责力度。我们将会继续使用《瓦森纳安排》来促进国家政策的克制，这种克制主要针对国家收购武器、将敏感的两用物品及技术用于军事用途等这些会引起严重关切的行为。

美国还将继续大力支持当前的军备控制，以及管控杀伤性武器和相关技术所需的信心机制的建立。美国认识到用多种方式的努力来巩固稳定，最终会减少对武器的需求。如果美国确定转让的武器会用于犯罪、种族灭绝、反人类，严重违反1949年的《日内瓦公约》(Geneva Conventions)，严重侵犯1949年《日内瓦公约》中的第三条共同条款，攻击平民对象，袭击那些受法律保护的平民，或《美国法典》(United States Code，U. S. C.）第18项第2441条定义的其他罪行，美国将不会授权任何转让。

同时，限制一旦被认为是有效或者必要的话，美国不顾国家利益，也会单方面采取限制。美国限制转让的方面包括：接受国行为引起美国的严重关切，美国拥有领先的武器技术，美国限制出口来维持其军事优势或地区稳定，美国没有应对的对策，武器转让会影响国际和平与安全，严重侵犯人权（包括基于性别的暴力、对妇女儿童的严重暴力行为、严重侵害国际人道主义法、恐怖主义、跨国有组织犯罪)，滥用转让的武器。

最后，美国将通过双边和多边形式来协助其他供应商，形成有效的出口管控机制以支持出口管制问责政策。

四、支持美国负责任地转让武器

美国政府将支持与美国政策相符的出口。这种支持包括：委派我们的海外公务人员，支持美国公司在海外市场竞标防务合同；积极说服高级政府官员赞成对美国特别重要的武器转让；国防部长支持国防部官员，参加符合美国国家利益、符合现行法律、获国会首肯的国际货物贸易展览会。美国将继续努力，加强与盟国及伙伴国的合作，实施常规武器转让和安全合作政策，美国政府将采取一切可行的措施，对常规武器和安全援助的提供进行管控。

本政策指令取代1995年2月10日颁布的总统政策指令/国家安全委员会（NSC）第34号文件。

（译者：解放军外国语学院教授　孙逊）

美国《总统政策指令（第28号）：信号情报活动》*

白宫新闻秘书办公室

2014年1月17日

主题：信号情报活动

美国如其他国家一样，历史上始终在搜集情报，以确保国家安全与外交政策的决策者能够获得及时、准确且富有见地的信息。

为了促进美国的国家安全和外交政策利益，保护本国公民及盟国与伙伴国公民免受伤害，信号情报搜集是必不可少的。同时，信号情报活动以及此类活动可能不恰当地公之于众，构成了多种风险，这些风险有可能危及：我们与其他国家的关系，包括我们从其他国家获得的执法、反恐等方面的合作；我们的商业、经济和金融利益，包括有可能丧失美国公司的国际信誉，降低其他国家参与国际数据共享、隐私保护和管控机制的意愿；我们对建立开放、可互操作且安全的全球互联网所作承诺的可信性；以及对情报来源与方法的保护。

此外，我们的信号情报活动还必须考虑到，人人都应享有尊严和尊重，不论他们是哪个国籍或居住何地，而且人人都拥有处理个人信息的合法隐私利益。

---

* 原文出自 http：//www.whitehouse.gov/the-press-office/2014/01/17/presidential-policy-directive-signals-intelligence-activities。

当我们决定美国为什么、是否需要、在何时以及如何从事信号情报活动时，我们必须在信息和通信技术不断变化的背景下权衡所有这些因素。在技术进步所创造的这个环境中，对于我们的国家安全具有重要意义的通讯与我们所有人日常生活中所使用的通讯是通过相同的渠道传送的，这为情报搜集带来了新的、不同的机遇和挑战，尤其是信号情报。在这个瞬息万变的世界中，美国情报界（Intelligence Community，IC）不断增强履行信号情报使命任务的能力，取得了明显成效。这些能力的增强是我们得以适应这个不断变化且充满挑战的安全环境的一个主要原因。①

美国必须保持并继续发展强大的、技术先进的信号情报能力，以保护我们以及我们的合作伙伴和盟友的安全。我们的信号情报能力还必须反应敏捷，以使我们能够及时抓住稍纵即逝的机会，或处理即将爆发的危机，不仅能够解决今天的问题，而且能够解决我们可能无法预见的明天问题。

然而，先进的技术既可以扩大机会，也可以增加风险，因而当我们调配信号情报能力时，必须考虑到这些风险。情报界小心谨慎地开展信号情报活动，以确保其对信号情报的搜集、保存、使用和分发过程避开这些风险。鉴于不断变化的技术和地缘政治环境，我们必须继续确保我们的信号情报政策与实践适当顾及我们的联盟及其他伙伴关系，顾及美国在支持民主原则和普遍人权方面所发挥的领导作用，顾及贸易、投资、信息流动的日益全球化，顾及我们致力于建立一个开放的、可互操作的和安全的全球互联网的承诺，顾及美国及其他国家公民对合法隐私和公民自由的关切。

总统长期以来一直根据宪法赋予的权力指导外国情报（foreign

---

① 本指令中所用“情报界”和“情报界各机构”（elements of the Intelligence Community）两个术语的含义等同于1981年12月4日第12333号行政命令（修正版）中使用的含义。——原文注

intelligence）的获取和反情报（counterintelligence）活动，[①] 以处理美国的对外关系，并履行他们作为武装部队总司令兼行政首脑的宪法责任。为推动这些权力和责任的履行，他们不仅为执行国会制定的法律而提供了指导，还为情报活动的具体实施提供了指导。本着与该历史实践相一致的原则，为指导美国为何、是否、何时、以及如何出于获得授权的外国情报和反情报目的而开展信号情报活动，[②] 本指令阐明以下原则。

一、信号情报搜集的指导原则

信号情报搜集应按以下原则获得授权并加以实施：

（一）信号情报搜集应以法规或行政命令、宣言或其他总统指令的形式获得授权，并根据宪法和现行法规、行政命令、宣言和总统指令加以实施

（二）隐私权和公民自由是规划美国信号情报活动所必须考虑的因素

美国搜集信号情报不得用于压制批评或异见，不得用于因族群、种族、性别、性取向、宗教等原因而对个人造成损害。信号情报只

① 本指令中所用“外国情报”和“反情报”两个术语的含义等同于第 12333 号行政命令（Executive Order 12333）中使用的含义。因此，“外国情报”意指“与外国政府及其机构、外国组织、外国人员或国际恐怖分子的能力、意图或活动相关的信息”，而“反情报”则意指“针对代表或服务于外国政权、组织、个人或其代理人、国际恐怖组织或其活动等所进行的间谍活动、其他情报活动、阴谋破坏活动、暗杀活动等，为对其加以识别、欺骗、利用、挫败或防止而搜集的情报或开展的活动”。第 12333 号行政命令还进一步指出：“情报包括外国情报和反情报”。—原文注

② 除另加说明外，本指令适用于为搜集通讯或通讯相关信息而开展的信号情报活动，但不适用于为测试或开发信号情报能力而进行的信号情报活动。——原文注

能在用于外国情报或反情报目的时方可搜集，只能用于支持国家和政府部门的任务，不得用于任何其他目的。

（三）只有在以保护美国或其伙伴国及盟国的国家安全为目的时才能授权搜集外国私人商业信息或贸易秘密

为使美国公司和美国工商界获得商业竞争优势而搜集此类信息，[①] 不符合获得授权的外国情报或反情报目的。

（四）信号情报活动应依据合理性而有所节制

在确定是否要搜集信号情报时，美国应考虑其他信息来源的可行性，包括外交渠道和公共来源。此类可替代信号情报的适当而可行的方法应予优先考虑。

二、大量搜集的信号情报的相关使用限制

探知新的或即将来临的威胁，以及其他至关重要的国家安全信息，是难以做到的，因为此类信息往往隐藏于庞大而复杂的现代化全球通信系统之中。因此，美国在某些情况下必须搜集大量信号情报，[②] 以便识别这些威胁。然而，日常通信和涉及国家安全利益的通信越来越多地在同一网络中传输，其结果是大量搜集信号情报可能

① 某些经济目的，如对贸易或制裁违约行为或政府操控行为的确认，不构成竞争优势。——原文注

② 本条所包含的限制不适用于临时获取且用于定向搜集的信号情报数据，所谓“大量”搜集的信号情报是指经授权搜集的大量信号情报数据，搜集此类数据过程中因技术或操作原因不使用特征词（如特定标识符、筛选词语等等）。——原文注

造成个人信息的搜集，而这些人的活动并不具有外国情报或反情报价值。因此，美国将对大量搜集的信号情报的使用加以新的限制，这些限制的目的在于保护所有人的隐私和公民自由，不论其是何国籍，居住何地。

特别是当美国大量搜集非公共知晓的信号情报时，此类数据仅用于探知和打击：（1）外国政府或其情报机构针对美国及美国的利益所从事的间谍活动及其他威胁和活动；（2）针对美国及其利益的恐怖主义威胁；（3）针对美国及其利益的研制、拥有、扩散或使用大规模杀伤性武器的威胁；（4）网络安全威胁；（5）针对美国或盟国武装部队的威胁，或针对其他美国或盟国人员的威胁；以及（6）跨国刑事犯罪威胁，包括与本条提及的其他目的有关的非法融资和逃避制裁的行为。在任何情况下，大量搜集的信号情报不得用于：压制批评意见或持不同政见者；基于民族、种族、性别、性取向、宗教等因素将某些个人置于不利地位；为美国公司和美国工商界谋取商业竞争优势；或达到除本条所明确的目的之外的任何其他目的。

美国总统与国家安全顾问助理（Assistant to the President and National Security Advisor，APNSA）应在与国家情报主任（Director of National Intelligence，DNI）协商的基础上，通过第1号总统令或任何后续文件所规定的国家安全委员会（National Security Council）部长和副部长委员会制度，每年共同拟制至少一份有关大量搜集的信号情报之合法用途的审核报告，该审核报告末尾应就大量搜集的信号情报之合法用途清单向我提出增列或删减建议。

国家情报主任负责管理大量搜集的信号情报之合法用途清单，该清单应根据需要进行更新，并应在符合国家安全原则的前提下尽最大可能公之于众。

三、改进搜集信号情报的过程

美国的情报搜集活动如果不当披露就有可能危害国家安全。不断演变的技术环境和地缘政治环境带来了机遇和风险，此类搜集具有独特性且信号情报只能大量搜集时才会引起内在担忧，而且一旦我们的能力和活动受到削弱，可能会导致我们的国家安全利益与执法活动、情报共享及外交关系受到损害，所有这些因素导致信号情报搜集引起了特殊关切。因此，国家安全决策者要依据开展这些活动所具有的风险来慎重考虑信号情报活动的价值，这样做至关重要。

为了作出这种判断，参与确定信号情报优先事项和要求之决策过程的部门和机构领导人，应每年审核各自部门或机构所确认的任何优先事项或要求，并就每个优先事项或要求是否应予保留向国家情报主任提出建议，该建议的副本应提交给总统和国家安全顾问的助理。

此外，本指令的秘密附件规定，确定是否以及如何开展信号情报活动时，必须慎重评估此类活动给我们的国家利益带来的益处和风险，该附件是对审核信号情报活动的现有政策过程的补充。①

四、保护通过信号情报搜集的个人信息

所有人均应享有尊严和尊重，无论其是何国籍或居住何地，且

① 本指令第三条及本指令之秘密附件不适用于：(1) 为支持已确定的调查工作而由联邦调查局开展或委托开展的信号情报活动，且非完全出于获取外国情报的目的而开展的此类活动；(2) 为支持发生敌对活动的区域内的军事行动、秘密行动或人力情报活动而开展的信号情报活动。——原文注

所有人在处理其个人信息方面均享有合法的隐私利益。[①] 因此，美国的信号情报活动必须包含对所有个人的私人信息的妥善保护措施，无论这些信息所涉个人是何国籍或居住何地。[②]

（一）政策与程序

国家情报主任经与司法部长协商，应责成情报界所有机构制定政策和程序，用以贯彻下列原则，保护搜集自信号情报活动的个人信息。为最大程度上符合国家安全，这些政策和程序应平等适用于所有人的个人信息，不论其国籍：[③]

1. 最小化。共享包含个人信息的情报是保护我们的国家安全及促进我们的外交政策利益所必需的，因为这样做能够使美国得以协调我们整个政府的活动。然而，与此同时，通过为此类共享设置适当限制，美国可顾及到对合法隐私的保护，并降低个人信息被滥用或不当处理之风险。与此相关，情报对于国家安全的重要性在信息的初步审查阶段并非总是显而易见，情报必需保留足够长的时间，情报界才能够理解其价值，并将其用于我们的国家安全之所需。然而，长期存储无助于保护我们的国家安全的个人信息则是低效且不必要的，而且会引发合法隐私的保护问题。因此，情报界各机构应合理设计和制定政策和程序，以尽量减少对搜集自信号情报活动的

① 各政府部门和机构使用“个人信息”一词时，应注意其用于美国人和非美国人当始终如一。据此，出于本指令之目的，“个人信息”一词应涵盖第12333号行政命令第2.3节中所用“美国人相关信息”所涵盖的相同类型信息。——原文注

② 对“美国人”相关信息的搜集、保留和分发应遵循多项法律和政策要求，如外国情报监视法（Foreign Intelligence Surveillance Act）和12333号行政命令所作之规定。出于本指令之目的，“美国人”的含义等同于第12333号行政命令中使用的含义。——原文注

③ 所涉情报界机构的政策和程序亦应符合国家情报主任为落实这些原则，并经与司法部长、情报界各机构领导人及设有此类机构的任何其他政府部门领导人协调，而发布的任何其他情报界政策、标准、程序及指导思想。本指令无意更改第12333号行政命令、外国情报监视法及其他现行法律中适用于美国人的规则。——原文注

个人信息的分发和保留。

（1）分发：只有在依据12333号行政命令第2.3节，美国人相关信息获准分发的情况下，方可分发此类个人信息。

（2）保留：只有在依据12333号行政命令第2.3节，美国人相关信息获准保留的情况下，方可保留此类个人信息，且应遵循美国人此类信息相同的保留期限。未经分发的信息保留期不得超过5年，除非国家情报主任明确断定继续保留符合美国的国家安全利益。

此外，在本指令发布之日起180日内，国家情报主任，经与司法部长、情报界其他机构领导人以及设有情报界其他机构的政府各部门和机构领导人协调，应准备一份报告，按照符合技术能力和行动需求的原则，对可能为通过信号情报搜集的个人信息的分发和保留提供的其他保护措施进行评估。

2. 数据安全与访问。当我们的国家安全和外交政策需要要求我们保留某些情报时，至关重要的是美国要采取适当步骤，确保包含在情报内的任何个人信息的安全。因此，个人信息的处理和存储应以提供足够的保护并防止未经授权的人员访问为先决条件，且应符合相关行政命令、宣言、总统指令、情报界指令及有关政策所规定的现行敏感信息保护措施。对此类个人信息的访问，应仅限于获得授权且需要知晓这些信息以执行其任务的人员，且应符合相关行政命令、情报界指令及有关政策所规定的人员安全等级要求。此类人员要就本指令所规定的原则接受适当而充足的培训，这些人员可以遵照现行法律和行政命令以及本指令规定的原则访问并使用相关信息；尚未根据本指令第四条第（一）款第1项确定是否可以分发或保留的个人信息，只能在需要作出这种决定（或执行获得授权的行政、安全及监督职能）时，方可访问。

3. 数据质量。情报界各机构努力为国家安全决策者提供及时、准确、有见地的情报，而不准确的记录和报告不仅会损害我们的国家安全利益，而且还会导致对不具外国情报或反情报价值的个人活动的信息进行搜集或分析。因此，个人信息只有在符合相关情报界指令设立的有关准确性和客观性的相应情报界标准时，才应纳入情报产品。此外，尽管情报界各机构应整体运用情报界分析标准（IC Analytic Standards），但在进行分析时仍应特别注意运用有关信息的质量与可靠性、对其他信息源与数据解读的采信、客观性等相关标准。

4. 监督。情报界早就认识到，要确保我们以符合我们的利益和价值观的方式来保护我们的国家安全，有效的监督是必不可少的。因此，情报界各机构以及设有情报界机构的政府部门的政策和程序，应包含适当的措施，以对保护个人信息的保障措施的执行情况实施监督，并按照本条所规定的标准进行定期审查。

这些政策和程序也应重视并促使情报界各机构和设有情报机构的政府各部门机构以及其他相关监督机构的监察长（Inspectors General）履行监督责任。当涉及任何人的个人信息出现重大违规使用问题时，无论相关个人的国籍，只要是通过信号情报活动搜集的，除按现有上报要求处理外，该问题应即刻上报国家情报主任，由其确定应采取何种可能的纠正措施。如果该问题涉及一位非美国人士，国家情报主任经与国务卿及反映问题的部门或机构负责人协商，在保护好情报来源与方法及美国人员的前提下，确定是否应采取措施通知相关外国政府。

（二）更新与公布

自本指令发布之日起一年内，情报界各机构应会同国家情报主任，更新或发布落实本指令第四条所必须的新政策和程序。为了强化公众对保护个人信息的保障措施的理解和信任，这些更新或新发布的政策和程序应在符合保密要求的前提下最大程度上公开发布。

（三）隐私与公民自由政策官员

在制定本条所要求的政策和程序过程中，为确保所有人共同享有的有关处理其个人信息的合法隐私利益能够按照本条中的原则得到适当考虑，美国总统和国家安全顾问助理、管理和预算办公室（Office of Management and Budget，OMB）主任和科学技术政策办公室（Office of Science and Technology Policy，OSTP）主任应指定一名或多名高级官员，负责与国家情报主任、司法部长、情报界其他机构负责人以及设有其他情报机构的政府部门负责人协力开展工作。

（四）国际外交协调员

国务卿应在国务院内指定一名高级官员与相关负责部门和机构共同协调与国际信息技术问题相关的美国政府外交与对外政策工作，并充当对美国开展的信号情报活动表示关切的外国政府的一个联络点。

五、报告

1. 自本指令发布之日起180日内，国家情报主任应提交一份情况报告，向我说明情报界执行本指令第四条的最新进展情况。

2. 隐私与公民自由监督委员会（Privacy and Civil Liberties Oversight Board）应尽可能向我提交一份报告，对于其职责范围内，且为本指令所规定的任何事项的执行情况进行评估。

3. 自本指令发布之日起120日内，总统的情报顾问委员会（Intelligence Advisory Board）应向我提交一份报告，提出选择方案，用以评估元数据与其他类型信息之间的区别，并以工作相关访问（Work-Related Access）模式取代“需要共享”或“需要知道”模式，以解决秘密信息共享问题。

4. 自本指令发布之日起一年内，国家情报主任应会同情报界各相关机构及科学技术政策办公室负责人，向我提交一份报告，就创设软件以使情报界更便捷地开展定向信息获取活动而非大量搜集数据的可行性，作出评估。

六、一般规定

1. 对本指令中任何条款的解读不得妨碍我行使宪法赋予的权力，包括作为武装部队总司令、行政首长、处理外交事务的权力，以及我的其他法定权力。按照这一原则，本指令的领受方可以通过美国总统和国家安全顾问助理，随时就本指令规定的政策和程序向我提出修改建议。

2. 对本指令中任何条款的解读不得削弱或影响到法律赋予美国政府部门和机构及其领导人的权力和责任，以及管理和预算办公室主任有关预算、行政和立法建议的职能。本指令旨在补充现有的审查外国情报或反情报活动的流程或程序，除作出明确说明外，不应理解为取代这些流程和程序。

3. 本指令的执行应符合现行美国法律并接受财政拨款情况的限制。

4. 本指令无意，也没有创设任何实质性或程序性权利和利益，并使之可以被任何一方依法正当地用于反对美国、政府部门、机构、实体及其官员、雇员、代表及其他任何人士。

（译者：解放军外国语学院教授　李志东）

英国《国家海上安全战略》*

国防大臣尊女王陛下旨意呈交议会

2014年5月

一、前言

联合王国是一个拥有庞大海上遗产及全球海上利益的岛国。国家生活的方方面面几乎都依赖与更广阔世界的联系，而这些联系中的大多数都是经由海洋提供。我们的繁荣与安全依赖海洋，我们依赖稳定的全球市场以获取维系生活方式所必须的原材料、能源和制成品。近年来，诸如全球化、资源竞争、人口增长、气候变化等趋势已将海洋变为一个与我们联系更密切的领域——它为英国商业提供了大量的增长机遇；同时也将其变为一个更加充满竞争的领域——在遥远海域发生的事态可能迅速对我们的繁荣与安全产生直接影响。

作为一个国家，我们一直面向更广阔的世界以期塑造并影响国际事件。本战略说明了我们如何组织并运用当前国家能力以确认、评估并处理国内外的海上安全事宜，同时它也说明了我们计划如何通过对可获取资源的最有效利用来提升能力，以便使我们在未来依旧能采取适当行动。

我们将全面了解面临的风险，采取雄心勃勃但也切实可行的方式，抓住能利用的机会，达成本战略所提出的各项目标。由此，我

* 原文出自 http：//www. gov. uk/government/publications/national-strategy-for-maritime-security。

们不仅将拥有应对安全事件的能力，而且还将采取海外能力建设、威慑及外交等手段以防患于未然。这要求我们采取政府综合性路径以实施海上监视、信息收集及决策，为此我们必须通过地区合作及多国合作强化这一路径，并通过持续的监督审查以确保其不断改善。

未来将见证，随着海上能源部门的继续扩张、海上贸易不断增长以满足新兴国家和新消费阶层的消费需求，全球将越来越需要一个安全可靠的海洋环境。我们将继续促进伦敦成为全球海上商业中心、促进形成一个稳定的海上领域、促进海洋自由并维持联合王国作为国际合作和共识推动者的地位，以此力争把握利用经济机会。

外交与联邦事务大臣（Secretary of State for Foreign and Commonwealth Affairs）：威廉·黑格（William Hague，签名）

内政大臣（Home Secretary）：特雷莎·梅（Theresa May，签名）

国防大臣（Secretary of State for Defence）：菲利普·哈蒙德（Philip Hammond，签名）

交通大臣（Secretary of State for Transport）：帕特里克·麦克洛克林，（Patrick McLoughlin，签名）

二、执行摘要

（一）引言

1. 联合王国认为，“海上安全”（maritime security）是国家利益的优势及保障所在，无论在国内或国外，我们通过积极应对那些出现在海上领域（maritime domain）以及来自海上领域的风险和机遇，巩固并扩大联合王国的繁荣、安全和恢复力，帮助塑造一个稳定的世界。

2. 本战略将海上领域置于特定上下文中并解释它因何对联合王国至关重要。它将制定路径以及期望达成的目标，解释我们未来准备如何改进工作。最后，它将概述治理结构，这一结构将使我们能够有效且高效地实现海上安全。

（二）海上领域至关重要

3. 海洋是我们的经济命脉，负责绝大多数贸易以及诸多重要资源的运输，但它也能被其他国家、犯罪分子以及恐怖分子所利用。由此，我们需要通过国家及国际监督管制、强有力的全球伙伴关系来处理共同利益领域，在促进合法行动与监控恶意活动之间达成平衡。海上领域也是一个复杂的国际体系，联合王国在其中处于领导地位，我们运用外交、军事和执法手段以促进国际合作并进行能力建设。为使我们能施加必要的影响和干预，我们必须仔细评估面临的海上风险与机遇，将其按轻重缓急排序并进行相应的资源配置。

（三）我们的目标

4. 联合王国因强势地位而获益。我们拥有极强的监管、军事和外交能力；我们是全球贸易的中心，拥有庞大的优良港口网络及支撑经济发展的海上基础设施；漫长的海岸线为我们提供了丰富的资源，其中包括渔业资源和能源。尽管评估认为，我们的能力足以实施本战略且已具备有效的机制以应对海上安全威胁，但是海上领域如此广阔，而且未来全球对海洋的利用将极大扩展，因此，在资源有限的情形下，我们必须最大限度地发挥资产的效用，将重心置于尽可能的整合与协作上。

5. 对联合王国海上安全风险的分析确认，恐怖主义、对贸易或航行自由的破坏、对我国基础设施的海上攻击、武器扩散、毒品走私和人员偷渡是最值得关注的领域［详见第三部分（三）第7段］。

6. 由此，我们将聚焦于下列5大海上安全目标，以此实现并保护国家利益：

（1）促进形成一个安全的国际海上领域，支持国际海上规范；

（2）提升那些处于海上重要战略区域国家的海上治理能力；

（3）通过确保港口和近海设施以及红色旗集团（Red Ensign Group，REG）客、货轮的安全，保护联合王国、王国公民以及国家经济；

（4）在地区及国际层面，确保位于联合王国海域（Marine Area）的重要海上贸易通道和能源运输通道安全；

（5）保护联合王国及其海外领地的资源和民众免受严重的有组织犯罪和恐怖袭击等非法危险活动的伤害。

（四）我们的路径

7. 海上安全环境不仅包含了联合王国多个政府部门和机构的重叠利益，而且也包含了几乎所有国家和若干国际组织的重叠利益，为管理这一安全环境，我们需要密切合作，确保达成整体大于局部之和的海上安全效果。因此，我们采用了两大工作指导原则，即整合与协作。我们融合政府各机构以促进合作、提高效率；我们与盟国、友邦、工业界及公众进行全球合作，以实现我们的共同目标。

8. 我们将在5项核心的海上安全任务中运用整合与协作原则，而这些任务将支撑实现我们所提出的目标。这些代表了我们实现“了解、影响、预防、保护及响应”的战略路径。

9. 海上领域十分广阔，但并不均衡，海上活动大多集中发生在港口、航道、水路、固定的基础设施、渔场，这使得世界海洋中存在大片空白区域。因此，我们首要的挑战在于，监控并辨识哪些活动与安全相关。由此我们投入大量资源用于了解海上领域——我们收集情报、分享信息、建立伙伴关系、分析数据、辨识相关事件。

10. 一旦了解，我们将致力于施加影响。施加影响可以采取多种形式，从外交到执法、经济活动以及军事接触。我们将劝说盟友支持我们慑止对手侵害我们的利益，由此推动行为者行事，从而有助于实现我们的目标。

11. 在无法了解也无从影响之处，我们将预防海上安全问题的出现或升级。预防将采取先发制人的工作方式，在动荡区域进行安全能力建设，但我们也可能采取响应行动。例如，为预防非洲之角地区的海盗活动，国际社会努力提高该地区的稳定性，同时也提供合法的经济机会。

12. 当无法预防威胁产生时，我们将通过下列行为以保护我们的利益：一方面我们将采取行动减少船舶和海上基础设施的脆弱性（如可通过已发布的指南及现有的法规允许使用私人武装保安公司（Armed Private Security Companies），以及为威慑暴力行径而提供军事资产）；另一方面我们还将努力提高从袭击事件中恢复过来的能力（如可以确立并完善保护性安全措施）。

13. 贯穿这一系统性路径始终的是，我们将随时准备就绪以作出适当或必要的响应。响应行为可能以执法、封锁行动等形式出现，在更极端情形下，我们可能使用武力。

14. 本战略将描绘联合王国如何运用上述路径以达成5项海上安全目标，详情如下（5项目标并非按重要性排序）

（1）促进形成一个安全的国际海上领域，支持国际海上规范

我们采取积极有力的外交政策，与他国合作，巩固基于规则的国际体系。我们致力于保护航行自由，保证合法贸易畅通无阻，基于国际法和平解决争端。我们将尽全力确保其他国家遵守《联合国

海洋法公约》（United Nations Convention on the Law of the Sea，UNCLOS），我们还将与盟国合作，努力使不遵守公约的国家按公约行事。当出现争端时，我们尽可能使用外交手段加以解决，必要时也诉诸司法手段。在那些负责处理这些事务的重要组织中，我们将继续行使强大而有效的代表权。

（2）提升那些处于海上重要战略区域国家的海上治理能力

保障海上安全是一项国际责任，但一些国家比其他国家更有能力。鉴于此，我们需要在一些特定的国家展开工作，帮助其进行情报、执法、海岸警卫及军事能力建设，从而使他们能够更好地监管其自身海域并能为有关公海领域的地区及国际努力作出贡献。

（3）通过确保港口和近海设施以及红色旗集团客、货轮的安全，保护联合王国及其海外领地、我国公民以及国家经济

交通部（Department for Transport，DfT）负责港口和船舶安全，确保位于海上的联合王国公民及资产得到保护，该部门负责评估恐怖主义风险，为海上交通设置相应的安全等级，提供情报导向型安全建议并监督法规遵循情况。国家基础设施保护中心（Centre for Protection of National Infrastructure，CPNI）与包括海上石油钻塔和风力发电站等在内的关键海上基础设施运营商合作，确保风险周知并降低。

（4）在地区及国际层面，确保位于联合王国海域的重要海上贸易通道和能源运输通道安全

联合王国及全球各经济体都依赖国际贸易与能源。当安全遭受威胁时，我们将与国际伙伴合作，通过包括部署海军等方式，达成理解，慑止威胁，保护合法贸易船只。作为最后手段，我们准备使用武力以阻止袭击，支持国际法。

（5）保护联合王国及其海外领地的资源和人民免受严重的有组织犯罪和恐怖袭击等非法危险活动的伤害

联合王国面临来自海上的威胁，其中包括有组织犯罪、恐怖主

义、非法越境、在我海域进行的非法开采利用（包括非法捕鱼）。

为使联合王国的刑法能够实施于海洋，我们赋予警察、边防军（Border Force）、国家打击犯罪局（National Crime Agency，NCA）以及皇家海军以权力。这些机构开展监视、威慑非法活动、封锁嫌疑船只等工作。警察使用地方性知识以应对出现在他们海域的威胁，而国家打击犯罪局边境监管指挥部（NCA’s Border Policing Command）则提供应对海上有组织犯罪的协调措施。皇家海军和边防军相互配合在我们的水域展开巡逻，必要时进行船只拦截。

（五）提高海上安全

15. 我们计划采取下列行动以改进未来的海上安全工作。

（1）了解：我们将更好地利用现有的政府资源，如国家海上信息中心（National Maritime Information Centre，NMIC），强化与工业伙伴及国际伙伴之间的关系，从而更好地了解海上领域事态。我们力图将现有聚焦于掌握海上事态的各种不同活动融合，并探讨衡量这些工作有效性的最佳方法。

（2）影响：通过支持地区安全倡议、合作制定《欧盟海上安全战略》（EU Maritime Security Strategy）并坚持航行自由这一主张，我们将继续与海上伙伴展开密切的双边合作。联合王国已经宣布自己的专属经济区，认为它能带来额外的安全利益。

（3）预防：我们将与伙伴分享信息、情报与最佳做法，在具有重大战略意义区域继续推进国际能力建设工作，这些区域包括东南亚、波斯湾与阿拉伯海、亚丁湾、红海、地中海、加勒比海及几内亚湾。

（4）保护：我们将监控安全技术领域的发展动态，确保我们领先于威胁。我们将利用政府各部门研发成果以支持联合海上安全目标。

（5）响应：我们将致力于更好地协调联合王国各海事部门和机构之间的联合行动。我们将研究联合采购装备的适当情形，满足不同海事部门和机构的共同需求。

（六）实施效果最大化的管理

16. 有效的海上安全活动要求政府进行清晰且有力的决策，以便应对事故、搜寻证据并出台政策。本战略提出了比过去所采取的路径更为全面的海上安全路径，将诸多不同的政府活动融合到一个单一的管理架构中。

17. 我们组建了部长级工作组以将海上安全作为一个整体进行重点应对。这个工作组将定期开会以考虑海上安全事务并作出决策。在该小组之下，高官小组将开会协调政府各部工作以执行部长们的各项决议。为反映海上安全的跨部门性，部长级小组将由外交与联邦事务部（Foreign and Commonwealth Office）主持，高官小组则由交通部主持。另有一个论坛支持我们与工业伙伴之间的定期对话。当涉及国家安全的其他领域时，国家安全委员会（National Security Council）将在需要时介入。

（七）范围

1.《国家海上安全战略》将有助于女王陛下政府（Her Majesty's Government，HMG）2010年《国家安全战略》（National Security Strategy，NSS）的实施并与之保持全面一致。《国家海上安全战略》反映了联合王国希望成为一个繁荣、安全、现代且对外开放的国家，它将在全球推广自己的价值观与理念。根据《国家安全战略》，《国家海上安全战略》旨在通过支持海洋自由、降低国家安全威胁（最好是在威胁迫近之前）、利用海上领域的种种机遇，以此保卫并促进我们的利益和繁荣。

2.《国家海上安全战略》主要聚焦于2014—2019这5年，但也适时进行20年的展望。本战略提出应对挑战的路径，其中包括如何运用海上能力以实现目标。通过将政府进行整体考量并按重要性排序，本战略制定了政府全方位整体性工作路径，其中包括对国际伙伴的倚重。英国国家安全和经济繁荣倚赖海洋安全，而这一路径是确保海洋安全所必须的。

3.《国家海上安全战略》正式确立了允许政府各部门联合制定海上安全解决方案的组织架构，以此应对联合王国及其皇家属地(Crown Dependencies)、海外领地所面临的挑战。此外，本战略还确定了可能的高费效比方案，以此提高效能并优化涉及跨部门海上利益的工作。

4.《国家海上安全战略》最为重视海上安全保障，详见第二部分第一段。战略与安全保障直接相关，也会触及海事安全（maritime safety）问题，但下列领域并不在本战略的进一步考虑之列：

（1）王国的防务。即保护联合王国及其3个皇家属地和14个海外领地免受军事袭击。对此类袭击的应对将由内阁负责并由国家安全委员会协调。

（2）军事行动。即联合王国针对直接威胁或敌对行为协调军事响应行动。这些行动由内阁负责，国家安全委员会协调，并由一些部门具体实施。

（3）海事安全。海事安全包括船舶技术和质量标准、船员培训和劳动条件、航路和海图、水上救生责任以及污染预防和控制。这些责任主要由交通部以及海事与海岸警卫署（Maritime and Coastguard Agency，MCA）承担。

（4）自然灾害和重大事故。环境、食品与农业部（Department for Environment，Food and Rural Affairs，Defra）与苏格兰、威尔士和北爱尔兰地方政府负责全国性洪水和海岸侵蚀紧急事件规划。

对海外领地的支持详见政府于2012年发布的白皮书。[①] 海事与海岸警卫署负责应对发生于联合王国污染控制区（Pollution Control Zone）和搜救区（Search and Rescue Region）的海上事故。

5.《国家海上安全战略》是发轫于《国家安全战略》的若干战略之一。在实施本战略过程中，我们将确保与其他相关战略保持一致，尤其是与《反恐战略》（Counter Terrorism Strategy，CONTEST）、《打击严重犯罪及有组织犯罪战略》（Serious and Organised Crime Strategy）、《国际防务接触战略》（International Defence Engagement Strategy）、《建立海外稳定战略》（Building Stability Overseas Strategy）以及《网络安全战略》（Cyber Security Strategy）。

三、何为海上安全

对于联合王国而言，在《国家海上安全战略》语境中，海上安全意指：通过积极应对海上及来自海上领域的风险和机遇，在国内外实现并保护联合王国的国家利益，巩固并拓展联合王国的繁荣、安全与恢复力，帮助塑造一个稳定的世界。

（一）对海上领域的解释

1. 海洋占地球表面的72%。正如《联合国海洋法公约》所详述的，海上领域被划分为公海、专属经济区、毗连区、领海等系列海域，在这些区域，各国的权威，无论是法律或实际能力上，都随着与陆地之间距离的增大而衰退。

---

① The Overseas Territories：Security，Success and Sustainability，HM Government，June 2012（https：//www. gov. uk/government/uploads/system/uploads/attachment _ data/file/32952/ot－wp－0612. pdf）.——原文注

2.《联合国海洋法公约》是根据从1973年持续到1982年的第三次联合国海洋法会议（United Nations Conference on the Law of the Sea，UNCLOS）而形成的国际协议。公约界定了各国在使用世界海洋时的权利与责任，为海上商业行为、环境以及海洋自然资源管理等确立了框架。公约划定了海上各类区域的地理界线，确立了沿岸国家的权利以及自行裁量责任（discretionary responsibility）与非自行裁量责任，具体如下：

（1）基线（Baseline）。测算领海宽度的正常基线是沿海国官方承认的大比例尺海图所标明的沿岸低潮线。

（2）内水（Internal Waters）。覆盖领海基线向陆一面的所有水域和航道。联合王国[①]负责制定法律并管理内水的使用。

（3）领海（Territorial Sea）。从基线量起不超过12海里。联合王国负责制定法律并管理这些水域的使用，其他国家船舶享有无害通过领海的权利。该区域也被称为领水（Territorial Waters）。

（4）毗连区（Contiguous Zone）。这一区域从领海基线量起不得超过二十四海里（或不得超过国际中间线）。在毗连区内，沿岸国家可以行使必要干预以防止可能在其领海内违犯其财政、海关、卫生或移民法规的行为，逮捕在其领海内违犯上述法规并试图逃跑的船舶。联合王国当前并未宣布毗连区。

（5）专属经济区（Exclusive Economic Zone，EEZ）。该区域从测算领海宽度的基线量起，不应超过二百海里。在这一区域内，国家可以宣称对所有自然资源享有专有开发利用权。外国享有航行自由和飞越自由，只要这些活动不侵害沿岸国的经济利益。外国政府也可在该区域铺设海底管道和电缆。在本国经济专属区内，联合王国负责实施渔业规定。苏格兰、威尔士和北爱尔兰则在专属经济区的各自区域内负责渔业规定的实施。

① “联合王国”一词包括联合王国的海外领地与皇家属地。——原文注

(6) 大陆架 (Continental shelf)。在从基线量起的200海里之外的大陆架上，联合王国拥有排他性的勘探开发海床、底土矿物、非生物资源的权利以及捕捞定居种生物的权利。

(7) 公海 (High Seas)。公海对所有国家开放。公海自由必须在符合国际法规定的前提下行使。作为一般规则，国家对航行于公海但悬挂该国国旗的船舶行使排他性司法管辖权，沿岸国享有对无害通过其领水船舶的司法管辖权。船旗国负有有效管理悬挂其国旗船舶的义务。

3. 航行自由。航行自由 (Freedom of Navigation, FON) 是用以描述军舰、商船、飞机、潜艇在世界海洋上航行、飞越、潜行时所享有的若干权利与自由的术语。航行自由对于联合王国的安全与经济稳定至关重要。航行自由促进了全球海上贸易，为联合王国的军队提供了合法的活动空间，使它们能够在那些安全威胁迫近之前就加以应对。1982年联合国海洋法会议上确立了航行自由权。对于海洋区域的过度主张或是对航行权利与自由的干预，这些可能会从根本上损害联合国海洋法机制的稳定并危及海上安全。联合王国政府支持实施一项计划，收集并记录某些国家过度的地理或司法方面的海上主张，其中包括擅自干涉联合王国船舶的事件，政府还将就联合王国的外交应对或适当反制措施给出指示。

(二) 确立海上安全目标

4. 2010年《政府计划》从整体上为政府事务进行了战略优先排序，其中一个重点就是解决赤字并促使经济恢复增长。基于此，在防务与安全领域，政府发布2010年《国家安全战略》，强调了两大国家安全目标：确保一个安全且具恢复力的联合王国；塑造一个稳定的世界。对于一个贸易岛国而言，海上安全在支持经济以及更广泛的国家安全目标上都至关重要。

5. 联合王国的海上安全目标以及为实现它们而开展的活动详述如下。我们的目标将同时兼顾保护公民和经济以及促进形成有利于所有国家的安全的国际海上领域。这些目标在应对风险与创造并利用机会以提高海上领域安全这二者之间寻求平衡。它们就是我们的路径所指向的战略“目的”。

联合王国海上安全目标：①

（1）促进形成一个安全的国际海上领域，支持国际海上规范；

（2）提升那些处于海上重要战略区域国家的海上治理能力；

（3）通过确保港口和近海设施以及红色旗集团客、货轮的安全，保护联合王国及其海外领地、王国公民以及国家经济；

（4）在地区及国际层面，确保位于联合王国海域的重要海上贸易通道和能源运输通道安全；

（5）保护联合王国及其海外领地的资源和人民免受严重的有组织犯罪和恐怖袭击等非法危险行为的伤害。

（三）评估海上安全风险

7. 海上安全战略要求我们认清那些在实现目标中最紧迫的风险，并运用适当的方式与资源以应对它们。我们每两年进行一次国家安全风险评估（National Security Risk Assessment，NSRA），为联合王国在国内外所有重大领域面临的国家安全风险进行优先排序。《国家安全风险评估》曾被用作 2010 年《国家安全战略》的实证基础并支持其优先排序决策。《国家安全风险评估》确认的均是那些可能对联合王国造成重大伤害和破坏的风险。为达到本战略之目的，我们进行了一项更为具体的风险评估——海上风险评估（Maritime Risk Assessment，MRA）。此次评估基于对《国家安全风险评估》

① 并非按重要性排序。——原文注

的认识，在与之保持一致的前提下确认了我们在海上领域面临的主要风险。在兼顾可能性与影响的情况下，2013年《海上风险评估》将下列风险列为最高等级风险。

2014—2015年海上安全风险：

（1）恐怖主义对联合王国及其海上利益的影响，其中包括对货轮或客轮的袭击；

（2）战争、犯罪行为、海盗或国际规范的变化引发对重要海上贸易通道的破坏；

（3）对联合王国海上基础设施或船舶的攻击，其中包括网络攻击；

（4）通过海洋运输非法物品，其中包括大规模杀伤性武器、限制类毒品与武器；

（5）偷渡与人口贩卖。

8.《海上风险评估》将与《国家安全风险评估》一样，每两年更新一次。

9.为降低这些风险并实现前文所述的海上安全目标，我们需要密切协调在海上领域的国家活动、地区活动及国际活动，同时还需要准备与风险相称的灵活响应方案，这些方案必须同时具备高费效比及行动有效性。尽管我们将继续与国际伙伴一道，尽可能地为全球海上安全作贡献，但我们的国家资源将集中于保卫下列海上利益（排序不分先后）：

（1）处于任何国家船舶上的联合王国公民及其他持有联合王国护照人士；

（2）联合王国海域；

（3）悬挂红色旗集团国家国旗的客轮与货轮；

（4）位于联合王国海域的海上基础设施，包括近海设施；

（5）联合王国拥有的海上设施；

（6）联合王国的贸易。

四、我们的路径

我们通往海上安全路径的核心是两大原则：整合与协作。

整合：海上安全是全面涉及政府各部门的活动，这反映了联合王国的安全与繁荣对海洋依赖程度之深、范围之广。这体现在治理结构上（详见后文），政府的十六个相关参与部门密切合作，使我们的路径达成最大的协调一致性且效率最大化。依据《国家安全战略》，本战略旨在综合运用所有国家权力工具及影响力，以期达成整体大于单个之和的效果。

协作：我们负有保护本国领海、基础设施、公民及利益免受海上威胁侵害的主权责任，除此之外我们无须凡事亲力亲为。海上安全是真正意义上的国际事务。挑战的规模意味着，我们将与盟友、伙伴在国家、地区和多国层面展开密切协作，这是支持建立于规则之上的国际海上安全管理体系的最佳方式。

为实现联合王国的国家安全目标，《国家安全战略》提出了 8 大国家安全任务。本战略也以类似方式建立在 5 大核心海上安全任务基础上，这 5 大任务将支持实现第三部分（二）第 5 段所描述的目标。这些代表了我们通向了解、影响、预防、保护、响应的战略“途径”。

（一）了解

1. 本战略的出发点是，如果我们想要辨识威胁和机遇，迅速适应变化并以最有效、最明智的方式使用有限的资源，我们就需要了解演变中的战略环境以及海上领域本身。了解行动同时也支持了上述《海上风险评估》的制定。在海上领域，了解来自下列三类重要活动：

（1）长期水平扫描（Long-term horizon-scanning）：政府近来已经强化了内部架构以便从长远角度审视未来。从安全角度而言，重要项目有“全球战略趋势”（Global Strategic Trends，GST）项目，这是由国防部发展、概念与条令中心（Ministry of Defence’s Development，Concepts and Doctrine Centre，DCDC）负责的。这个项目对于海上领域的既有战略趋势以及新出现的战略趋势进行了长达30年的展望，使我们得以检验本战略应对未来可能变化的弹性。

（2）恐怖主义情报和风险分析：恐怖主义联合分析中心（Joint Terrorism Analysis Centre，JTAC）及北爱尔兰地区的各安全机构通过利用、分析来源广泛的情报，提供了有关海上恐怖主义威胁的综合评估。交通部与国家基础设施保护中心（Centre for Protection of National Infrastructure，CPNI）相互协调，着手分析针对商业海事工业（港口与船舶）的恐怖主义风险，负责与业界保持联系并就恐怖主义威胁和风险给出建议。

（3）信息与非恐怖主义情报分析：在海上领域的活动每天产生大量数据。例如，国际法规要求所有较大型船只均需配备应答器，定期发射他们的位置。2011年，联合王国成立了国家海上信息中心，该中心融合了全源数据，绘制出联合王国有史以来最完整的每日海上活动图。有效的分析以及活动图的发布大大强化了我们的海上安全活动。国家打击犯罪局情报中心提供了类似的应对严重及有组织犯罪的能力。与此同时，联合王国拥有覆盖政府诸多部门和机构的发达网络，用以收集有关非法活动或危及国家利益的新兴威胁的情报。这其中包括国防情报局（Defence Intelligence，DI）为向国防部和武装力量提供海上战略情报而开展的工作。

2. 我们的宗旨依然是，将海上信息集中分析以便针对迫近威胁最大限度地赢得预警时间，使国家响应行动能够有所准备。

（二）影响

3. 联合王国将发挥其全部影响力以支持并巩固基于规则的国际体系，这一体系管理着海上领域，同时也支撑着我国的安全与繁荣。“影响”这项任务主要由外交与联邦事务部负责，我们同时也通过联合国安理会参与相关外交活动，作为安理会常任理事国，英国通过相关部门机构促进海上安全并支持《联合国海洋法公约》。此外，联合王国将继续在国际海事组织（International Maritime Organization，IMO）中发挥作用，支持建立国际海上领域安全标准的行动。我们还支持欧盟的努力，在成员国内部监督标准的执行。我们发挥影响的途径还包括，运用经济以及执法等其他压力手段，在合适且合法的情形下，展开军事活动以威慑或阻断恐怖活动、非法活动或其他危及海上安全的威胁。

（三）预防

4. 《国家安全战略》强调尽早解决问题、从源头解决问题的重要性，我们不能坐等问题已经迫近才着手解决。本着这一精神，《海上安全战略》将整合海外努力，预防海上安全威胁的产生。这包括支持伙伴国发展海上安全能力的行动。例如，渔业保护能力的发展有助于保卫发展中国家沿岸社群的合法生活方式，防止他们转向诸如海盗、海上犯罪或走私等非法活动。

（四）保护

5. 我们的宗旨是，通过提高安全及降低脆弱性，强化保护能力，使我们免遭已知威胁的侵害。尽管我们采取了行动，但有时候威胁依然会出现，这时我们将致力于最大限度地提升恢复力并使响应行动及各项恢复方案效果最大化。“保护”的任务包括，例如，交通部制定安全条例以及关于商业海事工业保护性措施的建议；部署皇家海军以实施国际海洋法并保护我国商船；采取降低诸如港口和近海设施等国内基础设施脆弱性的措施。保护职能的核心原则是，确保航行自由，这是外交与联邦事务部的主要政策并经由《联合国海洋法公约》体现在国际法中。我们将尽可能降低保护性措施对贸易的影响，并将与工业界以及其他伙伴保持密切联系。

（五）响应

6. 当发现非法活动或威胁国家利益的活动时（无论是在国家或国际层面），我们有能力作出及时、准确且明智的响应行动。我们拥有一系列的执法能力，可以实施边境管理、防止非法货物交易、保护经济资源。我们还拥有一系列的军事能力，作为最后的手段，我们可以使用杀伤性力量以保护我们的人民、经济、基础设施、领土以及生活方式，使其免受来自海上的威胁。

五、实现我们的目标

（一）目标1：促进形成一个安全的国际海上领域，支持国际海上规范

1. 联合王国采取积极有力的外交政策，与他国合作，强化基于规则的国际体系，支持我们的价值观。在海上领域，我们致力于保护航行自由，保证合法贸易畅通无阻，基于国际法和平解决争端。

2. 鉴于90%以上的全球贸易是通过海洋运输，稳定安全的海上领域对于全球经济顺利运转至关重要。公海常被视为“全球公地”——不为任何单个民族国家所有或控制的区域——的组成部分。公海的安全有赖于国际合作，国际社会应根据国际法、国际习惯和实践，制定并实施适当的、全球通用的行为标准。

3. 支撑这一合作的关键性国际规范是1982年《联合国海洋法公约》，该公约已获得包括联合王国在内的166个国家批准。《联合国海洋法公约》界定了各国在使用世界海洋时的权利与责任，确立了有关航运、环境以及海上自然资源管理的规则。作为联合国安理会的常任理事国，为了整个国际社会的利益，联合王国致力于支持《联合国海洋法公约》的实施，并在必要时采取各种合法手段。

4. 海上领域处于不断变化之中。长期水平扫描活动将确保我们能跟上未来可能的变化，抓住机遇，应对危及公海航行与贸易自由的风险以及随之而生的地区与国际稳定风险。例如，水平扫描已经发现，北极地区对联合王国的国家利益十分重要，联合王国所耗能源中的29%从挪威进口。在未来20年，气候变化的影响将意味着，之前无法通行的航道，值得一提的有西北通道（North West Passage）、穿越极地航线（Transpolar Route）、北方海路（Northern Sea Route），它们将会有更长时间处于通航状态。经由北方海路，从费力克斯托港（联合王国最繁忙的集装箱港）到韩国釜山的距离将从10700海里缩减至7400海里。这给联合王国带来了负责任的商业开发机会，同时也带来了新的海上安全潜在威胁。国际合作，尤其是通过联合王国具有观察员国资格的北极理事会（Arctic Council），[①] 以及联合王国作为正式成员国参与其中的北极安全部队圆桌

① 成立于1996年，是由加拿大、丹麦、芬兰、冰岛、挪威、瑞典、俄罗斯和美国8个成员国组成的政府间组织，主要协商、讨论与北极有关的事务。近年来，为防止各国围绕北极资源的争夺失控，该组织开始积极探讨各国在北极的行为准则。该组织的观察员不具投票权，也无权在年会上发言，但在北极议题上具有合法的权利。——译者注

会议（Arctic Security Forces Roundtable）所进行的合作，将是处理上述重大发展动态的基本方式。

5. 联合王国政府关注南中国海与东海的紧张态势。联合王国在亚太地区拥有重大的政治与经济利益，近来我们强化在该地区的外交网络就体现了这一点。该地区的所有国家应依据法治，和平解决所有海上争端，保护并促进航行与贸易自由，这十分重要。

6. 联合王国将展开积极的外交接触，建立并巩固重要的关系，以此促进形成安全的国际海上领域。这将涉及与国际伙伴合作，确保各国遵守现行国际法，必要时也应达成有助于保卫海上领域并确保公海行动自由的新国际协议，以此保卫海上安全。主要手段有：

（1）尽全力确保他国遵守《联合国海洋法公约》，促进达成补充公约的其他协议；

（2）监控那些未遵守《联合国海洋法公约》规则的地区发展态势，与盟友、伙伴合作，尽全力使各国遵守公约；

（3）当争端出现时，开展合适的外交工作，确保我们的利益安全，如有必要，使用司法手段；

（4）在那些处理海洋法律事务的重要组织中行使强有力且有效的代表权。

（二）目标2：提升那些处于海上重要战略区域国家的海上治理能力

7. 许多沿岸国缺乏有效管理其海域的能力。这一状况，以及一些船旗国无法有效管理悬挂其国旗的船只，再加上一些国家无法保证其领海的海上安全，为诸多能影响岸上稳定的犯罪活动提供了条件。海盗与盗窃现象是海上不安全的两大体现，在诸如非洲之角、几内亚湾等地区，这些行为不仅威胁了国家的稳定，而且也威胁了地区稳定。在联合王国的海上贸易中，每年有价值900亿英镑的货物经过非洲之角，据估计，海盗给全球经济造成的损失超过120亿英镑。仅在尼日利亚一国，每天有大约10万桶原油被盗窃，每年市场价值在20亿到50亿英镑之间。

8. 渔业资源也是重要的自然资源。在许多最贫困的国家，人们消费的蛋白质中，鱼类占25%以上。渔业也是全球性出口行业，2011年出口总额超过800亿英镑，其中半数以上来自发展中国家。尽管这是国家税收的重要来源，但据估计，每年非法、未报告及无管制（illegal，unreported and unregulated，IUU）的捕捞价值高达150亿英镑。对于自然资源的盗窃，无论是能源或渔业资源，对发展中国家的经济产生了极其恶劣的影响，滋生了贪污腐败与动荡，而这些反过来又影响了海上领域的稳定与安全。

9. 2010年《国家安全战略》强调了从源头消除动荡的重要性。因此，国际发展部（Department for International Development，DfID）、外交与联邦事务部、国防部发布了《建立海外稳定战略》（BSOS），该战略制定了政府处理海外动荡与冲突事件的战略路径。

10. 政府认识到，在海上环境中，海上动荡通常源于陆上的问题。为从源头解决这些挑战，防止海上安全威胁的出现，我们将整合政府各部门、机构，采取一条复杂的综合性路径。这将包括：

（1）帮助各国建设情报、执法、海岸警卫及军事能力，使他们能更好地管理本国水域，成功拘留并起诉那些违法者；

（2）努力增强各国经济，如通过重视专属经济区的作用；

（3）实施发展项目，减少贫困，增强稳定性；

（4）对于那些受冲突影响的国家，在国家、地区及地方层面开展政治工作，鼓励和平与和解倡议。

11. 我们当前开展的一些活动，旨在预防海上安全威胁的出现，它们包括：

(1) 全面积极参与国际行动，如索马里沿岸海盗问题联络工作组（Contact Group on Piracy off the Coast of Somalia）以及8国集团与几内亚湾伙伴国专家组（G8＋＋ Friends of the Gulf of Guinea Experts Group）；

(2) 提升沿岸国家打击犯罪的海上能力，如以塞舌尔为基地的地区海上安全执法合作中心（Regional Fusion Law Enforcement Centre -Safety, and Security at Sea, REFLECS－3），它在塞拉利昂、佛得角、喀麦隆、多哥、圣多美与普林西比、加纳、尼日利亚等几内亚湾沿岸国家展开训练并实施能力建设计划；

(3) 我们是《亚洲地区反海盗及武装劫船合作协定》（Regional Cooperation Agreement on Combating Piracy and Armed Robbery against Ships in Asia, ReCAAP）的缔约国以及重要捐助国；

(4) 与联合王国工业界密切合作，其中包括支持拟议中的以工业界为主导的倡议，该倡议旨在建立针对几内亚湾的海上贸易信息共享中心（Maritime Trade Information Sharing Centre, MTISC）；

(5) 推进并支持海外海上治理建设项目，包括将皇家空军指挥控制飞机、皇家海军舰船或海军舰艇编队（Naval Task Groups）部署到可能出现紧张局势的区域。例如，我们正在为波斯湾、地中海、东非、西非以及加勒比等多地区提供全方位的政府援助；

(6) 帮助发展完善他国的司法程序，协助设立并管理监狱，如支持索马里制定有效的、国际承认的起诉与监禁程序；

(7) 继续部署培训小组，与他国合作，在阿尔巴尼亚、阿曼、沙特、约旦、利比亚、阿联酋等国训练、指导、协助以政府为主导的海上安全力量；

(8) 与各国及国际法律组织合作，通过信息共享等方式，处理跨国海上犯罪；

(9) 促进欧盟与北约工作，建立伙伴能力，支持海上规范。

（三）目标3：通过确保港口和近海设施以及红色旗集团客、货轮的安全，保护联合王国及其海外领地、公民以及经济

12. 政府的主要职责是保护其公民，无论他们身处国内或国外。因此我们要采取措施，确保人民无论身在何处都能得到保护。我们将与欧洲及国际伙伴合作，提高安全标准。此外，全球经济以及联合王国的经济均依赖海上贸易，这意味着政府需要采取必要的措施以保护特定的海上资产免受侵害，这些资产是王国的经济利益所在，它们包括船舶、货物与基础设施。

港口与船舶安全

13. 国际海事组织是联合国专门机构，负责船舶的安全并防止船舶造成的海上污染。国际海事组织通过《国际海上人命安全公约》（International Convention for Safety of Life at Sea，SOLAS）为船舶安全确立国际标准，通过《国际船舶与港口设施安全规则》（International Ship and Port Facility Security Code，ISPS）为船舶活动的港口区域也设定了国际标准。在欧洲，国际海事组织标准通过欧洲立法得以执行。《国际船舶与港口设施安全规则》要求，签约国的所有港口与船舶均需根据标准化的风险评估框架，采取适当的安全措施。

14. 交通部为联合王国及其海外领地、皇家属地以及红色旗集团国的海运利益划定了必须遵循的安全等级。这一程序综合考虑了由联合反恐分析中心所提供的海上威胁评估材料、资产的脆弱性以及现有降低威胁的安全措施。为公示上述安全要求，交通部向联合王国港口与航运业发布指令，明确国内港口、船舶以及海外悬挂联合王国国旗船舶必须遵循的安全措施。作为这一程序的一部分，交

通部将与业界保持密切联系。

15. 我们将通过综合性检查与评估计划来监督并评估遵循情况：

（1）交通部将开展基于风险的安全监察计划，该计划覆盖位于联合王国及其海外领地、皇家直属地的港口基础设施以及联合王国的客渡轮和游船；

（2）该计划将包括工业伙伴所要求的安全评估与核准工作，如《港口设施安全计划》（Port Facility Security Plans）、《港口安全计划》（Port Security Plans）、《船舶安全计划》（Ship Security Plans），此外还包括实施港口及港口设施安全评估；

（3）海事与海岸警卫署负责监督悬挂联合王国国旗的商业货轮是否遵循安全标准。作为这一安全计划的一部分，海事与海岸警卫署提供通讯基础设施以接收船舶安全警报并对抵达联合王国港口的外国船只实施检查；

（4）交通部、海事与海岸警卫署将查扣联合王国港口内经评估具有重大安全缺陷的船只。

16. SO15反恐司令部（SO15 Counter Terrorism Command）已经负责就那些可能影响联合王国利益的海上涉船恐怖事件发出最初通告。国家响应行动通过“STERN行动”（Operation STERN）[①] 来实施，响应行动将涉及伙伴机构和组织。国家反恐高级协调员（Senior National Co-ordinator Counter Terrorism，SNCCT）全权负责联合王国的初期警务响应行动。

保护悬挂联合王国国旗船只的反海盗政策

17. 近些年来，海盗威胁日增。尤其在东非海岸，海盗猖獗，而且有明显趋势表明，包括海盗在内的主要国际海上犯罪活动，正

---

① 伦敦警察厅（Metropolitan Police Service）代表联合王国警务力量对海上潜在恐怖事件通告作出响应。——原文注

在向其他区域蔓延。外交与联邦事务部负责反海盗政策，交通部、国防部（MOD）、内政部（Home Office）、商业创新和技能部（BIS）、皇家检控署（Crown Prosecution Service，CPS）以及政府其他诸多部门和工业界也发挥着重要作用。外交与联邦事务部在其网站上给出了政府应对索马里海盗的路径。

18. 交通部负责制定保护悬挂联合王国国旗船只的反海盗政策，其中包括与武装警卫相关的政策。该政策体现在交通部《关于悬挂联合王国国旗船舶特殊情形下使用武装警卫抵御海盗威胁临时指南》（Interim Guidance to UK Flagged Shipping on the Use of Armed Guards to Defend Against the Threat of Piracy in Exceptional Circumstances）这一文件中。

19. 政府正在努力促使所有私人海上保安公司都采用最高标准，其中包括有关人权问题的标准。外交与联邦事务部支持联合王国认可委员会（Accreditation Service）开展试点工作，授权各认证机构结合 ISO PAS 28007 指南要求，独立为私人海上保安公司（Private Maritime Security Companies，PMSCs）实施 ISO 28000 标准认证。这为私人海上保安公司提供船上私人合同制武装保安人员制定了准则。外交与联邦事务部正出资赞助新制定的《私人安全服务供应商协会国际行为准则》（International Code of Conduct for Private Security Providers Association）。私人安全服务供应商协会由政府、业界以及公民社会组织构成，独立监督《国际行为准则》的执行。英国政府鼓励私人海上保安公司的客户在与公司签订合同时，将资格认证与协会会员两大因素考虑在内。

20. 联合王国武装部队将与国际伙伴合作，在高风险区域监管、拦截、阻止非法活动以提供航行自由与安全。

能源与通信基础设施安全

21. 数量众多的重要能源资产，其中包括提供 16%全国电量的民用核电站，都位于联合王国的海岸线上。此外，油气进口终端以及北海海底管道的安全对于稳定的能源供应至关重要。在联合王国海域内有大约300个油气钻井平台。此外，海上风力发电站数量也在快速增加。能源与气候变化部（Department for Energy and Climate Change，DECC）负责为能源基础设施制定安全与恢复力路径。

22. 超过95%的洲际数字通信均经由海底电缆而非卫星进行，因此我们必须保护这一重要的信息流。全球经济依赖于此，使其免受物理或网络攻击，我们还须确保沿岸国遵循《联合国海洋法公约》所规定的铺设电缆自由，这些都十分重要。尽管我们将继续采取数据流再分配措施与岸上电缆登陆站（Cable Landing Stations）恢复措施，以此作为主要的降低威胁行动，但未来我们仍然需要拟定响应行动方案。

23. 国家基础设施保护中心与资产所有者及运营者合作，确保充分认识了解那些危及重要海上及海岸基础设施的风险并实施相应的降低风险战略。我们将定期采取措施，重新控制那些遭受严重破坏的岸上设施。

食品安全

24. 联合王国所消耗食品中的40%左右源自进口，进口食品中的91%以上是通过海洋运输送达。我们依赖少量专门用于食品进口的港口，这导致极大的脆弱性。环境、食品与农业事务部与其他部门密切合作，正努力降低这一脆弱性，由此提高联合王国食品供应的可恢复力。

（四）目标4：在地区及国际层面，确保位于联合王国海域的重要海上贸易通道和能源运输通道安全[①]

25. 海洋是联系各国及各国人民的媒介。联合王国的海域以及世界海上通道日益成为重要的资源供给线与贸易通道。国家的繁荣常常依赖于远方的资源，政府十分清楚国际体系对国家利益的重要性：联合王国依赖开放的贸易通道以及稳定的全球市场以获取关键的能源、原料、食品和工业制成品。在一些战略“咽喉地带”，如多佛海峡、直布罗陀海峡、霍尔木兹海峡，狭窄的通道使得众多通行的船只更为拥挤，而这些地方发生破坏性事件的可能性及影响都在上升。

26. 由于全球经济易受海上通道被破坏的影响，我们与其他国家认为，对海上通道的保护是一项必须采取国际行动的重大政府行为。为此联合王国将根据准确实时的态势感知，采取外交、军事和执法联合行动：

（1）我们将维持一系列国际同盟与伙伴关系，当海上通道受到威胁时，它们为保护贸易自由提供了有力的工具；

（2）我们将部署皇家海军舰船，它们或独立行动或作为国际力量的组成，以此维持关键贸易线路的畅通，确保航行自由。我们的部署行动包括在大西洋、印度洋与波斯湾区域的持续前沿存在。我们还将在关键的咽喉地带部署专门的海军舰船与部队，以便了解并影响这些区域，并在必要时采取预防及响应行动；

（3）一旦安全形势恶化，无法保证安全通行，我们将采取行动以降低该地的风险等级。这些行动可能包括，采取军事行动以保护通航船只或联合王国其他海上利益以及通过威慑降低风险。

---

① 关键的海上贸易通道包括：多佛海峡、北海峡、爱尔兰海和彭特兰湾、连接直布罗陀海峡与苏伊士运河的南部通道、红海、亚丁湾、波斯湾。东部通道，从北海东海与南中国海经由马六甲海峡进入印度洋；连接欧洲与美洲西部通道。北方海路的开放，经俄罗斯北冰洋沿岸进入太平洋，在中期内可能对英国产生同等重要的地缘战略价值。——原文注

27. 海上犯罪活动可能威胁关键的能源贸易和运输线路，我们将在目标5中更加详尽地描述如何通过政府各部的协同努力以降低这一可能性。

28. 正如目标5所指出的，在联合王国海域内，边防巡逻快艇（Border Force Cutters）、皇家海军海上巡逻船（Royal Navy Offshore Patrol Vessels）以及皇家海军舰队护卫舰（Royal Navy Fleet Ready Escort）将提供永久性预防响应能力。

（五）目标5：保护联合王国及其海外领地的资源和人民免受严重的有组织犯罪和恐怖袭击等非法危险活动的伤害

29. 来自海上领域的威胁包括人员和货物的非法流入、恐怖主义、有组织犯罪等活动、故意违反保护鱼类等资源的法律或海洋保护区法律。有组织犯罪每年使联合王国的损失超过240亿英镑，尽管各种犯罪活动场所不仅限于海洋和水道，但海上领域的特性有利于特定类型的犯罪活动，其中包括非法毒品交易与人口贩卖。此外，我们还面临周期性的海上自然灾害，如洪水、污染或极端天气事件。正如第二部分（七）第4段所提及的，尽管这些不被认为是海上安全威胁，但国家响应行动仍然需要协调使用那些在正常情况下承担海上安全任务的政府资产和人员。为能在海上执行联合王国刑法，警察、边防军、国家打击犯罪局、皇家海军等诸多政府机构获得相应授权。

保护我们的领土与资源

30. 边防军负责保护边境安全以及货物的合法进出。为此我们对入境人员及货物实行移民与海关控制，边防部队军官在联合王国各地以及海外的140处海港与空港工作。3艘皇家海军海上巡逻船以及5艘边防巡逻快艇是保护联合王国海域的主要力量，他们在海上执行侦察、威慑、封锁任务。联合王国同时也在空中实施海上监视。各类工作具体如下：

（1）慑止越过我国海上边界的非法活动；

（2）实施侦察以定位、确认、跟踪并封锁迫近联合王国的船只；

（3）具备基于情报的执法行动能力，其中包括封锁从事非法活动的嫌疑船只；

（4）有能力在遥远的海港、口岸和海岸等岸上力量有限的地方开展执法活动，能为警察或国家打击犯罪局等合作方提供即可使用的适航能力。

31. 皇家海军海上巡逻船与边防巡逻快艇密切合作，通过协同巡逻、交流专业人员以及信息共享以提高其联合效果。边防巡逻快艇主要用于沿岸水域拦截毒品或其他通过海上进行非法交易的限制类、禁止类物品，皇家海军具有可靠的公海拦截船只能力，专门负责海上巡逻。这两类舰艇也可与专业海上反恐（Maritime Counter Terrorism，MCT）小分队协同工作。皇家空军的飞机以及皇家海军舰队护卫舰（轻型护卫舰或驱逐舰）也随时待命，应对发生在联合王国海域的重大情报导向型风险、海上恐怖主义事件或其他不断恶化升级的事件。随着2017年皇家海军新的海上巡逻船开始服役以及2020年引进新一代边防巡逻快艇，多层次的侦察、威慑、封锁能力将得以进一步提升。

32. 我们的捕鱼业直接雇佣人数超过12000，渔船每年捕鱼量超过60万吨，价值超过7.7亿英镑；鱼类资源也是我们诸多海外领地的重要税入来源。海事管理组织（Marine Management Organisation，MMO）以及地方自治政府（Devolved Administrations）[①] 将与各合作组织一道确保鱼类资源安全，防止非法鱼类制品进口，保护

① 指苏格兰、威尔士与北爱尔兰政府。——译者注

环境免遭非法活动破坏：

（1）在英格兰，海事管理组织负责协调执法计划以监督、控制、监视英格兰沿岸的所有海上捕捞活动以及在上述水域之外活动的联合王国船只。该计划包括，海上执法官员检查海上及港口内的渔船、渔业经营场所、鱼市、位于海岸沿线以及更深入内陆的其他相关场所。根据与海事管理组织达成的协议，在海上的检查由皇家海军执行；

（2）在北爱尔兰，北爱兰政府负责协调计划以监督、控制、监视海上捕鱼活动。该计划包括上述英格兰计划中所提及的各项活动。在皇家海军支持下，北爱尔兰农业与农村发展事务部（Department for Agriculture and Rural Development of Northern Ireland）负责实施海上检查；

（3）在威尔士，威尔士政府与海事管理组织共同协调计划以监督、控制、监视海上捕鱼活动。该计划包括上述英格兰计划中所提及的各项活动。海上执法官员威尔士分队负责实施渔业保护与执法，在皇家海军支持下进行海上检查。威尔士海上执法官员拥有可供其处置的诸多资产，其中包括2艘渔业巡逻船（Fisheries Patrol Vessels）；

（4）在苏格兰，渔业保护由苏格兰海事局（Marine Scotland）——苏格兰政府的一个主管部门负责。苏格兰海事局负责管理那些监管岸基捕鱼的官员、一个支援总部、一支由3艘海上保护船（Marine Protection Ships）组成的舰队以及2架飞机。此外，联合王国渔业监控中心（Fisheries Monitoring and Control Centre）位于爱丁堡，由苏格兰海事局代表联合王国管理运行。

33.《联合国海洋法公约》界定了联合王国对其14个海外领地水域的海上安全及可持续管理所负有的权利和责任。当这些领地无人居住时，联合王国政府直接履行其责任。当有人居住时，我们与领地行政机构合作，帮助建设必要的立法能力及其他机制，使之能持续保卫其海上安全并管理其海上资源。除去继续维持位于直布罗陀的永久性联合行动基地（Permanent Joint Operating Bases）、位于塞浦路斯的英属基地区（Sovereign Base Areas）、英属印度洋领地（British Indian Ocean Territory）以及福克兰群岛，在合适之时，我们将部署特定的军事能力以使海外领地公民安心，如有必要，则慑止敌对行动。

34. 在南大洋（Southern Ocean），① 我们将继续致力于通过有力且有效的接触，履行我们对于英属南极领地（British Antarctic Territory，BAT）、南乔治亚与南桑威奇群岛（South Georgia and South Sandwich Islands，SGSSI）安全的主权责任。联合王国是1959年《南极条约》的签署国，该条约冻结了既有的领土主张，防止了新主张的提交。通过维持在南极条约体系（Antarctic Treaty System）中强有力的领导地位以及在南极洲积极且持续发挥影响的存在，我们将确保对南大洋的有效国际管理，始终聚焦于资源的保护与可持续管理上，此外，长期禁止进行与碳氢化合物/矿产商业开发利用相关的各类活动也是国际管理的重点所在。

35.《国家警务海上安全战略》（Police National Maritime Security Strategy，PNMSS）为警方及其合作单位确定了他们所需采取的安全保护态势，根据一个综合性活动计划，他们必须应对来自陆地边缘、临海地区以及水下恐怖主义活动和犯罪活动的联合威胁。联合王国被划分为若干口岸地区（Portal Regions），这些地区将采取下列临岸安全保护行动：

---

① 南大洋（Southern Ocean 或 Antarctic Ocean），也叫“南极海”、“南冰洋”，是围绕南极洲的海洋，是太平洋、大西洋和印度洋南部的海域。以前一直认为太平洋、大西洋和印度洋一直延伸到南极洲，南冰洋的水域被视为南极海，但因为海洋学上发现该海域有重要的不同洋流，于是国际水文地理组织于2000年确定其为一个独立的大洋。国际水文地理组织将南大洋定义为以南纬60°为界的经度360°内包围南极洲的海洋，主要有罗斯海、别林斯高晋海、威德尔海、阿蒙森海，部分南美洲南端的德雷克海峡以及部分新西兰南部的斯克蒂亚海，面积2032.7万平方公里，海岸线长度为17968公里。学术界对此定义仍有不少异议，依据大洋应有其对应的中洋脊而不承认其为独立的大洋。——译者注

（1）《多机构威胁与风险评估》（Multi-Agency Threat and Risk Assessment，MATRA）。这将被用于详述与海上安全相关的威胁并评估用于降低风险的安全措施的有效性。

（2）《地区海上安全计划》（Regional Maritime Security Plans）。这些计划将涉及在口岸地区侦察、威慑或瓦解水上及陆地边缘地区的袭击，它们将巩固其他已有的安全计划和准则，如：《国际船只与港口设施安全准则》（International Ship and Port Facility Security（ISPS）Code）、《港口设施安全计划》、《港口安全计划》、《船舶安全计划》以及国家关键基础设施（Critical National Infrastructure，CNI）场所安全计划、政府安全区（Government Security Zones）以及其他各类计划。警察将与利益攸关方合作，确保这些计划的全面性并共同提供一个协调一致的安全框架。

36. 在英格兰、威尔士和北爱尔兰，在港口行动的政治保安处（Special Branch）警察将与国家打击犯罪局边境监管指挥部、国家海上信息中心、边防军以及其他机构密切合作，对威胁进行评估并作出及时响应。这包括，确保识别出那些已知嫌犯并采取合适的行动，确保尽可能通过情报识别那些之前未知的可能疑犯。日常的警务活动综合使用一整套聚焦于风险评估、数据采集、信息共享以及社区影响的技术方法与资产以对抗海上风险。在苏格兰，这一职能由苏格兰警察（Police Scotland）边境监管指挥部负责，该部门将协调所有在边境运作的机构，其中包括国家打击犯罪局。

37. 国家打击犯罪局是一个新近成立的重要机构，它以情报为主导，十分强大。该局获得了前所未有的授权，负责领导所有执法力量以打击那些影响联合王国的严重犯罪及有组织犯罪。它的职权范围广泛，有决心在全国协调的战略指导下，追捕那些给公众带来最大风险的个人与团伙。尽管国家打击犯罪局的活动并不限于特定的空间（陆地、海洋或空中），但该局的四个司令部之一，即边境监管指挥部，其活动包括海上领域。边境监管指挥部汇聚国家打击犯罪局的海外力量与边境力量，使其能作出一致的有效响应行动，瓦解并预防海上领域严重犯罪和有组织犯罪，确保在联合王国边境内及边境上行动的所有执法机构都能为达成同一目的而努力。边境监管指挥部派驻国家海上信息中心的代表支持国家打击犯罪局的工作，努力使边境更安全，预防犯罪分子利用海上领域进行犯罪活动。

38. 在国际上，联合王国有能力在适当距离处部署军事人员和执法人员以有效打击恐怖主义活动。此外，联合王国是若干多边条约和协定的签约国，这些条约协定促进合作以在公海上封锁阻断船只。这些船只包括，涉嫌从事携带运送大规模杀伤性武器或其部件、违禁麻醉品和精神药物等非法活动的船只。

39. 此外，百慕大与汉普郡警察局（Hampshire Constabulary）于 2013 年 10 月签订《谅解备忘录》，为警方合作调查严重犯罪提供了框架——如果该犯罪发生在百慕大登记的船舶上，而汉普郡又是事件发生后的第一停靠港。该备忘录将进行年度评估以监控、评价其有效性。

六、未来方向

1. 随着联合王国以及国际的海上能源部门继续扩张，渔业竞争更加激烈，海上贸易增加以满足新兴国家和新消费阶层的消费需求，海底矿物开采成为现实，未来全球对海洋的利用将会大幅增加。在 2014 年至 2020 年期间，全球海上货物运输量预计将翻一倍，到 2030 年浮式油气平台数量预计将从现在的不到 300 个增加到超过 600 个。此外，海上可再生能源市场可能会大幅扩张，2030 年，海上风力发电机数量可能是现在的 100 倍。

2. 为了应对潜在的威胁，确保我们的国家、市场及海洋继续保持安全与繁荣，联合王国将继续运用外交、发展、情报、军事和执法工具。

3. 为继续以最有效、最高效的方式实现海上安全目标，在2014—2019年间，我们将聚焦于下列优先考虑事宜。

（1）了解

• 水平扫描。我们将利用准备制定2015年《国家安全战略》的机会，协调政府各机构实施水平扫描，我们将每两年更新一次《海上风险评估》以确认未来威胁。这一水平扫描工作将有助于我们预测未来的资源竞争，而我们可能需要降低这一竞争的烈度。此外，我们将评估未来由海上运输及海上能源部门增长所造成的安全影响。鉴于北方海路重要性的增加，我们还将评估围绕该航路产生国际紧张态势的可能。

• 海上领域感知。通过国家海上信息中心提供的可靠框架，我们将继续构建各部门机构间的协调一致性，针对那些在国内或国际层面影响我们利益的海上活动，我们将培育强大、准确且及时的理解认识能力。我们将与私营部门、国际伙伴紧密合作，共享态势信息，协调未来地区与国际海上感知倡议，为派驻联合王国的各个海上实业公司提供必要的态势感知信息以支持协调行动。

• 空中监视。为了对联合王国海域实施更有效的空中监视，满足海事与海岸警卫署、边防军以及海事管理组织的需求，我们将在2015年之前努力协调既定的空中海上监视（Aerial Maritime Surveillance）条款。这一新条款将充分利用技术的进步，向其他机构和政府部门提供合适的能力。2015年，我们将在制定《战略性防务与安全评估》（Strategic Defence and Security Review）过程中考虑到联合王国武装力量在空基情报、监视、锁定、侦察（Intelligence，Surveillance，Targeting and Reconnaissance，ISTAR）方面的需求和能力，其中包括未来的海面及水下监视。

• 国家海上信息中心。根据2010年《战略性防务与安全评估》所创建的国家海上信息中心被证明是巨大的成功。在新的管理体制下，边防军对国家海上信息中心负主要责任，一个管理委员会（Management Board）支持边防军工作并向国家海上安全委员会（National Maritime Security Committee）报告。我们将继续努力，界定国家海上信息中心的未来作用，着手中心再定位，加强信息共享，将中心对政府各部门机构的作用最大化。

• 海事与海岸警卫署。“未来海岸警卫计划”（Future Coastguard Programme）将打造一个单一的海上安全应急组织，它是通过强大的信息和指挥控制网络联系在一起。这将使得船只交通风险得以清晰评估并处理。

• 有效性措施。我们将制定一个框架，针对那些为实现联合王国海上安全目标而采取的行动，对其有效性及重要性进行定性评估。

（2）影响

• 北约。我们将支持北约的《联盟海上战略》（Alliance Maritime Strategy)。尽管相较于《国家海上安全战略》，北约战略职权范围更广，更加重视军事手段运用，但它与我国战略在总目标上有诸多重合之处，它们是：保护贸易自由；保证咽喉地带的通行；保护基础设施；预防扩散、恐怖活动及犯罪；保护位于私人船只上的公民。此外，我们将与北约盟国开展日常训练以维持互通性，从而保证必要时开展快速有效的海上集体安全行动。

• 欧盟。我们将在制定《欧盟海上安全战略》（EU Maritime Security Strategy）中发挥领导作用，确保该战略与欧盟的《一体化海上政策》《Integrated Maritime Policy》、海盆战略等保持一致。

• 地区安全倡议。《地区安全倡议》（Regional Security Initiatives）是在具有共同海上安全利益的国家集团之间达成的合作协议。联合王国将主要通过外交努力以及加强地区机构等方式支持这些协议，将其视为在可能出现动荡的海上区域实现有效安全的主要方法。

• 基于规则的国际体系。确保航行自由的行动保护了我们的海上权利和自由，鼓励了合法的惯例，防止那些过分的地理和/或司法主张获得国际法上的合法性，由此这些行动赋予联合王国安全以持久的战略利益。我们将继续实施确保航行自由的行动，保证《联合国海洋法公约》条款得到遵守。外交与联邦事务部与国防部将联合批准、审查这些行动。

• 联合王国海区（UK Marine Zone）。联合王国宣布的专属经济区已于 2014 年 3 月 31 日生效。此外，在宣布联合王国毗连区时，我们将考虑既有法律条文的效力。

（3）预防

• 国际合作。我们将与地区及国际伙伴合作，其中包括我们的海外领地，帮助建立强大合法的海上能力，共享信息和情报、最佳保护性安全措施，以及在合适情形下的封锁阻断能力，以此确保已知薄弱环节的安全。

• 能力建设。在与国际和地区伙伴、联合王国工业界合作过程中，我们将继续鼓励各国投资于保护性安全、海上监视与封锁能力建设以及法律架构建设上，以此实现对各自海区的有效管理。我国工作的重点是，在东南亚、波斯湾和阿拉伯海、亚丁湾、红海、地中海、加勒比及几内亚湾等具有政治、军事、经济重要性的地区，培育盟国及友邦的海上治理能力。

• 存在。为促进形成安全的海上领域，预测国际层面的动荡，随时准备好采取快速合适有效的行动，我们将在合适的地方——国际海域以及我们的海区内——保持持久的海上存在。

（4）保护

• 创新。为资助与我国工业界、欧洲及国际伙伴开展的联合试验，我们将继续追踪监控安全屏蔽与侦测装备领域的最新创新性技术发展动态。这将使我们能够利用最新的研发活动，制定有效的低成本解决方案以应对未来的海上威胁。

（5）响应

• 封锁。为使实施封锁的人力物力能够快速有效部署到位以支持海上安全目标，我们需要定期进行能力审查，我们还需探索各种可能方案以促成我国执法机构中的海上力量与武装力量之间更密切的战役、战术性合作。随着2017年皇家海军新的海上巡逻船开始服役，在联合王国水域内的封锁与强制执行能力将得到进一步提高。

• 强制执行。联系前文所述，我们将探讨各种可能方案以协调各机构官员的授权，使强制执行得以在联合王国海域内外的各种情形下实施。

• 研发。当海上安全利益出现明显重叠时，政府各部的研发合作，以及可能情形下的国际合作，将成为规范。

• 共同采购。我们将为在海上安全方面达成更大的灵活性、互通性、一致性与高费效比而确立实证基础。这将包括确认新的或共享的能力需求，探讨交付共同系统、装备和平台的可能性及益处。

附录A：英国海洋安全的治理（略）

附录B：各部门有关海洋安全的作用和责任（略）

附录C：术语表（略）

（译者：解放军外国语学院副教授　唐笑虹）

英国《国家太空安全政策》*

女王陛下政府

2014年4月

前 言

《国家安全战略》承诺致力于建设安全且具恢复力的国家、保护我们的人民、经济、基础设施及生活方式。鉴于天基能力为涉及经济及国家安全的关键服务提供支持，在此我们发布首份《国家太空安全政策》。

《国家太空安全政策》规划了我们将如何确保国家获得上述服务，如何把握强化安全、增进繁荣的机会以及如何使联合王国更具恢复力以抵御太空行动风险。《国家太空安全政策》应与《民用太空战略》(Civil Space Strategy）相结合。《国家太空安全政策》描绘了我们的太空安全需求、政府各部门的利益，以及与国际伙伴、研究组织及工业界紧密合作的需求。

技术的进步正在改变太空经济，政府拟使联合王国在新机遇出现时能居于前列。更小更便宜的卫星以及更具创新性的使用卫星方式将继续带来新的利益，其中包括直接促进英国经济发展。在过去10年中，英国太空部门的年平均增长率达到9%。对于联合王国而言，经济增长与安全密不可分，相互强化。

太空部门每年为英国经济贡献超过90亿英镑，2030年将达到

* 原文出自 http://www.gov.uk/government/uploads/system/uploads/attachment _ data/file/307648/National _ Space _ Security _ Policy. pdf。

400 亿。《国家太空安全政策》的实施将是保护并加速与太空相关经济增长的关键所在。

然而，随着国家日益依赖卫星服务，这意味着我们需要采取协调的路径以增强恢复力。通过卫星接收、传送、收集的信息如果遭受严重破坏，这将给联合王国带来巨大的安全与经济风险。没有卫星，分配与运输系统将会减速，无法作出及时响应，这将带来延迟、短缺与阻塞的风险，从而对更大范围内的经济造成损害。我们的武装部队以及安全和应急服务部门将会发现，与已部署人员或应急车辆的协调与联系将会变得更为困难。对于那些发生在遥远或敌对地区的国际人道主义危机、火山喷发、极端天气事件、恐怖袭击、违反军控协议、扩大毒品种植等多种威胁，我们的监控、预警或反应能力将会遭到严重削弱。

本政府已经采取了重要措施以便更有系统性、更为协调一致地辨识并处理风险，其中包括进行国家风险评估（National Risk Assessment），这一措施评估了民事紧急事故发生的可能性及影响。通过确立持续利用太空的途径，降低那些由他国资助的人员或犯罪分子干扰卫星以及极端太空天气事件带来的风险，减少太空碎片对卫星运营日增的威胁，《国家太空安全政策》强化了已有的政策措施。

从长远来看，工业部门以及国家科学研究基地是打造太空安全的关键伙伴，它们同时也是确保联合王国在一个开放的商业和研究环境中保持强大的安全感知能力这一声誉的关键伙伴。由此我们将得以在欧洲太空安全事务中发挥领导作用。我们同时也认识到，保持并强化与国际伙伴的合作，特别是与美国的合作，将对我们实现太空安全目标至关重要，为此我们将维持那些能为太空安全关系带来双边利益的能力和资产。

大学与科学事务大臣（Minister for Universities and Science）：戴维·威利茨（David Willetts）议员阁下（签名）

国防装备、支持和技术事务大臣（Minister for Defence Equipment，Support and Technology）：菲利普·邓恩（Philip Dunne）议员（签名）

外交部欧洲与北约事务大臣（Minister of State（Europe and NATO））：戴维·利汀顿（David Lidington）议员阁下（签名）

移民与安全事务大臣（Minister for Immigration and Security）：詹姆斯·布罗肯希尔（James Brokenshire）议员（签名）

2013年12月

一、执行摘要

《国家太空安全政策》旨在为联合王国的太空安全利益确立清晰路径，而太空安全利益将巩固我们的繁荣、幸福与安全。我们将通过实现下列四大目标以迎接挑战：

• 使联合王国在面临因太空天气等因素所导致的太空服务中断、能力受损风险时更具恢复力。

• 增进联合王国通过太空所获得的国家安全利益。

• 促进形成一个更为安全可靠的太空环境。

• 使工业界与学术界能够在支持国家太空安全利益的同时利用科学，抓住商业机会。

主要政策结果

为使联合王国更好地抵御因太空天气等因素所导致的太空服务中断及能力受损的风险，我们将：

• 加强对太空安全风险和依赖性的理解。

• 适当投资于恢复力建设，在保护性措施与替代性能力或备用能力等其他提升恢复力的手段之间寻求平衡。

• 提升基础服务（例如交通运输与通信）在卫星运营中断及遭受太空天气不利影响时的恢复力。

• 提高掌握、预测太空天气事件及其影响的能力，确保政府更加重视此项工作。

• 与美国、欧盟、欧盟成员国（Member States）以及欧洲太空署（European Space Agency）合作，致力于为欧洲太空计划以及覆盖面更广的太空政策提供一体化的安全路径，其中包括基础设施与系统的恢复力。

联合王国将确认可资利用的国家专业知识技能以支持上述目标。

为增进联合王国经由太空获取的国家安全利益，我们将：

• 确保获取有效、可靠、高效的太空能力以保障军事与安全行动，拓展我们的国际安全政策利益。

• 如果仅是出于国内责任或特定的主权利益需要，我们将依靠自身力量满足上述需求。但我们优先的选择是，尽可能与他国合作。

• 保持与美国的合作，将其视为最佳的国家安全合作伙伴以及国家太空安全的最优先考虑对象。我们将维持那些能够为此关系带来双边利益的能力与资产。

• 在满足安全与防务需求时，必须考虑日益增长的外国太空攻击项目。任何经由太空的行动，如果可能危及我们的国家安全或阻止我们的行动自由，我们对其作出的反应将与应对其他威胁的方式保持一致。

• 监控新兴系统与技术的发展，采用最合适、最安全、费效比最高的解决方案。

• 与法国以及其他重要欧洲伙伴密切合作，努力确保采用最佳方式以保障欧洲太空计划的安全。

• 支持北约工作，确认其与太空相关的脆弱性和风险以及相应的解决之道。

• 确保相关的国家机构拥有足够权限以禁止拥有干扰机，就决定如何或是否运用这些权力给出清晰的建议与指导。

• 为促进形成一个更为安全可靠的太空环境，我们将：

• 支持联合国为促进形成可持续、安全、可靠、和平的太空环境所作的各项努力，包括为太空透明度与信任建立措施等努力作出贡献。

• 与国际伙伴合作，通过拟议中的国际《外层空间行为准则》(Code of Conduct for Outer Space Activities)，尽快促成尽可能多的国家签署太空负责任行为规范。

• 支持解决太空法规机制建设中出现的法律问题。

• 支持协调一致的国际努力，提升太空态势感知能力。

• 制定更清晰的国家太空态势感知路径，以此进一步夯实与商业及国际伙伴合作的基础。

为使工业界与学术界能够在支持国家太空安全利益的同时充分利用科学、抓住商业机会，我们将：

• 与工业界和其他国家政府合作，确保英国公司良好的太空安全声誉得以被认识并被广为传颂，支持政府以出口促增长的工作议程。

• 确保英国公司、学术与研究机构继续保持对潜在威胁的清醒认识并拥有明确的监管架构，使他们能够抓住那些与国家安全利益相吻合的机会。

• 确保出口控制政策能顾及与服务提供协议、数据图像采集及传送等相关的复杂事项。

• 与美国合作，将美国《国际武器贸易条例》（International Traffic in Arms Regulations，ITAR）对英国太空部门发展、对美英及更广泛同盟的协同能力的影响降至最低。

• 促进商业、民用、防务领域专家间更广泛的联系，维持、增进并分享太空安全专门知识。

二、背景

从全球范围看，天基技术已经成为支撑人们日常生活诸多方面的基础所在，而且通过改进的发射技术以及更小更便宜的卫星，天基技术正日益被越来越多的国家所利用。联合王国已充分利用《民用太空战略》所提及的那些新技术。但是，伴随着不断增长的经济机会，同样也存在着风险，我们必须更好地理解这些风险并为此做好准备。这些风险可能以太空事故或太空自然灾害的形式出现，亦或通过诸如故意攻击（经由有组织的团体或他国实施）等威胁形式出现。《国家安全战略》指出，“经由卫星接收、传送或收集的信息遭到严重破坏”是联合王国面临的一个重大安全风险。由此，《战略防务与安全评估》（Strategic Defence and Security Review）呼吁出台《国家太空安全政策》，以此应对民用及军事领域的太空安全问题。

目的

我们将太空安全定义为，能够安全、可靠、可持续地利用太空能力，拥有充足的、可抵御威胁与灾害的恢复力。《国家太空安全政策》的目的在于，勾勒出国家确保太空安全利益的合理路径，而这些利益将是支撑我们繁荣、幸福与安全的基石所在。

三、太空环境

（一）国际法

国际太空法律的基石是 1967 年《外层空间条约》（Outer Space Treaty）。该条约宣布太空属于全人类，可供所有国家探索和利用，它要求国家为其自身的太空活动承担国际责任，同时也要求发射国对太空物体造成的所有损失承担责任。国际法律框架一直在持续发展，但太空仍然是鲜有规范的领域。在太空中，国家间战略性或战术性误解的后果可能十分严重。如同我们就海洋、天空所做的那样，我们应该就开展可持续的、和平的、安全的太空活动达成广泛的国际共识，这十分重要。对于太空法律某些方面可能存在不同的解释，这也将商业及民事用户，以及那些提供支持的制造商、运营商、服务提供商、保险业者、金融从业者置于风险与不确定之中，而这些风险与不确定性将可能阻碍发展进步。为了各国政府以及其他民事或商业用户，联合王国支持那些强化太空环境安全的努力。

（二）机会

卫星与发射技术的进步正大幅降低利用太空的成本。商业公司与公共研究机构正在确认那些前景广阔的商业理念，那些能为公共服务及发展提供更便宜、更快捷、更优质数据的大胆新颖的方法，以及种种能增强防务与安全的机会。

政府认为，太空研究、太空技术与服务对英国经济增长十分重要，《国家太空安全政策》通过确立协调国家繁荣与太空安全利益并使二者彼此加强这一路径以支持实现目标。

（三）依赖性

伴随机会而来的是一个非常明确的趋势，即政府、基础设施、公共用户及商业用户更多地依赖天基能力来收集、传送信息。

对全球定位系统（GPS）的使用如今已十分普遍，以至于一些用户对于传统方法日益陌生。市政公用设施、公共服务、高效商业配送系统等的控制中心全都广泛使用卫星跟踪与卫星通讯。从支持应急响应到预测洪水等灾害，再到监控农业土地使用和渔业生产，地球观测数据是满足上述需求的关键所在。在某些情形下，我们必须履行国家的或国际的法定义务，例如《太空与重大灾害国际宪章》(International Charter：Space and Major Disasters)。[①] 防务部门严重依赖卫星所提供的通信、导航和授时服务以及情报监视侦察能力，如果缺乏，防务部门在行动中将更难以达到必需的态势感知水平、及时性及精确性。政府、武装部队、安全与应急服务、关键基础设施与卫星运营商已经对太空依赖进行了详尽分析，这导致产生越来越多应变措施，其中包括替代技术、系统中的额外冗余以及其他的备份计划等。尽管如此，太空服务的损失将依然极具破坏性。

（四）风险

太空对于经济与军事的重要性日益增大，这意味着我们必须更清晰地意识到相关风险。这些风险或是以使用太空攻击技术等恶意威胁形式出现，或是以非恶意的灾害形式发生。《国家风险评估》与

① 《太空和重大灾害国际宪章》是欧洲太空署和法国国家太空研究所在1999年7月发起的减灾合作机制。2000年11月1日，该宪章正式付诸实施，共有11个成员，包括加拿大、美国、法国、中国和印度等国的太空机构。——译者注

《国家安全风险评估》（National Security Risk Assessment）将持续评估太空风险发生的可能性及影响。

针对商业企业旨在窃取技术知识及其他专利信息的网络攻击使得我们抓住太空机会的能力面临越来越大的风险；我们降低此种风险的政策必须与政府更广泛的《网络安全战略》（Cyber Security Strategy）相协调。包括卫星、地面站以及通信链路在内的太空系统非常复杂，在面临网络攻击时也会十分脆弱。

通过电子堵塞（jamming）或电子欺骗（spoofing）实施的信号干扰正变得日益普遍，而且很难归因。一些国家已经展示了他们在冲突中阻断卫星通信信号的能力。广播公司也抱怨，卫星上行线路被干扰状况出现得越来越频繁；BBC对伊朗的广播就经常遭受此类干扰。同样值得关注的是，来自包括GPS在内的全球导航卫星系统的信号也容易被干扰。接收到的GPS信号本身就很微弱，这使得它成为犯罪分子的目标所在。对信号的干扰也可能是任意的，试图破坏或使某一个基于GPS的系统失效，这一行径有可能同时破坏不相关的系统。

针对卫星的直接攻击十分危险且极具技术挑战性，只有一些国家拥有此种能力。针对低轨卫星的反卫星导弹已经试验成功，但是它们产生的太空碎片可能导致无意的、无差别的后果。直接来自另一颗卫星的干扰可能产生与导弹一样的损害后果，而且可能更难以归因，甚至难以与自然事件相区别。同步轨道距离地球36000公里，上面运行着大量极具价值的卫星，它们彼此距离很近，特别是那些通信卫星。跟踪同步轨道上的物体很困难，因此，降低这些卫星的受损风险特别具有挑战性。

太空天气事件主要是由于太阳爆发（solar eruptions）所导致。它们能损害卫星系统，穿透地球磁场或与该磁场相互作用。太空天气事件可能产生广泛且无法预测的后果，其中包括对卫星和地面基础设施造成的次生影响。

近年来，我们对于诸如1859年“卡灵顿事件”（Carrington event）[①] 等极端太空天气事件的认识在增加。由于卫星直接暴露在高强度的辐射和高能粒子影响之下，这类事件现在有可能暂时——极端情形下可能是永久性——中断卫星信号及卫星运作。极端太空天气还可能破坏地面对太空活动的相关支持，破坏电力网、通信和航空。

由于局域电力网被切断以及基础设施恢复缓慢，例如，变压器如果遭受严重损坏，可能需要数月时间来替换，随之而来的经济、社会混乱将十分严重。稍轻微一些的太空天气事件也能带来风险，2003年的一次磁暴导致飞行器所使用的GPS导航系统受损30小时。政府在保密的《国家风险评估》及公开的《国家风险登记表》（National Risk Register）中就“卡灵顿强度”磁暴事件发生的可能性及后果进行了评估。[②]

地球轨道上的物体正在快速增加。当前能跟踪地球轨道上的22000个物体，但其中只有5%是运行中的卫星。其余物体为太空碎片。据估计，碎片的总量达数百万之多，其中大部分小到无法探测。当前在轨碎片的数量是1990年时的两倍，自2007年以来增长了30%。

大多数太空碎片是因太空物体在重返大气层之前解体、太空物体之间的意外碰撞、或是对卫星的故意破坏而产生。碎片数量的增长增加了进一步碰撞的可能性，由此也增加了太空活动的风险。为躲避碎片，需要更频繁的操纵卫星，由此产生的成本，包括增加的燃料使用以及缩短的卫星运行寿命，这对太空用户造成了经济负担。

---

① 有记载的最大一次太空天气事件，发生于1859年，被称为卡灵顿事件。皇家工程学院于2013年2月发表报告《极端太空天气：对工程系统和基础设施的影响》详尽分析了此类事件的可能影响。——原文注

② https://www.gov.uk/government/publications/national-risk-register-for-civil-emergencies-2013-edition。——原文注

四、政策应对

对太空的依赖导致了相关风险的产生，我们将通过实现下列四项目标来应对这些风险。这一路径将要求加强政府各部门协调，并加强我们与伙伴、盟友合作时的协调。

（一）目标1：使联合王国的太空服务与太空能力在面临太空天气等因素所导致的风险时更具恢复力

为实现此目标，我们将增强太空服务应对恶意攻击（如干扰）或自然因素（如太空天气）的恢复力，降低重要基础设施（如运输和通信）面临太空服务中断时的脆弱性，减少太空天气直接导致的服务中断。由此我们需要合理投资于恢复力建设，均衡发展加密、加固、抗干扰等保护性措施和其他提升恢复力的措施，如加强预测、准备替代能力或备份能力等。太空服务所有者和运营者、基础设施所有者和运营者将承担主要责任，政府领导部门的监管责任也十分重大。

我们需要更好地理解太空安全风险以及公共部门和商业部门对太空的依赖，这将有助于联合王国为太空能力与服务进行适当的恢复力建设。这还能使工商企业、基础设施部门以及其他的公共或私营部门各尽其职，从而确保恢复力、商业持续性与安全计划能涵盖太空恢复力和太空安全考量。这将有助于我们做好更充分的准备，以便在一个只能获得较少太空数据和太空能力的环境中展开行动。

恢复力可以通过良好的伙伴关系以及信息共享等途径得以提升，无需政府直接介入那些本属于基础设施所有者和运营者负责的领域。恢复力通常来自于均衡采取冗余措施以及其他措施。例如，我们可能需要更好地保护某些关键设备，避免其遭受太空天气的影响，同时我们也要确保那些替代性能力不会因天基服务和数据的损失而受到影响。我们要鼓励私营部门更多地参与太空安全与恢复力技术等领域，使它们成为我们的伙伴，这将有助于利用更多的商业投资并取得更好的效益。更充分的协调将提升政府的能力，使其能采取合理路径以确定那些有利于多个部门太空安全和恢复力建设的共同措施。

尽管太空天气的影响可能无法规避，且在一定程度上也无法预测，但我们依然可以为一些较严重的影响做好准备并实施应急计划。在专业团队和研究委员会的协助下，政府正采取行动以便更好地理解太空天气及其影响，以及如何减轻影响的方法。跨政府各部门的工作已经展开，且政府正与外部专家、地方应急部门以及国际伙伴通力协作，努力培育国家应对极端太空天气事件的恢复能力。在为联合王国提供国家恢复力的同时，政府也正在为全球性工作贡献力量。

英国气象办公室（Met Office）与美国国家海洋和大气管理局（US National Oceanic and Atmospheric Administration）的合作使我们得以建设稳定的太空预测能力，二者持续合作，运用相关太空天气模型，改进对太空天气出现地点、时间以及影响持续时间的预测。我们不仅与美国就恢复力进行合作，同时也积极与欧洲伙伴合作，维持并改善英国的观测能力，增加我们对太空天气及其影响的理解，开发更完善的预测模型。联合王国对欧洲太空署的太空态势感知项目中的太空天气部分进行了投资，继续支持欧洲太空署的太空天气任务。英国研究人员现已在欧盟研究项目中居于领先地位。

通过欧洲太空署这一机构，并且通过《里斯本条约》（Lisbon Treaty）将太空确认为成员国能力共享的领域，欧盟在太空拥有重要利益。

我们与欧盟委员会（European Commission）、欧洲太空署以及其他成员国合作，尽可能确保潜在的英国和欧洲公共用户能安全使用发展中的太空系统、相关技术、知识产权、完善的太空服务，并且具有相应的抵御各类风险事件的能力，这是联合王国的安全利益所在。我们欢迎近期发生在上述领域的进展，其中包括：应对由国家支持的数据窃取、损害及网络攻击威胁。由此，联合王国将与欧盟成员国、欧盟委员会以及欧洲太空署等伙伴紧密合作，强化发展一体化路径，制定包括针对基础设施恢复力及安全在内的更广泛的太空政策。我们将继续在合适的场合发挥领导作用，确保我国掌握的专业技术知识能用于增强欧洲太空项目的恢复力和安全性。

（二）目标2：增进联合王国通过太空所获得的国家安全利益

太空能力将极大增强我们开展军事行动的能力，拓展我们的国际安全政策利益，并且有助于监控世界各地的发展及减灾活动。我们将继续确保自身拥有运用上述能力的最有效、最可靠、最高效的手段。

联合王国与美国形成最佳安全关系。对于我们在国内、欧洲乃至全球的防务与安全而言，这一关系至关重要。我们与美国在安全、防务和情报领域进行的合作特别密切，而两国在太空以及经由太空的合作是核心所在。这一合作有助于我们运用那些能预警新兴威胁的关键能力，有助于预防或慑止这些威胁，有助于提升对威胁的直接响应能力，有助于提供监控、核查条约及其他国际协定的手段。在诸多的合作中，我们使用了整合自众多天基侦察及导航系统的数据，而这些数据又是通过卫星通信系统进行传送的。

联合王国将继续与美国合作，并将此视为国家太空安全的最优先事项。通过投资于研究和技术领域、高标准的专业知识领域以及那些位于英国且我们对其负有共同责任的设施，如皇家空军菲林代尔斯基地（RAF Fylingdales）相关设施等，我们将继续维持那些能带来双边利益的能力与资产。

我们将确保在设定安全与防务路径时会考虑到与日俱增的外国太空攻击项目。我们对于所有太空威胁的应对都将与我们应对其他威胁的方式保持一致。我们将继续尽政府所能，与盟友密切协商，履行国际法义务。

联合王国需要保护自身最敏感的国家信息与资产，但我们将尽可能地优先考虑与盟友、伙伴的合作。单纯依靠自身国家力量的方案在一些情形下可能是必要的，但经常可能出现的情形是，我们要通过与工业界及盟友的合作以捍卫国家安全利益。联合王国的安全路径将需要在主权控制与合作所赋予的机会、优势这二者之间寻求平衡。

欧盟太空项目在构思酝酿时是民用的，但在实践中则是军民两用，例如，欧盟“伽利略全球导航系统”中带有更多安全功能的“公共调控服务”（Public Regulated Service），[①] 其发展就很好地展现了太空项目的军民两用特性。

联合王国认识到维持欧盟太空项目的民用性十分重要，我们将继续监控新兴系统和技术，运用最合适、最安全、费效比最高的方案，未来这些方案可能包括双信号全球导航卫星系统接收器。

联合王国坚持认为，可靠的安全应是欧洲太空项目治理中必不可缺的，不应被视为可酌情处理。联合王国将继续与法国及其他重要欧洲伙伴密切合作，应对那些与欧洲太空项目安全性相关的事宜。

我们还将继续探索更多的备选方案，以便在太空安全领域与关

---

① 用于向服务连续性要求很高的特定用户提供定位和授时服务，使用受控。用户可接收到带有加密测距码和数据的两个 PRS 导航信号。“伽利略”是一个同时要为政府授权的应用提供稳健和受控的服务的民用系统。公共管理服务将供警察、海岸警卫队和海关等团体机构使用。民用部门将对加密公共调控服务的使用权进行控制。区域或用户团体使用该项服务将需遵守欧洲相关的安全政策规则。该服务要能随时随地地提供使用，包括在危机期间。它的主要要求是信号要稳定，能耐受干扰和电子欺骗。——译者注

系密切的盟友和伙伴合作，其中包括在《法一英防务和安全合作条约》（Franc-British Defence and Security Co-operation Treaty）框架下展开合作。

北约在促进形成全联盟对太空安全风险及机会的广泛共识方面十分重要，它也将在确保各盟国的各类计划、训练、需求、条令与共识相吻合方面发挥重要作用。《北大西洋公约组织战略概念》（The North Atlantic Treaty Organisation’s Strategic Concept）已就可能危及进入太空并由此影响北约军事规划与行动的种种趋势发出警告。联合王国将支持北约的工作，确认与太空相关的脆弱性和风险以及相应的降低方式，以便具备恢复力的北约能够在降效的太空环境中有效工作。

对射频的故意干扰，包括对全球导航卫星系统信号实施的电子堵塞或电子欺骗，通常会产生次生以及无法预料的后果，我们必须确保拥有充足的保护措施。我们将确保相关职能部门拥有充足的权力以禁止拥有干扰机，确保在决定如何或是否实施这些权力时给出连贯一致的建议和指导。

（三）目标3：促进形成一个更为安全可靠的太空环境

联合王国通过《外空法》（Outer Space Act）将我们对外空条约及原则所负有的义务变为法律。联合王国同时也欢迎所有国家在遵循国际法的前提下自由进入太空。联合王国继续在促进形成可持续的、安全可靠的、和平的太空环境这一过程中发挥中心作用。例如，联合王国杰出的专家与联合国和平利用外空委员会（United Nations Committee on the Peaceful Use of Outer Space，COPUOS）合作时积极发挥参与作用。所有国家都能从强化国际体系的完整性、促进可持续性以及全球公共产品中获益。联合王国由此支持所有太空强国就有关如何界定各自太空战略利益问题展开对话。为此，联合王国继续在联合国政府专家组（United Nations Group of Governmental Experts）审议中发挥关键性作用。

目前，就现有太空条约方方面面达成国际共识尚存在困难，这使得一些补充性工作成为必要，即有必要就负责任的太空行为形成非法律约束性的原则。这些工作中最值得一提的是，欧盟倡议推进制定《外空活动行为准则》（Code of Conduct on Outer Space Activities）。

通过一套获得广泛国际承认的太空行为指导原则，《行为准则》能增强太空活动的透明度与可预测性。例如，这将最大限度地减少太空碎片带来的风险，从而有利于所有使用者。在达成该准则的过程中，我们认识到，大多数的太空活动都具有军民两用性，但我们并不寻求界定民用或军用，也无意于在裁军谈判会议（Conference on Disarmament）上作出预先判断。联合王国将继续通过欧盟与各成员国，以及与尽可能多的伙伴进行合作，争取尽快就太空行为指导原则达成尽可能广泛的国际协议，而《行为准则》将是达成此目标的最佳途径。我们同时也认识到，该准则也应能够应对变化的太空环境中不断出现的新挑战。

太空行为具有跨国性，这使得人们难以确认有关归属、控制、职责、权限和法律责任事宜。对于联合王国而言，制定并阐明相关的国际监管机制以处理这类事宜仍然是重要目标。英国的法律专家与太空专家在解决这些法律挑战的工作中正发挥着显著作用。

随着太空变得更加拥挤，对于联合王国以及其他国家而言，更为全局性的太空态势感知图以及更强的预测力变得日益必要。这涉及到太空监视、对太空活动潜在威胁和危险的分析与评估。尽管清除碎片在技术上是可能的，但成本、法律和政治问题使得这一措施复杂化。太空态势感知提供了及时预测并应对诸如太空天气以及不断增长的太空碎片等威胁和危险的能力，由此增强了恢复力，强化了国家安全与国际安全。根据 1986 年《外空法》，我们必须履行相关义务，监控联合王国发射的物体，太空态势感知是其中一种手段。它还使得我们能够采用最佳措施并预警可能出现的碰撞或无线射频干扰。与此同时，联合王国还正在促进制定有关卫星制造、部署及运营的标准。

美国通过其太空监视网络——联合王国借由皇家空军菲林代尔斯基地参与其中并通过皇家空军海维康（High Wycombe）基地太空行动协调中心（Space Operations Coordination Centre）进行配合——继续维持其最强大的国家太空态势感知能力。

相较于单打独斗，这一安排赋予联合王国更好的太空态势感知能力，但这仍然无法完全满足国家需求，也无法满足那些以联合王国为基地的商业或民用运营者的需求。

我们认识到，如欲使太空态势感知能力支撑一个更为安全可靠的太空环境，最佳途径是通过集体行动。因此，联合王国欢迎《美国国家安全太空战略》（National Security Space Strategy）所提出的倡议，即拓展与国际及商业航天伙伴的太空安全合作，其中包括在太空态势感知这一关键领域。

联合王国需要在这一集体行动中发挥应有的作用以改善共享的太空态势感知。由此，联合王国审慎考虑使用各种方法以期能对来自美国、欧洲或其他伙伴的倡议有所贡献。这要求联合王国更多聚焦于一条跨防务与民用部门的路径。为满足此需求，联合王国将围绕太空态势感知发展协调的国家路径，以此作为对国际合作及商业合作作出更大贡献的基础。

卫星服务依靠无线射频的分配以使上行传输服务和下行通信能同时进行。与轨位（orbital slots）① 的分配一样，无线射频的分配也是由国际电信联盟（International Telecommunications Union，ITU）

① 静止卫星在地球同步轨道环上的位置，通常用东经或西经度数表示。——译者注。

负责，但确保频谱免受干扰是各国监管当局的职责所在。

联合王国将继续与国际电信联盟合作，确保卫星分配有助于自身的国家安全与恢复力。

目标 4：使工业界与学术界能够在支持国家太空安全利益的同时利用科学，抓住商业机会

在快速扩张且竞争激烈的全球太空市场中，联合王国的太空科学部门与商业部门展现了极大的创造性以及进一步发展的巨大潜力。英国的太空部门向世界开放，相较于其他大型经济体，我国太空部门对政府支持及政府合同的依赖要少得多。从小型卫星到太空应用，英国的大学、研究机构和公司在诸多专业领域都名列前茅。因此，英国的公司和学术研究机构需要继续清楚地了解潜在威胁，他们同时也需要一套清晰的规章制度，从而使他们能通过支持或至少不损害国家安全利益的方式把握国际机会。

在充分考虑安全利益的同时，我们将最大限度地利用出口机会，为此我们将确保出口控制政策考虑到诸如服务提供协议、数据图像传输等复杂事宜。然而，在规章制度管理下，单个的许可决定将继续根据政策视具体情况而定，并将遵循联合王国对欧盟的承诺以及更广泛的国际义务。民用太空技术和军事太空技术常常是二者共用的，这使得大多数技术具有“两用性”。尽管这可以创造更广阔的市场，减少太空安全应用开发的成本，但同时也可能造成技术扩散更难以控制。我们必须寻求这二者的平衡，为此我们将鼓励发展那些能更广泛应用的技术，而这些技术的发展应与太空安全目标相吻合。

通过欧盟委员会以及欧洲太空署所管理的太空项目，联合王国为欧洲的太空事业贡献良多。这些太空项目为英国工业提供了商业机会，带来高水平的工业回报。可靠的太空安全路径将提升我们把握这些机会的能力。具体来说，欧洲太空政策和项目采用强有力的

一体化路径，这将为商业太空部门带来可观的回报并确保人们对欧洲太空安全认证的信任。

美国也是我们重要的工业、研究及采购伙伴。在那些有利于双边太空安全利益的新技术、新应用领域，我们将继续努力，加强与美国的合作与互通性。然而，美国《国际武器贸易条例》有时会使太空系统及其零部件交易以及更高水平的工业和研究合作变得复杂。

我们将继续与美国合作，最大限度地减少其对美英之间以及更广泛的盟友之间互通性的影响，同时也减少其对太空部门经济增长的不利影响。

英国工业并非能平等进入全世界所有市场。我们将与工业界以及其他国家政府合作，确保英国公司保持其在太空安全感知方面的良好声誉，同时，我们还将尽可能确保英国公司与外国公司在太空安全市场竞争或合作时不会遭遇不公平壁垒。联合王国应被视为采购、运营太空系统的安全可靠之地，而这些系统充分具备从太空威胁和危险中有效恢复的能力。

在与太空相关的制造、研究和技术等重要领域，英国的公司和研究机构处于领先地位。鉴于技术变化与安全风险演进之间的密切联系，上述公司、机构的专业知识能够为太空安全能力奠定基础。

为维持这一领先优势，我们将促进商业、民用及防务领域专家之间的更广泛联系，保持、构建并分享太空安全专业知识。

五、政策实施

《国家太空安全政策》旨在勾勒一条合理的、确保联合王国太空安全利益的国家路径，而太空安全利益将是支撑我们繁荣、幸福和安全的基石所在。我们设有四项具体目标以达成此目的。

成功实施此政策将有赖于我们是否能真正做到政府各部门通力

协调，而出现各类有利于促进多重且彼此强化的太空安全利益的倡议将表明政策的成功实施。我们的国际伙伴以及那些科学界、工业界伙伴将是成功实施政策的关键资源。

（译者：解放军外国语学院副教授　唐笑虹）

欧洲能源安全战略*

欧盟委员会

2014年5月28日

欧盟的繁荣与安全有赖于稳定而充足的能源供应。自20世纪70年代石油危机以来，欧盟各成员国的公民从未经历过长时间的能源供应中断，这体现了欧盟及各成员国对能源供应的成功保证。对大部分公民而言，能源唾手可得，用之不竭。但这造成的主要影响是，各国在进行能源政策决策时，没有把能源供应安全问题摆到和其他议题同样重要的位置。

然而，2006年和2009年的冬季，天然气供应的暂时中断对欧盟东部成员国的公民生活造成了严重冲击。这给欧盟敲响了警钟，欧盟需要一个共同的能源政策。从那时起，欧盟付出了诸多努力以增强能源安全性，确保天然气供应，使更少的国家高度依赖于单一的能源供应国。尽管欧盟在加强基础设施建设和实现能源供应多元化方面取得了不少成绩，但在应对外部能源动荡时依然很脆弱，正如下表所示。因此，欧盟需要一个切实的能源安全战略，在短期内提高对能源动荡或中断的适应能力，从长远看减轻对某些化石燃料、能源供应国和供应渠道的依赖。各国及欧盟的政策制定者必须向公民明确这些旨在减轻能源依赖程度的措施的含义。

下面将要阐述的战略基于现行政策实施过程中的经验教训以及

* 原文出自 http://ec.europa.eu/energy/doc/20140528_energy_security_communication.pdf。

欧盟此前应对能源供应危机的效果之上：欧盟在密切各成员国之间的联系、实现统一内部能源市场方面取得了长足进展；与世界其他主要伙伴国相比，欧盟在提高能源密集度、优化能源结构方面取得了最佳成绩。

然而，能源安全事务大多仅在各个国家层面解决，而没有考虑成员国之间的相互依赖关系。提高能源安全的关键在于：首先在地区及欧洲层面上，通过建立运作高效的内部市场，开展更广泛的合作，形成集体办法，发展协调一致的网络并开放市场；其次，对外采取更加协调一致的措施，包括通过成员国扩展机制，确保候选国及潜在候选国能够落实上述指导原则。

关于欧盟能源安全的重要事实和数据

- 如今，欧盟53%的能源依赖进口。高度依赖进口的有原油（将近90%）和天然气（66%），较高程度依赖进口的有固体燃料（42%）和核燃料（40%）。
- 尽管不同国家的能源供安全存在程度差异，但能源供应安全问题涉及每个成员国。由于波罗的海地区和东欧地区的一体化程度较低，联系较少，能源供应问题在这些地区尤为突出。
- 最严重的能源供应安全问题是对单一外部能源供应国的高度依赖，这在天然气和电力供应方面尤为突出：

（1）6个欧盟成员国将俄罗斯作为本国全部进口天然气的供应国，其中3个国家的天然气需求量占能源总需求量的1/4以上。2013年，欧盟39%的天然气进口和27%的天然气消耗来自俄罗斯；俄罗斯71%的天然气出口到欧洲，其中对德国和意大利的出口量最多（见附录1）；

（2）在电力方面，3个欧盟成员国（爱沙尼亚、拉脱维亚和立陶宛）的电网运营和平衡依赖唯一的外部供应国；

- 欧盟能源进口额高达每天10亿欧元（2013年全年约为4000亿欧元），超过欧盟总进口额的1/5。欧盟原油及成品油的进口额超过3000亿欧元，其中1/3从俄罗斯进口。
- 同时，还需要在全球能源需求增长的大背景下看待欧洲能源安全问题。预计到2030年，全球能源需求将增长27%，对能源供应和贸易产生重要影响。

如今，欧盟是全球唯一的50%发电量实现温室气体零排放的主要经济体。① 欧盟必须保持这一趋势。从长远看，欧盟需要向更具竞争力的低碳经济过渡，减少进口化石燃料的使用量，并以此推动欧盟的能源安全。因此，《欧洲能源安全战略》是2030年气候与能源政策框架不可缺少的一部分，并且与我们的竞争政策和工业政策②的目标完全一致。因此，正如欧洲理事会（European Council）所指出的那样，欧盟成员国应尽快就框架问题达成一致，并采取一致行动，制订实施旨在创造具有竞争力、安全、可持续的能源的长期计划。在瞬息万变的环境中应对能源安全问题需要采取灵活措施，即具备适应能力和作出改变的能力。因此，本战略可能会因为环境的变化而需要不断发展。

本战略明确了在短期、中期和长期需要为应对能源安全问题作出决策或采取切实措施的领域。本战略建立在8项基础之上，这8项基础强调了团结的原则，在尊重各国能源决策的同时，促进所有成员国的密切合作，提高合作效益：

---

① 23%的可再生能源和27%的核能。——原文注

② 欧盟委员会通告《为了欧洲的工业复兴》，COM（2014）014。——原文注

1. 针对 2014 年至 2015 年冬季可能发生的大面积能源中断，欧盟需要迅速采取措施，提高危机应对能力；

2. 强化应急/团结机制，包括在风险评估及应急计划等方面的合作；保护战略性基础设施；

3. 节制能源需求；

4. 建立一个运行高效、完全统一的内部市场；

5. 提高欧盟自身的能源产量；

6. 进一步发展能源技术；

7. 实现外部供应和相关基础设施的多样化；

8. 改进各国能源政策的协调，在对外能源政策上保持一致立场。

一、针对 2014 年至 2015 年冬季可能发生的大面积能源中断，欧盟需要迅速采取措施，提高危机应对能力

鉴于乌克兰当前局势和可能发生的能源供应中断，应把依赖于单一天然气供应国的国家作为短期行动的重点。

对于即将到来的冬季，欧盟委员会将与各成员国、监管机构和输电系统运营商通力合作，提高欧盟应对潜在能源中断的快速准备能力。尤其要关注能源安全脆弱的地区，提高这些地区的能源储备量（例如，充分利用波罗的海地区拉脱维亚的储备），发展能源回流（可参考“斯洛伐克/乌克兰谅解备忘录”的成功案例），制订区域层级的供应安全计划，发掘液化天然气的潜能。

关键措施

欧盟委员会和各成员国应该采取以下措施：

- 加强在天然气协调小组（Gas Coordination Group）内的合作，[①] 继续密切监控天然气的流动和储量，在欧盟及/或区域层级就国家风险评估和应急计划展开合作；
- 升级风险评估与“预防性措施计划和应急计划”（Preventive Action Plans and Emergency Plans），如2010年994号规章（Regulation 994/2010）之规定；
- 鉴于即将到来的冬季可能发生能源供应中断，需要开展能源安全压力测试，必要时建立后备机制，例如提高天然气储备量，建设应急基础设施和回流，减少能源需求量，或短期内使用替代燃料；
- 进一步与天然气供应国、管输系统运营商（transmission system operators）展开合作，明确可在短期内提供额外能源（尤其是液化天然气）的供应国。

二、强化应急/团结机制，包括在风险评估及应急计划等方面的合作；保护战略性基础设施

欧盟在以下方面拥有绝对优先权：确保做好最充足的准备和计划；提高应对能源供应突然中断的适应能力；保护战略性基础设施；协同支援能源安全最脆弱的成员国。

① 根据2010年第994号规章（Regulation 994/2010）中关于保护天然气供应安全的措施建立。——原文注

（一）石油储备

成员国有义务建立并维持最低的原油及成品油储备，以缓解能源供应中断的风险。[①] 当前的储备大约相当于120天的消耗量，高于90天的最低要求。

此外，欧盟的石油储备义务与国际能源署（International Energy Agency）对石油储备义务的要求保持一致。这些手段显示了石油储备的相关性和有效性，在发生能源危机时，确保不出现供应短缺是稳定市场价格的基本要素。因此，欧盟需要进一步开展国际合作，提高石油储备和石油市场的透明度，尤其要与中国、印度等新兴石油消费国开展合作。

（二）预防并缓解天然气供应中断的风险

自从2006年和2009年的天然气供应危机以来，欧盟已经强化了自身的合作能力，以预防并缓解可能发生的天然气供应中断。[②] 各成员国有义务投资于后备基础设施建设：截至2014年11月3日，当国内最大的设施发生供应中断时，各成员国必须依然能够满足最大的能源需求。此外，各成员国必须确保所有的跨国天然气输送网络能够正常进行回流。

针对天然气供应中断，欧盟也做好了更充分的应对准备。欧盟规定在极端条件下（包括在冬季基础设备供应中断的情况下）保证

① 2009年9月14日颁布的欧洲理事会第2009/119号指令（Directive 2009/119/EC）规定成员国有义务维持最低的原油及/或成品油储备。——原文注

② 欧洲议会和欧洲理事会于2010年10月20日制定的2010年第994号规章［Regulation (EU) No 994/2010］，制定确保天然气供应安全的措施，撤销欧洲理事会2004年第67号指令（Council Directive 2004/67/EC）。——原文注

向受保护用户（例如使用天然气取暖的用户）提供供应，各成员国需要制订紧急情况准备计划（Emergency Preparedness Plans）和紧急情况应对计划（Emergency Response Plans）。天然气协调小组涵盖了各成员国、监管机构和所有储备机构，覆盖欧盟全境，是一个高效的可供专家交流信息、协调行动的平台。这些规定为欧洲提供了一个增强互信、确保团结的框架，保证成员国能够履行国家责任，共同提升能源供应安全。

目前来看，确保天然气供应安全的做法表明，进一步的跨国合作具有协同增效效应。例如，通过在区域和欧盟层面进行风险评估（压力测试），制订供应安全计划，制定天然气储备监管框架，认识到天然气储备对能源供应的战略重要性，或者在欧盟范围内进一步明确“受保护用户”的定义。欧盟正在对现行规定和“天然气供应安全规定”（Security of Gas Supply Regulation）的实施情况进行全面审议。上述措施将作为该项审议的一部分，一并在2014年底完成。

此外，在国际层面，欧盟可以与重要的战略伙伴共同展望新的安全供应手段，将当前的安全储备中的最小部分转入一个虚拟的共同储备中（例如置于国际能源机构的监管执行下）可以在供应量有限中断的情况下迅速采取应对措施。①

（三）保护重要基础设施

欧盟已经开始制定政策对包括能源基础设施在内的重要基础设施予以保护（以免遭遇威胁或发生隐患等），② 尚需越来越多地关注

---

① 2014年5月6日在罗马举行的G7能源部长级会议上通过的联合声明强调了该项措施的可能性。——原文注

② 欧盟于2008年11月8日颁发2008年114号指令（Directive 2008/114/EC），明确指定欧洲重要的基础设施，并对改进基础设施保护的需求进行评估。——原文注

信息技术安全。此外，有必要针对战略性能源基础设施（例如对所有用户都至关重要的天然气和电力输送系统）的保护问题展开更广泛的讨论，着眼于解决非欧盟实体对战略性基础设施的控制问题，尤其是国有企业、国有银行或重要供应国的主权基金对基础设施的控制问题。有些实体不是致力于欧盟能源网络和基础设施的发展，而是试图向欧盟能源市场进行渗透，或妨碍市场的多样化发展。必须确保非欧盟实体在收购战略性基础设施时遵守现行的欧盟法规，建立一个能够平衡能源集中和分散生产的、全面的能源系统，并努力使之成为一个既经济高效，又对个别主要设施供应中断具有适应力的系统，同时还需要评估这项系统的优势。

对天然气传输进行分类计价的现行规定已经预见到这样一项机制，能够确保由非欧盟实体控制的传输系统的运营商与受欧盟实体控制的传输系统的运营商履行相同的义务。然而，最近某些非欧盟运营商试图在欧盟领土上规避欧盟法规，因此欧盟可能需要更加严格地落实法规，也可能在欧盟和成员国层面加强相关法规的落实。在这样的背景下，同样需要确保欧盟内部市场的规则得到遵守，尤其是有关公共采购的规则。

（四）维护成员国之间团结的机制

为了维护欧盟标志性的内部团结，成员国必须向受能源供应中断影响最严重的国家提供切实的援助。因此，应对能源系统进行压力测试，并与各国当局和企业进行磋商，在此基础上制订合理的应急计划，并定期对计划进行审议，目的是确保欧盟内部用来补充应急储备的替代性燃料的运输量达到最低运量要求。考虑到当前局势，需要立即关注欧盟东部的成员国，并在合适的时候将候选国及潜在候选国纳入该机制。

关键措施

欧盟委员会将采取以下措施：

- 审议现行的能源供应安全保障机制，并提出强化这些机制的建议。必要时，对战略能源基础设施采取保护措施，并平衡集中设施和分散设施的关系。
- 向成员国和企业提议建立新的应急协作机制并制订计划，以便在经风险评估（能源安全压力测试）认为必要时向能源需求国输送能源。应立即关注欧盟东部边界所有成员国。

三、节制能源需求

节制能源需求是减少欧盟对外能源依赖程度以及能源价格上涨影响程度的最有效的手段之一。此前，欧盟制定的能效目标是20%，即到2020年，主要能源节约量将达到371百万吨油当量（Mtoe），当前的形势加剧了该目标的紧迫性。如果相关法规中规定的措施得以无拖延地严格贯彻落实，这一能源节约目标是可以实现的。尤其是能效指令（Energy Efficiency Directive，EED）和建筑物能效表现指令（Energy Performance of Buildings Directive，EPBD）的落实能够收到这一成效。

只有明确了享有优先权的行业，并简化投资资本的运作，才能够实现显著的能源节约。建筑行业的能源需求占欧盟能源总需求量的40%，如果建筑行业革新进程加快，1/3的天然气用量[①]可以减少75%。对地区的供热和冷却系统进行改进也可以大大减少能源消耗。同样，工业对天然气的消耗量约占欧盟总消耗量的1/4，在排放权交易制度（Emissions Trading System）的推动下，能效还有很大的提

① 主要用于住宅供热和生产生活用热水。——原文注

升潜力。欧盟委员会还提议将排放权交易制度作为 2030 年气候与能源框架的一部分。[①]

在提高能源效率上，私营企业可以发挥重要作用。为了吸引私营企业进一步投资，欧洲结构与创新基金（European Structural and Innovation Funds，ESI）严格保证至少有 270 亿欧元用于低碳经济投资（包括对提升能效的投资）。[②] 最近，成员国对这些基金规划的分析显示，实际投资额将增长至 360 亿欧元。通过欧洲结构与创新基金建立起的金融机构[③]可以使用额外的私人资本，同时，能源服务公司（Energy Performance Companies，ESCOs）这种新兴企业模式可以将节约的能源在能源系统内来回运送。

关键措施

成员国应采取以下措施：

• 加快措施落实，以实现 2020 年的能效目标，尤其要关注建筑业和工业的供热与隔热。主要途径如下：

(1) 大力推进实施能源效率指令和建筑物能效表现指令；

(2) 加强监管机构和公共金融机构的支持力度，加速建筑业的革新进程，加速改进区域供热系统；

(3) 使用新技术提升能源服务和需求响应，欧盟的金融支持，尤其是欧洲结构与创新基金，能够对各国的融资方案起到补充作用。

---

① 欧盟委员会通告《欧洲的能源价格和成本》（Energy prices and costs in Europe），第 11 页。——原文注

② 欧洲区域发展基金（European Regional Development Fund，ERDF）必须用来支持全行业向低碳经济过渡，其中欠发达地区、过渡地区和发达地区所得最少资金比重分别为 12%、15%和 20%。如果将凝聚基金（Cohesion Fund，CF）用于该项投资，则欠发达地区所得最少资金比重提高到 15%。——原文注

③ 例如，“创新贷款”（Renovation Loan）是基于风险共享贷款模式的、现成的、标准化的贷款方式。——原文注

(4) 加速实施由参加市长公约（Covenant of Mayor）的市政当局提出的可再生能源行动计划（Sustainable Energy Action Plans）。

(5) 加强欧盟排放交易体系建设，提高工业用能源的效率。

欧盟委员会将采取以下措施：

- 2014 年夏季对能效指令进行审议，对实现 2020 年能效目标的进程进行评估，明确提高能效如何有助于 2030 年能源与气候政策框架的落实；
- 明确在中长期实现能效目标的优先行业（建筑业、运输业和工业），包括能源安全最脆弱的成员国；
- 明确限制能效提高的障碍，发展一个能效服务市场，提出解决能效问题的非立法途径；
- 审议能源标识和节能化设计指令（Energy Labelling and Ecodesign Directives），根据已获得的经验，保证有效减少产品能耗及对环境造成的其他影响。

四、建立一个运行高效、完全统一的内部市场

建立一个欧洲内部能源市场是确保能源安全的一个关键因素，也是一个高效益的输送机制。政府可以对该能源市场框架采取干预措施，如各国可制定可再生能源目标或能效目标，支持对核电项目的投资（或停运），支持关键基础设施项目建设，如“北溪”项目（Nord Stream）、“南溪”项目（South Stream）、跨亚得里亚海输气管线项目（TAP）和波罗的海液化天然气终端项目（Baltic LNG

Terminal）等。但这些政府干预措施需要经过欧盟和/或区域层级的讨论，以确保某一成员国的干预措施不会影响到另一成员国的能源供应安全。在欧盟层面，欧盟法中规定了多种落实该项目的协作途径（内部市场法律、泛欧洲能源网络指导方针、政府补贴控制）。要真正落实《欧洲能源安全战略》，执法手段要以欧盟层面举行的战略磋商为先导，而不是以国家层面的磋商为先导。

（一）优化欧盟内部电力和天然气市场

内部能源市场第三批一揽子计划规定了欧洲内部市场的发展框架，各成员国首脑一致同意，要在2014年前建立内部市场，目前已取得积极进展，但还有许多工作要做。

区域市场一体化进程已经取得积极进展。具有竞争性的透明市场能够有效预防私营供应商滥用市场或政治权力，运行良好的贸易机制和透明的现货市场可以在短期内迅速解决能源供应中断问题，这一优势在石油和煤炭供应领域已经凸显。只要输送管道和电网能够将能源从一地输送到另一地，也可以通过相同的方式确保天然气和电力的供应安全。

就跨境交易和供应安全而言（必要时还包括运力机制）[①]，区域合作已经并将继续在欧洲能源市场一体化进程中发挥决定性作用。北欧四国（芬兰、瑞典、丹麦和挪威）早已将各自的电力市场融合到北欧电力交易所（Nordpool），在电力行业为欧盟其他各国树立了典范。同样，西北欧（包括法国、德国、比利时、荷兰、卢森堡和奥地利）的“五边能源论坛”（Pentalateral Forum）史无前例地在电力和天然气领域启动了一体化项目。输电系统运营商和监管机构在

① 欧盟委员会通告《建立内部电力市场，充分利用公共干预》，C（2013）7243。——原文注

多个地区开展的电力市场融合项目取得了重大进展,[①] 天然气市场一体化也取得了相似的成果。“棱镜”平台(PRISMA-platform)于2013年建立,负责欧洲70%天然气输送量的28个管输系统运营商(Transmission System Operator,TSO)通过这一透明、统一的平台进行竞价。

然而,在建立具有竞争性、高度一体化的市场方面,波罗的海沿岸国家和东南欧地区较为滞后,这些地区在能源供应安全方面没有优势。因此,需要在这些地区采取更具目标性的方法,加快重要基础设施(见下文)和天然气枢纽的建设。

在天然气行业实施管网准则(Network Codes),将极大提升能源安全性,还将推动天然气管网实现无歧视性开放,使天然气可以在欧盟境内自由灵活地流通。

此外,欧盟必须严格落实反垄断与限制合并的规定,使欧盟能源供应安全不受反竞争性行为、反竞争性重组或能源企业纵向合并的影响。

(二)加快关键对接管线的建设

要建立一个真正意义上具有竞争性的一体化能源市场,不仅需要建立一个共同的监管框架,还需要大力推进能源输送基础设施的建设,尤其是各成员国之间跨国对接管线的建设。欧盟委员会预计,到2020年相关建设费用约为2000亿欧元,但当前市场仅能提供一半左右的资金。

欧盟需要沿12条走廊和地区优先建设关键工程项目,业已策划的“跨欧洲能源网监管指导方针”(Regulation on the Guidelines for

① 此类区域合作的典型例子是由16个欧盟成员国的电网运营商和电力交易市场于2014年成立的所谓“提前市场融合”(Day-ahead Market Coupling)。——原文注

trans-European Energy Network）和“连接欧洲设施”计划（Connecting Europe Facility，CEF）正是为了明确并确保这些工程项目按时完成的。欧盟于2013年公布了首份“共同利益项目”（Projects of Common Interest，PCI）目录。欧盟基础设施政策的首要目标就是要确保按时落实共同利益项目。通过简化审批程序，耗资58亿欧元的“连接欧洲设施”计划将有助于首要目标的实现。“连接欧洲设施”计划的成本仅占2020年所需总投资额的3%，但可以通过融资带动其他基金进行投资。“连接欧洲设施”计划要想成功，就必须着力于几个关键项目的建设，同时还需要与运营商进行合作，通过管网收费向部分基础设施建设提供资金，并通过欧洲结构与投资基金（European Structural and Investment Funds）向相关成员国提供资金支持。在项目审批和实施过程中，都需要考虑欧盟现行环境法规和指导方针，[①] 以确保维护环境可持续发展，同时确保公众对项目的支持与接受。

欧盟已经确定27个天然气工程和6个电力工程为中短期能源安全关键工程，因为这些工程对于促进能源供应多元化与维护欧洲能源安全最脆弱地区的团结都具有重要作用。到2017年，约一半的工程将完工，其余工程预计在2020年前完工。这些关键工程大部分位于东欧和西南欧，有助于结束葡萄牙和西班牙能源孤岛的现状。预计工程成本为170亿欧元。除一些液化天然气终端和存储设施外，大部分共同利益项目关键工程规模庞大，结构复杂，容易导致工程延期。因此，除了要尽早支持“连接欧洲设施”计划建设外，想要加速工程进展还需要采取其他措施。欧盟委员会应加强对关键工程的支持，召集项目承建方共同商讨加速工程建设，要求国家监管当局（National Regulatory Authorities，NRA）就跨境成本分配和融

① 欧盟委员会对“优化能源基础设施和共同利益项目的环境评估程序”和大规模跨国项目环境影响评价（EIA）的指导文件。——原文注

资事宜达成一致，同时要求相关国家部门保证在工程的任何阶段均提供政策支持。

2014 年 3 月，欧洲理事会结论呼吁："加快实施各项措施，力争实现各成员国当前至少 10%的发电量实现互联的目标。"当前，欧盟平均互联水平约为 8%。考虑到电网互联对加强供电安全的重要性，以及优化跨国能源贸易的需求，同时考虑到相关地区的成本问题和贸易潜力，欧盟委员会提议将互联目标由当前的 10%提高到 2030 年的 15%。

（三）欧洲石油市场

如今，俄罗斯是欧盟主要的原油供应国之一，炼油环节是在欧盟境内进行的，但很多炼油厂是根据俄罗斯的原油质地进行优化的。尽管欧盟拥有足够的炼油能力以满足对成品油的需求，但欧盟仍是汽油净出口和柴油净进口实体，进口柴油多来自俄罗斯和美国。欧盟拥有较多的石油储备，能够在全球开展石油贸易。欧盟、美国和俄罗斯在石油领域相互依赖，这意味着在短期内欧盟不会受到石油供应的威胁。然而，欧盟需要一个战略合作更加紧密的石油政策，同时密切关注以下事项：

（1）欧盟炼油厂对俄罗斯原油的依赖性；

（2）俄罗斯石油工业出现集中化发展趋势，且俄罗斯石油公司增加了对欧盟炼油工业的所有权；

（3）在运输过程中消耗的成品油。

欧盟炼油工业的竞争力面临严重挑战，表现在炼油产能下降和外国投资，特别是来自俄罗斯公司的投资使其愈加依赖俄罗斯的原油。维持炼油业的竞争力非常重要，不仅可以使欧盟避免过度依赖进口成品油，同时还能够在原油储备问题上保持高度灵活性。①

---

① 尤其是鉴于该行业正在进行的"适应性检查"的结果。——原文注

从长远看，欧盟需要降低对石油（尤其是石油运输）的依赖性。欧盟委员会已采取一系列措施（包括一项替代性燃料战略）① 以降低温室气体的排放和运输用燃料的消耗。

关键措施

成员国应采取以下措施：

• 加强成员国之间的区域合作，管线互联、平衡安排、产能机制和市场融合都有助于提高能源安全。

• 根据计划，2014年底前完成内部能源市场法规的置换，尤其是关于分类计价规则、回流和天然气存储设施使用的法规。

• 加强对能源税指令（Energy Taxation Directive）的磋商，降低柴油税收优惠，实现炼油能力和成品油消耗的平衡；同时考虑对替代性能源，尤其是可再生能源，实施税收优惠。

• 加紧落实近期通过的关于可替代能源基础设施建设的指令。

输送系统运营商必须采取以下措施：

• 加快天然气和电力网准则的实施。

欧盟委员会将采取以下措施：

• 按要求加快对违反内部市场立法行为的诉讼程序。

• 与成员国开展合作，确保加快实施所有共同利益项目，并采取其他措施，实现成员国装机发电量互联水平的目标——2020年至少为10%，2030年为15%。协调使用所有的共同体基金（Community Funds），包括“连接欧洲设施”计划、欧洲结构与投资基金以及欧洲投资银行（European Investment Bank），以加速关键对接管线与相关国家和地区基础设施的建设。

---

① 2011年交通白皮书《迈向统一欧洲的交通发展路线图——构建竞争力强、高效节能交通系统》，COM（2011）144终稿。——原文注

- 考虑与各成员国及监管当局开展合作，商讨采取措施加快进行关键项目跨境成本分配（CBCA）[①]，并采取一切措施使这些项目能够在 2—3 年内完工。
- 与企业和各成员国磋商如何实现欧盟炼油厂的原油供应多元化，以及炼油厂如何减轻对俄罗斯的依赖程度。
- 实施积极的贸易议程，通过推动建立与能源相关的贸易规则，确保石油出口市场畅通，限制贸易干扰行为，并确保贸易规章适时得到落实。
- 在欧盟范围内明确石油产业价值链上的战略设施，通过合作确保欧盟炼油业的行业联合有助于欧盟能源多样化发展。
- 与国际能源机构开展合作，监控石油产业价值链，确保提高石油流动、投资和所有权的数据透明度。

五、提高欧盟的能源产量

欧盟可以通过最大化地利用本地能源生产，以减少对单一供应国及单一燃料的依赖程度。

（一）提高欧盟的能源产量

过去 20 年，尽管欧盟的可再生能源产量有所增加，但本地能源

① Cross-border cost allocation，跨国成本分配。——原文注

产量却在一直下降。[1] 然而，在中期内使能源产量下降的趋势得到缓解是可能的，主要途径包括增加可再生能源和核能的使用，同时增加具有竞争力的化石燃料的可持续生产。

可再生能源

通过提高可再生能源的使用，每年至少减少燃料进口成本达300亿欧元。据估计，2012年可再生能源仅占欧盟能源总消耗量的14.1％，2020年的目标为20％。展望2020年之后，欧盟委员会建议到2030年可再生能源所占比重至少增加到27％。

使用可再生能源发电和供暖具有巨大的成本效益，能够在2020年之前进一步减少多个行业的天然气使用量。尤其是将供暖消耗的能源从进口的化石燃料转变为本地可再生能源，能够大大减少燃料的进口量。根据各成员国可再生能源计划，各国已计划在2012年至2020年间额外增加2900万吨油当量的可再生能源用于供暖，3900万吨油当量的可再生能源用于发电。

通过使用国家或欧洲结构与投资基金，并与欧洲投资银行及国际金融机构开展合作，可以使这些计划提前实现。至于基础设施建设，该领域的投资应由私营企业承担。

使用可再生能源是个无悔的选择，但人们对可再生能源的成本及其对内部市场运作的影响仍心存疑虑。随着技术成本的下降，不少可再生能源已越来越具有市场竞争力，并准备投入市场（例如近岸风电场），其大规模集成性需要更为智能的能源网络和创新的能源存储解决方案。同时，还需要考虑到区域层面的产能机制。[2] 有关2014—2020年国家对环境保护和能源补贴的新指导方针也将有助于提高能源成本效益，有助于各国实现2020年可再生能源的

---

① 2001年到2012年间，欧盟能源总产量下降了15％。——原文注

② 欧盟委员会通告《传递内部电力市场，最大限度利用公共干预》，C（2013）7243。——原文注

目标。

碳氢化合物和清洁煤

在欧洲传统油气产区（例如北海）和新发现的油气产区（例如东地中海、黑海）进行石油和天然气的开采，应完全遵照能源和环境的相关法规，包括新的“近海安全指令”（Offshore Safety Directive）。欧洲非传统油气区开采的石油和天然气，尤其是页岩气，如果能够得到公众的接受，并且对环境的影响能够得到妥善处理的话，[①] 可以部分补充产量下降的传统天然气。[②] 迄今为止，一些成员国已经开始了先期的勘探作业。为了开展商业化规模生产，很有必要对欧盟非传统资源（经济可采储量）予以更精确的掌握。

过去20年，欧盟的煤炭产量和消耗量都在下降。然而，某些成员国煤炭和褐煤在发电能源消耗中占据较大比重（欧盟的比重是27％）。尽管当前欧盟消耗的40％的固体燃料需要进口，但一个运营良好的多样化全球市场为欧盟提供了安全的进口渠道。使用碳捕获与封存技术（Carbon Capture and Storage，CCS）可以对煤炭和褐煤排放的二氧化碳进行二次利用，但这意味着煤炭和褐煤从长期看才有价值。碳捕获与封存技术也可以提高天然气和石油回收再利用的潜能，否则就会造成这些能源的浪费。因此，需要记住的是，碳捕获与封存技术尚有诸多局限性，在充分发挥这项技术的收益之前，还需要进行更多的开发研究与资源配置。

---

① 欧盟联合研究中心（JRC）对非传统天然气及其对欧洲能源市场潜在影响的研究（EUR25305 EN）。——原文注

② 欧盟委员会通告及对欧盟使用高容量水力压裂开采生产碳氢化物（例如页岩气）的建议［COM（2014）23终稿和2014年1月22日建议2014/70/EU］。——原文注

关键措施

成员国应采取以下措施：

- 继续开展可再生能源的配置，基于市场采取措施，实现 2020 年的目标；
- 通过协调各国的支持计划，开启可再生能源支持系统的欧洲化进程；
- 加速供暖行业的燃料转化，改用可再生供暖技术；
- 确保稳定的可再生能源的国家监管框架，破除行政壁垒；
- 通过欧洲投资银行和各国投资银行一致的倡议，利用欧洲结构与投资基金的相关支持，畅通所有层次（大规模和小规模）可再生项目的融资渠道；
- 在开发碳氢化合物和清洁煤时，优先考虑去碳化；
- 根据欧盟委员会关于优化能源基础设施和共同利益项目的环境评价程序的指导文件和大规模跨国项目环境影响评价的指导文件，优化各国对碳氢化合物项目的行政程序，包括实施战略影响评价（Strategic Impact Assessment），建立一站式审批程序；①
- 充分考虑 2014 年欧盟第 70 号建议（Recommendation 2014/70/EU），对非传统碳氢化合物的潜力进行评估，确保实施最高的环境标准；
- 支持碳捕获和碳储存的示范项目，尤其是受“新竞争储备—300”项目（NER 300）和欧洲能源回收项目（European Energy Programme for Recovery）资助的项目，例如 ROAD 项目。

① http：//ec. europa. eu/environment/eia/pdf/PCI _ guidance. pdf 及 http：//ec. europa. eu/environment/eia/pdf/Transboundry%20EIA%20Guide. pdf。——原文注

欧盟委员会将采取以下措施：

- 开启欧洲非传统碳氢化合物提取科技网；
- 在成员国与环保企业、非政府组织之间组织信息互换，以制定碳氢化合物开采和生产的最佳可行技术参考文件；
- 确保碳捕获与封存指令得到彻底落实与审议，就“新竞争储备—300”项目规定的第二轮奖励作出决定；
- 推动可再生能源技术的发展，推动多边、双边贸易协商的展开。

六、进一步发展能源技术

旨在减少欧盟能源依赖程度的现行方案要求在中长期内彻底改变能源体系，这离不开大力推进新能源技术的发展。需要使用新技术进一步降低对主要能源的需求量，实现能源供应选择（包括外部进口和本地自产）的多样化和一体化，优化能源网络基础设施，充分发挥多样化的效益。

要提高建筑物和当地供热系统的效率，新技术可以提供成本效益高的解决方案，同时还能提供能源储存和电网管理优化的新解决方案。

这需要欧盟和成员国加大对能源研究和创新领域的投资。为了将大量新技术推广到市场，允许成员国选择多种能源，因此广泛应用新能源科技非常重要。

投资领域必须涵盖从材料（包括关键原材料）到制造的整个技术供应链条，以确保欧盟在减少对能源进口依赖程度的同时能够限制对外国技术的依赖。最后，只有将该战略纳入欧盟能源研究和创新政策，该战略才能得以贯彻实施。

为了实现投资效益的最大化，成员国之间以及成员国与欧盟委员会之间需要进一步密切合作。此外，为了部署大规模示范项目，通过融资从企业（例如欧洲投资银行）获得投资非常关键。

关键措施

欧盟委员会将采取以下措施：

- 将能源安全作为“2014—2020 年研究与创新框架计划”（Framework Programme for Research and Innovation 2014—2020）的优先项目，确保即将推出的“战略能源技术计划的综合路线图”（Integrated Roadmap of the Strategic Energy Technology Plan）和《欧洲能源安全战略》保持一致。

七、实现外部供应和相关基础设施的多样化

（一）天然气

欧盟消耗的70％天然气依赖进口，但预计在2020年之前该比例将保持稳定，[①] 预计到2025—2030年之间将稍微增长至3400亿—3500亿立方米。2013年，39％的进口天然气来自俄罗斯，33％来自挪威，22％来自北非（阿尔及利亚和利比亚），来自其他地区的天然气仅占4％左右。欧盟从上述国家和其他国家（例如卡塔尔和尼日利亚）进口的液化天然气增长到峰值20％，但由于亚洲的液化天然气

① 2050年欧盟能源、运输和温室气体排放趋势——2013年参考方案—欧盟委员会。——原文注

价格较高，后来下降到15%左右。

在通过可靠的供应国得到大量进口天然气的同时，还需要实现天然气进口来源多元化。未来几年内，液化天然气将成为能源供应多元化的主要潜在来源。北美、澳大利亚、卡塔尔最近都成为液化天然气的供应国，在东非也发现了天然气田，这些均会导致全球液化天然气市场规模扩大，流动性增强。在美国东部，第一座液化天然气厂有望于2015—2017年投产，每年产量240亿立方米。其他许多项目也在建设中。大部分液化天然气都将输送到亚洲市场，但一些欧洲公司已经开始与美国生产商协商液化天然气供应事宜。欧洲对外政策应该把推动液化天然气谈判作为重点，尤其是正在协商的“跨大西洋贸易与投资伙伴协定”（Transatlantic Trade and Investment Partnership，TTIP）。挪威（从当前的1060亿立方米每年增长到2018年的1160亿立方米每年）和北非（拥有大量未勘探或未开采的碳氢化合物资源，地理位置更靠近欧洲）的液化天然气产量都有可能会增加。欧盟应该促进内部联系，以确保供应国的天然气抵达所有的区域市场，并与现有互联目标保持一致。

除了强化与当前供应国的关系外，欧盟政策也应该致力于为新资源开辟发展道路。欧盟正为里海乃至更远地区的供应国提供输送条件，相关的重要部分包括建立南部走廊和明确具有共同利益的项目。在该地区实施积极的贸易议程，对确保市场渠道和关键基础设施建设至关重要，而充足的进口量保证了市场和建设的活力。在第一阶段，预计到2020年，每年将有100亿立方米来自阿塞拜疆的天然气通过南部天然气走廊输送到欧洲市场。除此之外，这条新建的管线对连接中东地区非常重要。当前，土耳其的输送管线尚处于设想中，但建成后可以每年向欧洲市场输气250亿立方米。从更长远看，如果解除对土库曼斯坦、伊拉克和伊朗等国制裁的条件得到满足，这些国家有望对扩展南部天然气走廊作出重大贡献。因此，针对这些国家采取连贯而又有针对性的政策非常重要。除此之外，欧盟还应该密切同北非和东地中海地区伙伴国家的政治经济对话，尤其要着眼于在欧洲南部的地中海沿岸建立一座天然气枢纽站。

只有建立了天然气进口设施，且天然气价格在可接受范围内，上述计划才有可能实现。此外，欧盟还需要和成员国开展适当的合作（见第四部分）。

（二）铀与核燃料

核电站为欧洲提供了可靠的、零排放的基本电力，为维护能源安全发挥了重要作用。但与使用天然气或煤炭的火力发电厂的发电成本相比，核发电的相对价值仍微不足道，且铀仅占核燃料总成本的一小部分。从全球范围来看，铀供应市场稳定且供应来源明显多元化，但欧洲却完全依赖进口铀。全球仅有几个国家能够将铀转化成核反应堆使用的燃料，但欧洲在整个产业链条上占据技术领先地位，包括铀浓缩与再加工环节。

欧盟应优先加强核安全。在国际层面，欧盟应该继续发挥核安全的先锋和塑造者的角色。因此，欧盟应当尽快实施修订后的核安全指令（Nuclear Safety Directive），加强核能监管机构的独立性，并向公众和定期同行审议提供信息。

然而，俄罗斯是欧盟在核燃料生产方面的关键竞争对手，并在整个核链条上提供综合性投资方案。因此，要留意在欧盟新建的但使用非欧盟技术的核电站，以确保这些核电站使用的核燃料不只依赖俄罗斯。欧洲原子能共同体供应机构（Euratom Supply Agency）要确保任何新建的核电站都要满足燃料供应多元化的条件。此外，所有核电站运营商都需要实行燃料供应的全面多元化。

关键措施

欧盟委员会及各成员国应联合采取以下措施：

- 在欧盟层面，提高天然气供应安全的透明度，研究在现有通报机制（如依靠欧盟统计数据和欧盟委员会对市场的检测）下如何进一步提供价格信息；
- 支持与挪威开展合作，进一步发展并延伸天然气供应基础设施，进一步建设南部天然气走廊和地中海天然气枢纽站；
- 建立欧盟层级的能源供应安全检测系统，欧盟委员会每年就能源供应安全问题向欧洲理事会和欧洲议会提交报告；
- 加快实施修改后的核安全指令；
- 必要时与其他国家和地区开展合作，推动核燃料供应多元化。

欧盟委员会将采取以下措施：

- 实行积极的贸易议程，通过推动与能源相关的规章制度的建立，确保天然气/液化天然气出口，限制贸易干扰行为，并按规定确保贸易规章的落实；
- 谋求免除当前对第三方国家石油出口的限制；
- 在对新建核能投资项目进行评估及与第三方国家签订新的协议草案或合同时，系统性地考虑燃料供应多元化问题。

八、改进各国能源政策的协调，在对外能源政策上保持一致立场

上述许多措施都强调各成员国需要通过合作制定出更好的能源政策。每个国家有权决定本国的能源结构，但能源基础设施和市场的逐步融合、对外部能源供应国的普遍性依赖、在遇到危机时对确

保团结的需求都要求各国与邻国一道商讨基础性能源政策。欧盟能源政策的外部环境也需要如此。[①②]

对于一些成员国提出的成立能源联盟（Energy Union）的提议，欧盟委员会表示欢迎。欧盟委员会支持建立一个机制，使成员国在实施和详细审议与能源结构相关的决策之前能够相互告知情况，以便在进行本国决策时考虑到其他国家的有关意见。

欧盟在维持一个稳定、透明、基于规则且具有流动性的国际能源市场方面具有一致的利益。欧盟应当在国际组织和论坛上保持立场的协调性和连贯性。欧盟各国应合作在全球推广可再生能源技术，尤其是向新兴经济体推广，因为这些国家有望在未来几十年内成为对能源需求增长贡献最大的国家。该项提议不仅与欧盟大环境和气候目标相符合，而且会对传统化石燃料市场产生重要影响，有助于缓解市场需求，提高市场流动性。

对于距离欧盟较近的地区，我们的目标是与各层次的伙伴国进行接触，进而将它们融合进欧盟能源市场。鉴于欧盟对能源供应安全的担忧，需要进一步巩固能源共同体，致力于将欧盟东扩及邻国纳入欧盟能源法规。要实现这一目标，需要推动参与国国内能源领域的改革，同时支持参与国能源系统的现代化进程，促进这些国家完全融入欧盟能源监管框架。除此之外，在短期和中期内应改进能源共同体的制度安排，加强能源共同体的执行机制。

需要系统地运用外交工具，例如将能源事务纳入政治对话，尤其是纳入与战略伙伴举行的高层峰会。在欧盟层面与主要供应国开展的能源对话将被审议。最近发布的 G7 罗马能源部长联合宣言（Joint Statement of the G7 Rome Energy Ministerial）就是我们加强

① 欧盟委员会 2011 年 11 月关于《能源供应安全及国际合作通告》及《能源理事会结论实施情况报告》[COM（2013）638]。——原文注

② 2013 年 12 月 12 日通过的能源理事会报告《2013 年 5 月 22 日欧洲理事会的后续工作：对欧盟能源政策外部环境发展情况的审议》。——原文注

与伙伴国家合作的典型例子。同时，还需要确保其他部门对外政策的连续性，尤其是欧盟对外援助手段的战略规划，这有助于提高能源安全。欧盟对外行动署（European External Action Service，EEAS）发挥了重要作用，以便将能源纳入欧洲对外政策并协调成员国外事部门的行动。

除此以外，各成员国与第三方国家在能源领域签署协议时应完全遵照欧盟法规和欧盟能源供应安全政策。为了该目的，欧盟委员会及各成员国应充分利用欧洲议会和欧洲理事会于2012年10月25日通过的第994号决定，该决定建立了关于成员国与第三方国家在能源领域签订政府间协议的信息交换机制，尤其涉及到谈判过程中可能要制定标准条款和寻求对欧盟委员会的协助。此外，鉴于近期的经历，成员国及相关企业在达成或对能源供应安全和多元化选择产生影响的政府间协议前应尽早通知欧盟委员会，同时，在谈判过程中应征询委员会意见。这需要对欧盟2012年第994号决定进行审议。

一个需要特殊关注的领域是天然气。在天然气领域，欧盟加强与预期供应国在政治层面的交往将为达成商业交易铺平道路，同时不会损害欧盟竞争性内部市场的进一步发展。此外，在某些情况下，集中提出需求会增强欧盟的议价能力。

关于联合购买天然气问题，可参考欧洲原子能共同体供应机构的集体采购机制。在当前形势下，铀市场不存在供应安全风险，在该机制下商业伙伴可完全自由地进行交易洽谈。由欧洲原子能共同体供应机构共同签署的合同保证不会发生供应安全风险。如果某一合同危及到供应安全，该供应机构有权予以驳回。欧洲原子能共同体供应机构通过收到的通告和其他信息定期发布报告，提高了核燃料市场的透明度。

欧盟委员会将与成员国密切合作，研究是否能够制定出在照顾到能源安全的同时又提高市场透明度的有关天然气的程序。此外，需要评估自愿需求整合机制，该机制能够提高欧洲买方的议价能力。在制定实施这些措施时需格外注意应与欧盟贸易法规保持一致，可根据相关规定将候选国和潜在候选国纳入该程序。

关键措施

欧盟委员会将采取以下措施：

- 确保 2011 年 9 月对外能源政策通告中规定的措施得到执行；
- 对自愿需求整合机制进行评估，提高欧洲买方的议价能力，并且与欧盟贸易法规保持一致；
- 推动欧洲对外行动署运用系统的外交手段，支持对外能源政策目标的实现，增强能源政策和外交政策目标的一致性；
- 审议欧盟 2012 年第 994 号决定，建立关于成员国与第三方国家在能源领域签订政府间协议的信息交换机制。

成员国应采取以下措施：

- 各国充分利用欧盟委员会主持的现有论坛，在采取某一能源政策前相互告知；
- 各国在开始进行有可能对能源供应安全产生影响的政府间协议谈判前，应尽早告知委员会，并让委员会参与谈判，这样做可以确保达成的协议与欧盟法规保持一致。

结　论

过去几年，欧洲在能源安全方面取得了巨大进步，但在应对能源中断方面依然很脆弱。因此，《欧洲能源安全战略》提出了一系列具体措施，以增强欧洲对能源危机的承受力，减轻对能源进口的依赖程度。

欧盟能源安全是2030年气候和能源框架不可或缺的一部分，需要得到欧洲理事会的一致同意。向具有竞争性的低碳经济过渡，可以节制能源需求，促进可再生能源和其他本地能源的开发，从而减少对进口化石燃料的使用量。

在短期内：

1. 为了应对即将到来的冬季，欧盟必须更充分做好应对能源供应中断的准备。欧盟需要与成员国、监管机构、输电系统运营商开展合作，在对风险进行评估（能源安全压力测试）的基础上强化现行的应急和团结机制，以提高承受能力。欧盟还必须与国际伙伴进行接触，发展有关天然气和天然气设施使用的新团结机制；

2. 由占主导地位的供应国发起的基础设施建设投资，需要遵守欧盟所有内部市场及竞争法规，尤其应暂停“南溪”项目，直到其完全符合欧盟法规，并依据欧盟能源安全优先次序予以重新评估；

3. 欧盟应与邻国及伙伴国在能源共同体内开展密切合作，尤其是乌克兰和摩尔多瓦，以提高能源安全。因此，欧盟欢迎最近斯洛伐克共和国与乌克兰签订的有关回流问题的协议。

在中长期：

4. 欧洲需要建成一个运营更加良好、更加一体化的能源市场。应加速实施享有优先权的项目，并与现存的能源岛相结合，确保到2020年实现各成员国装机发电量的至少10％实现互联互通的既定目标。到2030年，各成员国应实现15％的目标；

5. 欧盟必须实现能源来源、供应国和输送线路的多样化，以降低对单一供应国的能源依赖程度。尤其要加强与挪威的合作，加快发展南部天然气走廊和地中海天然气枢纽站的建设；

6. 能源安全和向低碳经济的过渡应成为欧盟在2014年到2020年之间落实金融措施时需要优先考虑的事项，尤其是在实施“欧洲区域发展基金”（European Regional Development Fund）、“连接欧洲设施”计划（Connecting Europe Facility）、“地平线2020”（Hori-

zon 2020）和“欧洲近邻及伙伴关系工具”（European Neighbourhood and Partnership Instrument，ENPI）时。这些也应该成为欧洲对外干预措施的指导目标，例如近邻投资机构、西巴尔干投资机构、欧洲投资银行和欧洲复兴发展银行（European Bank for Reconstruction and Development）。

7. 各国的能源政策应该更加协调，以可靠应对能源安全带来的挑战。一国的能源结构和能源基础设施的决策对其他成员国和欧盟都会产生影响。成员国在制定长期的能源政策战略以及准备与第三方国家签署政府间协议时，应告知其他成员国和欧盟委员会。还需要进一步努力确保使能源目标和外交政策更好地相互配合，在与伙伴国对话时做到立场一致。

附录一　欧盟对从俄罗斯进口天然气的依赖程度（略）

附录二　重要供应基础设施项目的现状（略）

（译者：解放军外国语学院博士生　谢思强）

2014年度日本《防卫白皮书》*

防卫省和自卫队

2014年8月6日

2014年版《防卫白皮书》刊行寄语

防卫大臣　小野寺五典

今年，防卫省和自卫队迎来组建以来的第60个年头。去年末，我们召开了国家安全保障会议，并通过了我国首部国家安全保障战略以及以此为基础的新防卫计划大纲和中期防卫力整备计划。此外，为了坚决守护国民的生命及和平的生活，为了更加积极地为国际社会的和平与稳定作出贡献，我们于今年7月召开的内阁会议通过了建立无缝的安全保障法制以确保国家存立和保护国民的基本方针。在组建第60年的这一年，防卫省将踏出实现新的防卫力量应有状态的第一步。

防卫省和自卫队60年的历史，是我国走和平国家道路的历史。我国将立足基于国际协调主义的积极和平主义，继续坚持走和平国家的道路，维持我国的安全以及地区和国际社会的和平与稳定。

我国周边安全保障环境已经变得愈发严峻。旨在坚守国民的生命、财产以及领土、领海、领空的自卫队活动因此变得更加重要。

* 日本每年发行《防卫白皮书》2014年度是第40次。2014年版《防卫白皮书》的内容基本截止到2014年6月底。原文出自 http://www.mod.go.jp/j/publication/wp/wp2014/pc/2014/pdf/26_Boei_PDF.zip。——译者注

自就任防卫大臣以来，北至北海道、南至冲绳，我一直很注重尽量走访更多的现场。去年 12 月我访问了菲律宾，今年 5 月又作为我国防卫大臣首次访问了吉布提和南苏丹，对那些从事国际紧急援助活动、打击海盗行动以及维和行动的队员们进行了鼓励。自卫队员们虽身处恶劣的环境，却正在以严谨的纪律、高昂的士气认真执行着任务。

60 年间，围绕防卫省和自卫队的国内外环境发生了巨大变化，但依然有不变的东西。那就是，国家的防卫不能缺少国民的理解。基于这一信念，1970 年，时任防卫厅长官中曾根康弘创刊了《防卫白皮书》。1976 年以后，《防卫白皮书》每年刊行，此次迎来了刊行第 40 回的节点。每年刊行白皮书、说明防卫政策的国家，别无他国。由于持续刊行《防卫白皮书》，我国防卫政策的透明性也得到了国际社会的高度评价。为了使国民和各国更好地理解我国的防卫政策，我们不会满足现状，今后还将继续制作高质量的《防卫白皮书》。

今年的《防卫白皮书》，在卷头设置了特集，用以回顾《防卫白皮书》以及防卫省和自卫队走过的历程。关于新防卫大纲提出要构筑的“统合机动防卫力”，我们进行了浅显易懂的说明，并围绕安全保障法制的研讨等新话题进行了论述。此外，我们还想方设法使读者能够更加近距离地感受自卫队。希望今年的《防卫白皮书》能够得到更多人的阅读。

《防卫白皮书》刊行 40 回寄语

原防卫厅长官　原内阁总理大臣　中曾根康弘

我曾于 1970 年 1 月至翌年 7 月就任防卫厅长官（第 26 代）。在职期间，倾注心力所做的其中一件事就是创刊《防卫白皮书》。

在我就任长官之前，防卫厅就在讨论刊行白皮书，但一直未能实现。当时，由于国民意识中存在的厌战感和对过去军队的印象，针对自卫队的责难还很强烈。由于担心刊行白皮书可能会在国会上受到在野党的追究，更会招来国民不必要的疑心，厅内对刊行白皮书持谨慎态度的声浪非常顽强。对于历代防卫厅长官来说，白皮书在某种意义上是类似禁忌的存在。

我之所以推动刊行白皮书，是因为一种信念，即国家的防卫无论如何不能缺少国民的理解和积极的支持、协助。为此，当时的我主张将防卫厅和自卫队搬到“国民的广场”，希望广大的国民在茶余饭后讨论防卫问题。因此，我激励事务局并亲笔修改原稿，终于在1970年10月20日通过阁议发布了第一回的《防卫白皮书》。

《防卫白皮书》不断刊行，今年迎来了第40回。其间，国民看待自卫队的眼光发生了巨大变化。现在看来或许是难以置信的事情，第一部白皮书刊行的时候，国民对于防卫的理解和意识还十分低下，甚至出现了自卫官参加大学入学考试被拒绝入学的事件。然而，看到自卫队站在国家安全保障的最前线、执行防卫和救灾任务的英姿，如今的自卫队俨然已经成为深受国民信赖的组织。这对于那些希望自卫队受到理解、创刊《防卫白皮书》的人来说，可以说是无上的喜悦吧。

20世纪是战争的世纪，21世纪决不能重蹈悲剧。当今，世界局势处在大转换期，安全保障环境也随之呈现混沌状态。在此背景下，为了保护我国和世界整体的和平与繁荣，我国的防卫政策应该是什么样呢？可以说，与创刊时期相比，通过《防卫白皮书》在“国民的广场”讨论防卫问题的必要性变得更强。在谋求国民生活安心安全、期望世界和国家发展繁荣的意义上，我衷心希望有更多的国民阅览《防卫白皮书》。

第一章　围绕我国的安全保障环境

第一节　各国防卫政策

一、美国（略）

（一）安全保障政策和国防政策

1.《四年防务评估报告》（QDR）

（1）安全保障认识

（2）国防战略

（3）联合部队的平衡修正

2. 亚太地区再平衡

3. 核战略

4. 2015财年年度预算

（二）军事态势

1. 概况

2. 目前在亚太地区的军事态势

二、朝鲜半岛

在朝鲜半岛，同一民族的南北分裂状态已经持续了半个多世纪。现在，隔着非军事区（DMZ），约160万地面部队处于紧张对峙的状态。

处于这一状况之下的朝鲜半岛的和平与稳定，对我国乃至整个东亚地区的和平与稳定都是极为重要的议题。

（一）朝鲜

1. 概述

朝鲜，不管是在思想、政治、军事、经济还是其他任何领域，都标榜其基本政策是建设社会主义强国。为了实现这个目标，朝鲜采取了“先军政治”的政治方式。先军政治是“一种全面推进社会主义伟业的领导方式，它强调军队是革命的支柱，并以军事优先为基本原则，解决在革命和国家建设中出现的所有问题”。实际上，作为领导人的国防委员会第一委员长金正恩处于掌握军队的立场。他不仅在2014年1月的《新年贺词》中言及军事力量重要性时表示，“国防力量的强化是国事中的国事，只有强有力的枪，才有祖国的尊严、人民的幸福与和平”，还多次视察军事组织。由此可见，朝鲜重视并依赖军事的状况今后还将延续下去。

尽管朝鲜现在仍面临严重的经济困难，粮食等资源还依靠国际社会援助，但它却把资源重点分配给了军队，用以维持和强化战力和应急态势。而且，其大部分军力都部署在非军事区附近。2014年4月，朝鲜最高人民会议的公开声明显示，朝鲜该年度的军费占国家总预算的15.9%，据说这不过只是军费的一部分而已。

此外，朝鲜在继续开发大规模杀伤性武器和弹道导弹的同时，还保有数量庞大的特种部队，维持和强化所谓的非对称军事能力。同时，朝鲜还对包括我国在内的相关国家接连发起挑衅言行，尤其在2013年3—4月间，不仅强调对美国核先制攻击的权利行使，并点名指出我国具体的城市名，强调这些城市处在其弹道导弹的打击圈内。

朝鲜的这些军事举动对我国自不必说，对于整个地区和国际社会的安全保障来说，也是重大的不稳定因素。除了不允许朝鲜拥有核武器之外，还有许多必须关注的动向。例如，弹道导弹的开发及装备动向、朝鲜半岛的军事对峙、朝鲜大规模杀伤性武器和弹道导弹的扩散动向等。

由于朝鲜采用的是极其封闭的体制，很难确切掌握其详细的动向和意图，我国有必要继续对其保持密切关注。

2. 军事态势

（1）概况

朝鲜一直在按照四大军事路线（全军干部化、全军现代化、全民武装化、全境要塞化）增强军事力量。

朝鲜的总兵力约为120万人，以陆军为核心。朝鲜军队目前依然在维持和强化战斗力和应急态势，但其装备大多比较陈旧。

另一方面，朝鲜拥有大规模的特种部队，从事情报搜集、破坏工作乃至游击作战等各种活动。此外，朝鲜全境散布着许多与军事相关的地下设施，这也是其特征之一。

（2）军事实力

朝鲜陆军大约有100万人，约2/3部署在非军事区附近。其战力以步兵为主，还拥有包括超过3500辆坦克在内的装甲部队和火炮。据悉，朝鲜沿着非军事区长期配备240mm多管火箭炮和170mm自行火炮等长距离火炮，韩国包括首都首尔在内的北部城市和据点都在其射程范围内。目前，朝鲜仍在资源有限的状况下有选择性地试图增强常规战力，改良主力坦克和多管火箭炮等。

朝鲜海军拥有约650艘约10.1万吨的舰艇，但以高速导弹艇等小型舰艇为主。除了拥有约20艘“罗密欧”级潜水艇之外，还有约70艘小型潜水艇和140艘气垫登陆艇可用于协助特种部队潜入与运进。

朝鲜空军拥有约600架作战飞机，其中大部分是中国和苏联的旧式飞机，但也有为数不多的米格－29战斗机和苏－25攻击机等所谓的第4代战机。此外，还拥有许多较陈旧的安－2运输机可以用于输送特种部队。

作为所谓的非对称军事能力，朝鲜除拥有超过10万人的特种部队外，据说近年还非常重视和强化网络部队建设。

从维持并强化快速反应能力的观点出发，朝鲜军队正在积极实施各种训练。另一方面，在国内存在严重粮食匮乏问题的背景下，据说朝鲜军队还在进行所谓的支农活动，也被动员参与马息岭滑雪场等大规模建设工作，该工作由金正恩一手推进。

3. 大规模杀伤性武器和弹道导弹

朝鲜依旧保持着大规模的军事力量。然而，冷战格局的瓦解致使苏联等国对其军事援助有所减少，加上自身经济的萎靡共同造就了其国防支出的局限性。此外，韩国也在不断推进防卫能力的快速现代化。基于以上原因，同韩国和驻韩美军相比，朝鲜在常规战力上处于明显的劣势。因此，朝鲜希望可以通过集中增强大规模杀伤性武器和弹道导弹实力来弥补其劣势。

加上针对我国实施导弹攻击等挑衅言行，朝鲜的大规模杀伤性武器和导弹开发对于我国的安全来说构成了重大而紧迫的威胁。从大规模杀伤性武器的防扩散角度来看，这对于整个国际社会来说也是深刻的课题。

（1）核武器（略）

①近期围绕朝鲜核开发问题的主要动向

②核武器计划的现状

（2）生化武器（略）

（3）弹道导弹（略）

①毒蛇

朝鲜正在开发射程约为120km的短距离弹道导弹“毒蛇”。据说在朝鲜拥有和正在开发的弹道导弹中，“毒蛇”首次采用了固体燃料推进方式。

②飞毛腿

③芦洞

④大浦洞1

⑤舞水端

⑥大浦洞2

⑦KN08

在2012年4月和2013年7月举行的阅兵式上登场的新型导弹。具体情况不详，据说是洲际弹道导弹。与大浦洞2从固定发射台发射相对的是，KN08是TEL搭载式。其意图是增加预先掌握发射症候的难度，提高残存性。

⑧弹道导弹开发相关动向和展望

4. 内政

（1）金正恩体制的动向

在2011年朝鲜国防委员会委员长金正日逝世后，金正恩于2012年4月前，分别就任朝鲜人民军最高司令官、朝鲜劳动党第一书记以及国防委员会第一委员长，成为事实上的军、党、国家的领袖，在短时间内建立了新体制。体制过渡后，经常公布与党相关会议的召开以及决策事项等，消息称其正在推动着以党为中心的国家运营方式。另一方面，除了强调军力的重要性之外，他还多次视察军事组织。可以看出，国防委员会第一委员长金正恩今后仍将持续重视军事能力。

体制过渡后，以军队和内阁高层为中心的人事方面也发生了许多变化。据说，其目的是强化国防委员会第一委员长金正恩的权力基础。继2012年之后，2013年至2014年6月间也出现了许多人事变动。军队里主要的三个职位——总政治局长1度、总参谋长2度、人民武力部长2度发生变动。通过这些人事变动，军队里主要的三个职位全部都由金正恩提拔的人员来担任。

2013年12月，金正恩的姑父——国防委员会副委员长张成泽因从事“国家颠覆阴谋活动”被处以死刑。对类似监护人身份的张成泽执行死刑，金正恩的目的是强化以自己作为唯一领导人的体制。

目前，并未出现因人事变动而造成的混乱。在朝鲜，各式各样的国家活动和金正恩的现场指导都在有条不紊地进行。一般认为，新体制已经步入轨道。然而，由于张成泽被处以死刑所带来的忠诚心竞争的激化等原因，朝鲜方面产生了轻易发起军事挑衅行为的可能性，也增加了更多的不确定。另一方面，消息称，国内贫富差距扩大、外国信息的流入等因素导致朝鲜社会统治日益松散，从新体制的稳定性来看，这些问题非常引人注目。

（2）经济状况

在经济方面，由于社会主义计划经济的脆弱性，加之冷战结束后同苏联和东欧等国家经济合作的减少，朝鲜正面临慢性的经济衰退、能源与粮食不足等问题。特别是粮食问题，继续处在不得不依靠国外粮食援助的状况之下。

面对各种各样的经济困难，朝鲜一直在尝试推行有限度的经济改善政策，对部分经济管理系统进行改革，并同中国等国进行着经济合作课题研究。如今，金正恩除了屡次强调经济状况改善的必要性、宣布设置经济开发区外，还不断推进新的经济政策，例如扩大工厂对于生产和出售计划的定夺权限等。可见，朝鲜方面非常重视经济的重建。然而，朝鲜实施结构性改革的可能性较低，因为这种改革有可能会导致现有政治体制的不稳定。因此，从根本上改善经济现状势必将面临各式各样的困难。

5. 对外关系

（1）同美国的关系

美国明确表态要通过与其他国家的紧密合作促使朝鲜放弃核计划，希望通过六方会谈解决朝核问题。关于六方会谈的再次举行，美国表明了一贯的立场。那就是，朝鲜必须遵守 2005 年的六方会谈共同声明，并讨论能够改善南北关系的具体措施。

对此，朝鲜谴责美国，称其对朝的敌视政策和美朝两国间缺乏信赖关系都妨碍了朝鲜半岛的和平和无核化；并主张，为了构建信赖关系，美朝两国首先必须缔结和平协定。可见，美朝双方的立场依然存在着隔阂。2013 年 1 月，联合国安理会一致通过第 2087 号决议后，朝鲜认为美国的敌视政策正在步入更加危险的阶段，今后还存在围绕保障区域和平和安全进行对话的余地，但是在实现世界无核化之前不可能实现朝鲜半岛无核化，围绕朝鲜半岛无核化而展开的对话以后不会再有。可见，两国间立场的鸿沟依然未被填平。同年6月，作为国防委员会报告官重大谈话，朝鲜提议召开美朝高官级会谈。对此，美国依然坚持要求朝鲜必须以实现无核化为目标采取具体行动的立场，会谈无法得以实现。

朝鲜对美韩联合演习表达了强烈的排斥，认为这是美国对朝敌视政策的体现。针对同年3—4月间举行的美韩联合演习，加上对联合国安理会决议的排斥，朝鲜反复表达了诸如将《朝鲜停战协定》完全“白纸化”，暗示要对美国进行核先制攻击等强硬主张。在2014年2—4月实施美韩联合演习之际，朝鲜对美国表示强烈谴责的同时，还发射了多枚弹道导弹和多管火箭炮，并反复主张称今后作为自卫权利将继续发射导弹、增强核威慑力。

（2）同韩国的关系

在李明博的政权下，南北关系持续恶化，南北间时有发生导致军事关系紧张的事件。例如，2010年3月的韩国警戒舰沉没事件、同年11月的延坪岛炮击事件等。2013年2月朴槿惠政权起步后，朝鲜方面由于反对2013年1月的联合国安理会第2087号决议、3月的第2094号决议以及3—4月间的美韩联合演习，强硬主张称将全面废除南北互不侵犯的协议。持续到2013年4月的美韩联合演习结束后，朝鲜逐步缓和了针对韩国的挑衅言行，除了8月同意重开事实上已经停工的开城工业区之外，2014年2月又同韩国围绕时隔3年4个月实施南北离散家族重聚活动展开了对话。然而，从2014年2月末开始举行美韩联合演习后，朝鲜又实施了许多军事挑衅行为。例如，使用小型无人机侵犯韩国领空，在白翎岛和延坪岛所在的韩国西北岛屿地区进行大规模海上射击训练等。

此外，韩国和中国近年来不仅在经济方面，还在政治、外交方面展现出构筑合作关系的动向。在此状况下，一直以来反复进行对话和挑衅的朝鲜今后将对韩国采取何种政策，必须加以关注。

（3）同中国的关系

朝鲜和中国的关系自1961年缔结《中朝友好合作互助条约》起一直持续至今。目前，中国是朝鲜的最大贸易伙伴，2013年中朝两国的贸易总额再创历史新高。消息称，2013年中国占朝鲜贸易总额的约80％，朝鲜对于中国的依存度正在增高。从2011年6月开始，中朝两国在罗先经济贸易区和黄金坪·威化岛经济区不断推进共同开发和共同管理项目，貌似正在进行港湾设施和商业设施的建设工作。

关于朝鲜局势和核问题，中国声明支持朝鲜半岛无核化，并期待六方会谈的早日重开。此外，中国除了对联合国安理会的第2087号和2094号协议表示赞成外，还于2013年2月和4月发出通告称将按照决议彻底采取禁运措施。同年9月，针对那些有可能会被转用到大规模杀伤性武器上的物资和技术，中国还公布了向朝鲜禁运的清单，展现出履行对朝制裁决议的姿态。

另一方面，中国也展现出同朝鲜维持友好和合作关系的姿态。例如，同年6月，中国召开外交当局的中朝战略对话；同年7月，派遣李源潮副主席参加在朝鲜举行的朝鲜战争休战60周年纪念活动。

如上所述，中国对于朝鲜来说是极其重要的政治、经济伙伴，对朝鲜有一定的影响力。而围绕核、弹道导弹问题，朝鲜未必会采取同中国立场一致的行动。一直以来在与中国的经济合作方面发挥重要作用的张成泽副委员长也被处以死刑。基于以上原因，朝鲜和中国的关系以及中国对朝鲜的影响力，今后依然有必要加以关注。

（4）同俄罗斯的关系

朝鲜和俄罗斯的关系随着冷战的终结渐行渐远，但是两国于

2000年2月签署了《俄朝友好睦邻合作条约》。2011年8月，国防委员会委员长金正日（时任）访问俄罗斯，时隔9年举行了俄朝首脑会谈。除了在输气管道事业展开合作等方面达成共识之外，在金正恩体制过渡后的2012年9月，双方还签订了协定，旨在消除朝鲜方面90%的对俄债务，可见两国保持了友好关系。2013年9月，连接俄罗斯远东沿海地区城市哈桑和朝鲜东北部的罗津港的铁路正式开通。

关于朝鲜核问题，俄罗斯和中国一样，声明支持朝鲜半岛无核化，并期待六方会谈的早日重开。2013年2月朝鲜实施核试验后，俄罗斯发表了谴责核试验的声明，同时也对有可能会影响双方正常贸易和经济关系的对朝制裁措施表示了反对。

（5）同其他国家的关系

自1999年起，朝鲜不断尝试同西欧各国构筑关系，希望与欧洲各国建立外交关系，并参加了东盟地区论坛部长级会议。据称，朝鲜和伊朗、叙利亚、巴基斯坦、缅甸、古巴等国，在武器贸易和武器技术转让等军事领域方面都有合作关系。2013年4月，朝鲜试图向叙利亚出口防毒面具，被土耳其当局制止。同年7月，从古巴驶往朝鲜的朝鲜船只“清川江”号，在巴拿马运河附近遭到巴拿马当局的扣留，米格－21战斗机和地对空导弹系统等违反联合国制裁决议的货物被没收。

（二）韩国和驻韩美军（略）

1. 概况

2. 韩国的国防政策和国防改革

3. 韩国的军事态势

4. 美韩同盟和驻韩美军

5. 对外关系

三、中国（略）

（一）概述

（二）军事

1. 国防政策

2. 军事透明度

3. 国防开支

4. 军事态势

（1）核力量及导弹战力

（2）陆上战力

（3）海上战力

（4）航空战力

（5）太空的军事利用和网络战能力

5. 在海洋的活动

（1）概况

（2）在我国周边海域的活动状况

（3）在我国周边空域的活动状况

（4）在南海和印度洋的活动状况

（5）在海洋活动的目标

6. 军队的国际活动

7. 教育训练状况

8. 国防产业部门的状况

（三）对外关系等

1. 概况

2. 同台湾的关系①

---

① 日本的《防卫白皮书》中，将中国大陆同台湾的两岸关系列入中国的“对外关系”小节当中进行介绍，译者在翻译过程中并未对文章结构进行调整，特此说明。—译者注

3. 同美国的关系

4. 同俄罗斯的关系

5. 同其他各国的关系

（1）同东南亚各国的关系

（2）同中亚各国的关系

（3）同南亚各国的关系

（4）同欧盟各国的关系

（5）与中东和非洲各国、太平洋岛国以及中南美各国的关系

6. 武器的国际转移

（四）台湾的军事实力

四、俄罗斯（略）

（一）概况

（二）安全保障和国防政策

1. 基本态势

2. 军队改革

（三）军事态势和动向

1. 核战力

2. 常规战力等

（四）我国周边的俄罗斯军队

1. 概况

（1）核战力

（2）陆上战力

（3）海上战力

（4）航空战力

2. 部署在北方领土的俄罗斯军队

3. 在我国周边的活动

（五）对外关系

1. 概况

2. 同亚洲各国的关系

3. 同独联体的关系

4. 同美国的关系

5. 同欧洲以及 NATO 的关系

6. 武器出口

五、东南亚

（一）概况（略）

（二）各国的安全保障和国防政策（略）

1. 印度尼西亚

2. 马来西亚

3. 缅甸

4. 菲律宾

5. 新加坡

6. 泰国

7. 越南

（三）各国军队的现代化（略）

（四）围绕南海的动向（略）

（五）区域内合作（略）

六、南亚（略）

（一）印度

1. 概况

2. 军事

3. 对外关系

（1）同巴基斯坦的关系

（2）同美国的关系

（3）同中国的关系

（4）同俄罗斯的关系

（二）巴基斯坦

1. 概况

2. 军事

3. 对外关系

（1）同印度的关系

（2）同美国的关系

（3）同中国的关系

七、澳大利亚（略）

（一）概况

（二）安全保障和国防政策

（三）对外关系

1. 同美国的关系

2. 同中国的关系

3. 同东南亚各国的关系

4. 同南太平洋各国以及东帝汶的关系

5. 海外活动

八、欧洲（略）

（一）概况

（二）多国间安全保障框架的强化

1. 北约—欧盟安全保障和防卫政策

2. 北约—欧盟区域外活动

（三）欧洲各国的安全保障和防卫政策

1. 英国

2. 法国

3. 德国

第二节　国际社会的课题

一、中东和非洲的地区冲突以及国际社会的应对

（一）概况

近年来，世界各地发生的地区冲突其性质未必相同。起因可能是民族、宗教、领土或资源等问题，而气候变化等全球性问题所带来的影响也可能成为冲突的导火索。这些冲突的样态各异，从武力冲突到军事对峙不一而足。伴随冲突而产生的人权侵犯、难民、饥饿、贫困和恐怖主义也有可能成为国际问题。因此，在一国或一地区发生的战乱或安全保障方面的问题，直接扩大成为整个国际社会共同面对的安全保障方面的课题或者不稳定因素的风险正在不断增大。

特别是在中东和非洲，各种不稳定因素同时存在，各地正在发生着地区冲突。在那些政局不稳定、统治力脆弱的国家，国境管理不够，恐怖组织成员、武器以及成为恐怖组织资金来源的毒品纷纷越过国境，不断移动，这些都成为地区的威胁。同时，该区域还发生过冲突当事者们在通过和平协商停战后再度爆发冲突的状况。2011年规范化的“阿拉伯之春”推动了中东和北非各国施行民主主义体制。然而，其中也有些国家因为政权交替造成政治混乱，从而招致部族间、宗派间、党派间的对立。在此背景下，以年轻人为中心的国民对于经济和社会差别以及高失业率等问题十分不满。在马里、中非、刚果等地，由于脆弱的政治体制，国民在政治和经济问题上的不满，领土或资源问题的对立，都是发生地区冲突的诱因。

对于国际社会而言，认清这些复杂多样冲突的本质，研究应该采取的措施和干预方法，探索适当的对策更加重要。

冷战结束后，在此之前并未充分发挥作用、取代集体安全保障措施而实行的联合国维和制度被赋予很高的期待，联合国开展了多项维和行动。近年来，这些行动涉及的领域广泛，除了监督停火、撤军等传统任务外，还拓展到包括监督解除武装、治安部门的改革、监督选举及政府、对难民归还实施人道支援等平民和警察活动在内的广大领域。由于平民保护、和平构筑等任务的重要性不断增强，有一些活动根据《联合国宪章》第7章的规定被赋予了很高的权限。另一方面，联合国维和行动正在面临确保机械材料、确保要员安全、提升部队能力等课题。

此外，不仅在维和框架内，由联合国安理会决议授权的多国部队和地区机构也在进行着防止冲突、维持和平、构建和平等活动。在非洲，非洲联盟（AU）等地区组织也根据联合国安理会决议实施行动，之后联合国维和行动继续履行权限。此外，国际社会正在从促进非洲各国自助努力的长期观点出发，献计献策、支援训练、提供装备等，目的是强化当地政府机构职能、提升军队和治安机构能力。

（二）各地冲突的现状和国际社会的应对（略）

1. 阿富汗局势

2. 中东和平相关局势

3. 叙利亚局势

4. 埃及局势

5. 苏丹和南苏丹局势

6. 索马里局势

7. 马里局势

8. 中非局势

二、大规模杀伤性武器的转移和扩散

核生化（NBC）武器等大规模杀伤性武器及其运载手段、弹道导弹的转移与扩散问题，一直被认为是冷战后的重大威胁之一。特别是那些传统的控制方式很难发挥有效作用的恐怖分子等非国家行为体，他们获取并使用大规模杀伤性武器的情况依然令人担忧。

（一）核武器

在美苏冷战最盛期的 1962 年爆发了古巴导弹危机，两国之间爆发全面核战争的危险性世人共知。在 1970 年生效的《不扩散核武器条约》的影响下，除了 1966 年以前进行过核试爆的国家外，其他国家被禁止拥有核武器，同时相关国家也开始通过相互交涉的方式管理并削减核武器。

目前已经有 190 个国家在《不扩散核武器条约》上签字。有的国家过去曾经拥有核武器，现在已将其放弃并作为无核国家重新加入。而印度、以色列和巴基斯坦等国至今依然拒绝作为无核国家加入。也有一些国家，像曾于 2006 年 10 月、2009 年 5 月以及 2013 年 2 月公布进行核试验的朝鲜一样，对外宣称正在开发或拥有核武器。

2009 年 4 月，美国总统奥巴马发表旨在实现无核世界的演说，表明了将采取如下具体措施的决心：美国在保持核威慑的同时，减少核武器在美国国家安全保障中的作用；与俄罗斯缔结新条约，以取代美俄《第一阶段削减战略武器条约》（START I）；谋求批准《全面禁止核试验条约》（CTBT）等。奥巴马的演说推动了国际社会向核不扩散与核裁军的方向发展。

2010 年 4 月，美俄两国总统在取代《第一阶段削减战略武器条约》的新的削减战略核武器条约上签字，2011 年 2 月新条约生效。为了降低核恐怖主义的威胁，2010 年 4 月在华盛顿召开的核安全峰会通过决议，规定在未来 4 年内将采取措施彻底解决所有脆弱核物质的管制问题。在同年 5 月召开的《不扩散核武器条约》落实评估会议上，就条约的三大支柱——核裁军、核不扩散与和平利用原子能等问题，通过了包含未来具体行动计划在内的最终文件。2012年3月在首尔召开的第2次核安全峰会通过了首尔公报，内容包含国际社会为了保证核安全而应该采取措施解决的课题，例如核物质的管理、运输以及不正当交易、核鉴别等。

2013年6月，美国总统奥巴马在柏林发表演说，表示将同俄罗斯围绕削减美国已部署战略核武器数量的1/3等问题进行磋商。2010年10月，英国在《战略防卫和安全保障评估》（SDSR）中表示，将削减现有核弹头数量。

由此，国际社会向核不扩散与核裁军的方向迈出了坚实的一大步，这有利于国际安全环境的改善，我们对此表示欢迎。另一方面，中国不仅增加现有核弹头数量，还持续开发和配备运载手段，努力提高核战力。今后，必须在削减中国等国的核武器问题上作出努力。

（二）生化武器

生化武器不仅造价低、制作简单，其所需的物资、器材、技术中有很多是军地两用的，所以极易伪装。例如，用于淡化海水的过滤器能够用来提取细菌，进而制造生物武器。用在金属镀覆工程上的氰化钠能够用来制造化学武器。因此，对于那些追求非对称攻击手段的国家和恐怖分子等非国家主体而言，生化武器颇具吸引力。

生物武器具备如下特征：第一，制作简单，造价低；第二，从外泄到症状显现通常有数日的潜伏期；第三，使用后的状况很难被察觉；第四，即使不使用，也能给对手造成巨大的心理压力；第五，根据种类和使用状况，会造成巨大伤亡。

关于生物武器，有人指出生命科学的进步使误用、滥用成为可能。鉴于这种担忧，2009年11月，美国制订了应对生物武器扩散以及恐怖分子使用该武器的方针，采取措施彻底管理病原菌和毒素。

关于化学武器，伊拉克曾在两伊战争中反复使用芥子气、塔崩和沙林毒气。1980年代后半期，伊拉克还使用化学武器镇压国内的库尔德人，据说其中还有毒性较强的VX神经毒气和较易管理的二元弹。2013年8月，军队和反政府武装在叙利亚大马士革郊外发生冲突，其间使用了沙林毒气。虽然叙利亚政府否认使用化学武器，但经过美俄交涉，其最终加入了《禁止化学武器公约》（CWC）。之后，按照禁止化学武器组织（OPCW）和安保理事会的相关决议，采取了一些措施，例如将化学制剂向国外转移等。

仍有部分国家既不加入CWC，也持有化学武器，例如朝鲜。1995年发生在我国的地铁沙林毒气事件，2001年和2004年2月分别发生在美国的炭疽病菌和蓖麻毒素邮件案等都表明，恐怖分子使用大规模杀伤性武器所带来的威胁是很现实的；而在城市使用大规模杀伤性武器的恐怖事件，将造成深刻的影响。

（三）弹道导弹等

弹道导弹不仅能将重物投射到远方，还可作为核生化武器等大规模杀伤性武器的运载工具。此外，它还具有一旦发射，将按照弹道轨道飞行，以高角度和高速度下落等特征，因此为了有效应对必须拥有精度极高的迎击系统。

如果在武力冲突持续不断的地区配备弹道导弹，冲突被激化和扩大的危险会更大，军事对峙地区的气氛势必更加紧张，整个地区将会变得更不稳定。此外，弹道导弹还可作为对常规力量占优势的国家进行远距离攻击或威吓的手段。

近年来，除了弹道导弹威胁，巡航导弹所带来的威胁也不容忽视，因为后者更容易被恐怖分子等非国家主体获取，其扩散问题同样令人担忧。与弹道导弹相比，巡航导弹不仅造价更低，保养与训练也更容易，许多国家都能进行制造和改造。另一方面，它的命中精度更高，飞行时难以探知。此外，与弹道导弹相比，它个头较小，可以藏匿在船舶之中，偷偷接近攻击对象。如果在弹头中搭载大规模杀伤性武器，将会造成深刻威胁。

（四）大规模杀伤性武器转移与扩散的担忧扩大

即便有些国家是出于自卫目的才购买或开发某些武器，但一旦其国内生产步入轨道，这些武器就很有可能会被出口或转移。例如，大规模杀伤性武器和相关技术，正从那些无视政治风险的国家转移到那些因资源无法投入到常规力量、希望通过大规模杀伤性武器进行补充的国家手中。在寻求获得大规模杀伤性武器的国家中，有一些是政府统治能力偏低的国家，主要体现在：对于将本国和国民暴露在危险之中的抗拒较少，国际恐怖组织在其国内的活动十分活跃等。因此，在这些情况下，大规模杀伤性武器被实际使用的可能性很大。

此外，由于这些国家针对相关技术和物质的管理体制本身就不完善，化学物质或核物质转移或外流的可能性更高，这是令人十分担忧的。例如，即便是不懂技术的恐怖分子，如果获得了放射性材料，也能使用脏弹作为攻击手段。对于恐怖分子等非国家主体获取并使用大规模杀伤性武器的问题，各国都很担心。

据说，巴基斯坦从20世纪70年代便开始进行核开发。可以确定的是，2004年2月，A. Q. 汗博士等人将巴基斯坦以铀浓缩技术为核心的核技术转移给了朝鲜、伊朗和利比亚。

关于朝鲜，2002年10月时任美国助理国务卿的詹姆斯·凯利在访问朝鲜时表示，朝鲜承认存在用于核武器的铀浓缩计划，这表明朝鲜不仅在开发基于钚的核武器，还有可能在推进基于铀的核武开发。2010年11月，朝鲜向到访的美国专家开放了铀浓缩设施。这所工厂已为供应轻水反应堆的燃料装备了数千台离心机。不仅如此，朝鲜据说还在为叙利亚秘密进行的核活动提供支持。

国际社会对于大规模杀伤性武器的转移和扩散问题展现出不轻易妥协的强硬姿态，这对那些将进行大规模杀伤性武器相关活动的国家造成巨大压力，直接导致部分国家接受了国际机构的审查，或者放弃了大规模杀伤性武器计划。

弹道导弹的转移和扩散也十分显著。除苏联等国向伊拉克、朝鲜、阿富汗等许多国家和地区出口了“飞毛腿B”之外，中国出口“东风3”（CSS－2）、朝鲜出口“飞毛腿”，导致目前许多国家都有了这些武器。尤其是据说巴基斯坦的“高里”以及伊朗的“流星3”都是以朝鲜的“芦洞”为基础的。

（五）伊朗核问题

自20世纪70年代起，伊朗便打着按照《不扩散核武器条约》和平利用原子能的旗号，借助海外协助推进核电站的建设计划。然而到了2002年，伊朗政府的反对派公开披露了伊朗正在秘密建设大规模铀浓缩设施。国际原子能机构经调查发现，在未向其申告的情况下，伊朗长期从事与核武器开发相关的铀浓缩活动。2005年9月，国际原子能机构理事会认定伊朗违反了保障措施协定。

2009年9月，伊朗没有按照与国际原子能机构缔结的保障措施协定履行其申告义务，在中部库姆近郊建造新的铀浓缩设施。2010年2月，伊朗声称为了给制造医疗用同位素的研究用的原子炉提供燃料，开始进行浓缩活动，旨在将铀浓度由5％以下提高到20％左右。2011年12月，该浓缩作业也开始在上述新建的铀浓缩设施中进行。关于伊朗的核开发活动，国际原子能机构担心它有诸如导弹弹头开发等军事层面的可能性。由于伊朗并没有为了打消国际社会的担忧而采取必要的合作措施，例如伊朗不允许国际原子能机构调查团进入疑似使用高性能炸药进行实验的军事设施等，所以国际原子能机构表示无法获得确凿证据以证明伊朗核开发是出于和平目的。

伊朗声称其并无开发核武器的意图，所有的核活动皆以和平为目的。然而，国际社会对于得不到确凿证据深表担忧，多次在联合国安理会决议和国际原子能机构理事会决议中要求伊朗停止一切浓缩和再处理活动。

关于该问题，美国和欧盟分别对伊朗强化了制裁力度。2011年

12月，美国制定相关法律，规定在美国国内禁止那些与伊朗中央银行等伊朗的金融机构有相当规模交易的第三国的金融机构开设和保持户头。2012年1月，欧盟决定禁止从伊朗进口原油和石油化学制品。另一方面，伊朗开始同国际原子能机构调查团展开协商，旨在解决未解决的问题。2012年4月，伊朗再次同“欧盟3＋3”（英、法、德、美、中、俄）展开磋商（之前曾就核问题进行过谈判），但是在艾哈迈迪内贾德前总统的推动下并未取得较大的进展。

2013年6月，在伊朗的总统选举中，候选人鲁哈尼胜出。新政权在最高领导人哈梅内伊的支持下，继续推进同“欧盟3＋3”的磋商。最终于2013年11月达成旨在全面解决核问题的协议——《联合行动计划》。2014年1月开始执行该计划第一阶段的措施。

同年11月，以色列总理内塔尼亚胡对此表示，允许伊朗进行浓缩活动的协议是“历史性错误”，表现出其强烈反对缓和制裁的立场。

虽然伊朗及其周边地区在军事方面的动向并没有特别的变化，但是我国约八成的原油都是从中东地区进口，该地区的和平和稳定对于我国十分重要，因此必须持续关注相关动向。

三、国际恐怖主义的动向

（一）概况

由于全球化的不断发展，对于越过国境活动的恐怖组织来说，在组织内以及和其他组织进行情报共享和合作、确保地理上的进入、获得武器等方面都变得更加容易。在此背景下，伊斯兰激进派等恐怖组织正在以那些政局不稳定、统治能力脆弱的国家和地区为中心实施着恐怖活动，其活动目的和能力却各不相同。部分恐怖组织主要通过走私、绑架等犯罪手段获取资金。

关于被认为主导了“9·11”事件的“基地”组织，一直潜伏在巴基斯坦的领导人奥萨马·本·拉登于2011年5月在美国组织实施的一次行动中被击毙。然而，这并不能完全摧毁“基地”组织实施攻击的可能性。据说，在“基地”组织指挥部门指挥控制能力不断衰退的同时，将“基地”作为其名称一部分的一些组织正在扩充势力。他们主要以北非和中东地区为据点实施恐怖活动。

那些据说和“基地”有关的组织以及其他伊斯兰激进派恐怖组织，除了在上述区域外，还在南亚、东南亚等地实施着恐怖活动。尤其在阿尔及利亚、利比亚、马里、伊拉克、埃及、叙利亚等地，据说这些组织有能力越过管理不严的国界，在没有据点的国家实施恐怖行动。有消息指出，这些组织已经获得了利比亚卡扎菲政权垮台之际扩散的大量武器。

近年来，还有一些虽与“基地”组织网络无正式关系，但受其思想影响的团体和个人也成了恐怖活动实施的主体。这些所谓的“本土恐怖分子”所造成的威胁十分令人担忧。

欧美各国还十分担心，在叙利亚、索马里等冲突区域参加战斗的本国国民，因被灌输了过激思想，可能会在回国后实施恐怖活动。

在上述恐怖威胁不断扩散的同时，实施恐怖活动的主体也变得日益多样，国际反恐变得愈发困难。因此，围绕反恐对策开展的国际合作变得愈发重要。

（二）世界各地发生的恐怖袭击事件

伊拉克继续面临恐怖袭击的威胁。例如，2011 年 12 月美军撤离后，以政府高官、外国人和治安当局为目标的恐怖袭击事件时有发生；被美国务院认定为恐怖组织、同样活跃在邻国叙利亚的“伊拉克和黎凡特伊斯兰国”（ISIL）控制着伊拉克西部城市等。在此背景下，2014 年 1 月，美国为了提高伊拉克政府的反恐能力，表示将向其出售攻击直升机和空对地导弹等。同年 6 月，“伊拉克和黎凡特伊斯兰国”的武装势力袭击伊拉克北部城市摩苏尔，不仅占领了该市，还以巴格达为目的地开始南进。伊拉克政府为了阻止其进攻巴格达，军队不仅实施了空中轰炸，还动员了民兵组织。另一方面，美国一面否认派遣战斗部队，一面扩大对伊拉克政府的支援。例如，在波斯湾部署“乔治·布什”号航母，向伊拉克派遣军事顾问团等。

近年来，也门多次发生袭击外交团、治安当局的恐怖事件。2010年10月，从运往美国的数件航空物品中发现爆炸物，经判明这些物品都是从也门寄出的。有人认为，该事件是由“基地”组织的相关机构实施的。此外，“阿拉伯半岛的基地组织”（AQAP）的活动仍在持续。

在利比亚，伊斯兰激进势力于2012年9月袭击了美国驻班加西的总领事馆，包括大使在内的4名美国人遇害。2014年1月，据说参与该事件的“安萨尔阵线”（Ansar al-Sharia），被美国务院指定为恐怖组织。美国和北约表示将为利比亚训练军队或派遣军事顾问团，以提高利比亚政府的治安能力。

在阿尔及利亚，2013年1月，据说从“伊斯兰马格里布基地组织”（Al-Qaeda in the Islamic Maghreb，AQIM）脱离出来的一个伊斯兰激进派组织袭击了该国东南部的艾因阿迈纳斯（InAmenas）的天然气工厂，包括10名日侨在内的多名人员遇害。该组织在此之前曾实施过绑架人质事件，主要目标是阿尔及利亚人和欧美人。同年6月，在马里以及利比亚的国境附近，阿尔及利亚军和武装集团发生了枪战，恐怖威胁依然存在。

在马里，2013年1月，马里政府军实际控制了该国北部，据说和“基地”组织有关联的“伊斯兰卫士”（Ansar al-Dine）宣布要展开报复恐怖行动。法国军队在此之前曾在马里临时政府的请求下攻击过该组织。目前这种恐怖威胁仍在持续。

在索马里，2012年11月新政府起步。但是“青年党”（Al-Shabab）和政府军以及非洲联合索马里代表团（AMISOM）之间的战斗依然存在。“青年党”据说和“基地”组织有联系，而且实际控制了索马里的部分地区。2013年9月，作为对邻国肯尼亚派兵索马里的报复，该组织袭击了该国首都内罗毕的商业设施，包括外国人在内的多人遇害。2014年5月，向索马里派兵的吉布提首都吉布提发生自爆恐怖袭击事件，“青年党”发布犯罪声明，依然是该地区的威胁。

在尼日利亚，2010年以后，以建设伊斯兰国家为目的的“波可哈兰”（Boko Haram）多次实施恐怖袭击，以报复警察的取缔行动。2011年8月，发生了以首都阿布贾的联合国大楼为目标的自爆恐怖袭击事件，“波可哈兰”对此发表犯罪声明。2013年5月，据说尼日利亚政府向东北部的三个州发布了非常事态宣言，出动军队开始扫荡。2014年4月，在东北部的博尔诺州，“波可哈兰”绑架了200名以上的女学生。对此，国际社会采取了应对措施。例如，美国为了支援尼日利亚政府的搜索活动派遣了无人机，联合国安理会制裁委员会将“波可哈兰”纳入制裁对象。

长期以来，南亚一直是恐怖袭击事件的高发区。特别是在巴基斯坦，“巴基斯坦的塔利班”（TTP）、“基地”等组织也发生多起以宗教设施和政府机关等为目标的恐怖袭击事件。

在东南亚，各国在取缔恐怖组织方面取得了一些进展。在菲律宾，国内治安方面最大的难题——伊斯兰极端派恐怖组织“阿布·萨耶夫组织”（ASG）等恐怖组织正在逐渐衰落。

在美国，2013年4月，波士顿的马拉松赛场发生爆炸，造成3人死亡、多人受伤，据说是典型的本土成长恐怖分子实施的。

四、宇宙空间和安全保障（略）

（一）宇宙空间和安全保障

（二）各国出于安全保障利用宇宙空间的动向

1. 美国

2. 俄罗斯

3. 欧洲

4. 中国

5. 印度

6. 韩国

五、网络空间动向

（一）网络空间和安全保障

由于近年来信息通信技术（ICT）的发展，互联网等信息通信网络正成为人们生活各个方面不可或缺的事物。另一方面，针对作为重要基础设施的信息通信网络所展开的攻击行为，会给人们的生活造成深刻影响。

网络攻击有许多类型。例如，通过非法潜入或者发送邮件等方式给信息通信网络植入病毒，从而造成机能障碍或者信息的篡改、窃取；同时传输大量数据造成信息通信网络的机能障碍等。互联网相关技术的进步日新月异，网络攻击也日趋高级化和复杂化。网络攻击具有如下特征：

第一，多样性：实施者、手法、目的、状况等方面都多种多样。

第二，匿名性：实施者的隐蔽和伪装都容易。

第三，隐密性：难以察觉攻击的存在，连意识到受害都很困难。

第四，攻击方的优越性：某些手法、攻击手段的获取很容易；完全排除软件的脆弱性很困难。

第五，控制的困难性：通过报复攻击和防御方的对策所得到的控制效果很小。

对于军队来说，信息通信是从指挥中枢到末端部队实行指挥控制的基础。由于ICT的发展，军队对信息通信网络的依赖程度正不断增加。由于军队对信息通信网络存在这种依赖性，网络攻击被赋予利用敌军短板、削弱敌军优势的非对称战略地位。据悉，很多外国军队都在开发网络空间的攻击能力，并以情报搜集为目的入侵他国的信息通信网。

因此，网络安全已经成为各国安全保障方面的重要课题之一。

（二）网络空间威胁的动向

在上述状况下，针对各国政府机构和军队等部门信息通信网的网络攻击时有发生。

2008年，计算机病毒通过移动存储介质，入侵处理美国中央司令部秘密情报的网络，相关情报有外泄的可能，安全形势一度严峻。据悉，俄罗斯参与了该案件。关于俄罗斯，据说军队、情报机构、治安机构都参与了网络攻击，军队方面还正在讨论创建网络司令部和招募黑客。

2013年3月，韩国的电视局、金融机构遭到网络攻击。同年6—7月，韩国总统府、政府机构、电视局、新闻社遭到网络攻击。关于这些事件，韩国政府表示，同朝鲜之前的网络攻击手法一致。关于朝鲜，消息称其政府机构参与了网络攻击，并在全国范围内培育相关人才。

2010年6月，名为“震网”、拥有高度复杂构造的计算机病毒被发现。之后，高级病毒多次被发现。

此外，供应链风险问题也被指出。例如，企业所提供的产品可能被植入经故意、非法改造后的程序。

针对政府和军队的信息通信网以及重要基础设施的网络攻击，会对国家的安全保障造成重大影响。有消息称政府机构也参与其中，因此必须持续关注网络空间相关威胁的发展动向。

（三）网络攻击的对策

鉴于上述网络空间威胁的增大，各国政府层面和包含国防部在内的相关部厅层面，都在进行着各种努力。

近年来，网络攻击已成为新的安全保障问题。为了有效应对网络攻击，有许多问题亟待处理。例如，在规范国家网络空间行为和国际合作方面，尚未达成广泛共识。带着这些问题意识，国际社会已经开始展开讨论，例如根据国际共识制订统一的行为规范等。

1. 美国

2011 年 5 月发表的《网络空间的国际战略》，提出了美国对网络空间未来的构想。为了实现该构想，该文件为美国开展与各国政府和国民的合作设定了议程。此外，该战略还指出应该优先发展的 7 大政策领域，分别是：经济、网络防护、执法、军事、互联网治理、国际能力构建以及互联网自由。

在美国，联邦政府的网络以及重要基础设施的网络防护问题主要由国土安全部负责，该部的国家网络安全局（NCSD）负责整体的综合协调。

作为国防部的举措，2014 年 3 月发布的《四年防务评估报告》指出：网络威胁对于美国的国家利益来说是风险。它由个人、组织、国家等多样主体构成。非法入侵国防部和产业网络和基础设施，将使美国和同盟国以及友好国家的重要基础设施暴露在威胁之下。基于这种认识，美军的网络战能力被定位成在本土防卫问题上应该保持的重要领域。美国将继续确保和培育人才、扩充网络任务部队。

2011 年 7 月发表的《美国防部网络战战略》指出：关于网络威胁的认识，除了外国实施的网络攻击，即外部威胁之外，还有内部人士实施的内在威胁；敌对者有可能正在寻求干扰国防部的网络和系统等。在此基础上，为了应对网络威胁，该文件还提出了五大战略构想：第一，把网络空间定位成和陆海空天一样的作战领域，最大限度地利用网络空间的潜力；第二，为了防卫国防部的网络和系统，采用新的防卫作战理念；第三，为了使得政府整体的网络安全战略成为可能，与其他部厅和民间部门展开合作；第四，为了强化网络安全，与同盟国及伙伴国构建稳固的关系；第五，通过网络领域的优秀人才以及快速的技术革新，强化国家创新意识。

在组织机构方面，战略司令部麾下的网络司令部统管陆海空军及海军陆战队的各网络部队，负责网络空间作战。随着任务的扩充，美国将扩充该组织。除了现有的负责运用和保护国防部信息环境的

“网络防卫部队”外，美国还将在2015年9月前组建“网络国家任务部队”，协助保护美国免受国家层面的威胁；组建“网络作战任务部队”，协助规划联合部队实施积极的网络攻击能力的进程。2014年2月，美国陆军司令部发布名为“网络电磁活动”（Cyber Electromagnetic Activity）的声明，推进指针的制定。

2. 北约

2011年6月，关于网络防卫的北约新政策和行动计划得以通过。该计划确定了如下原则：第一，明确了关于网络攻击，北约在政治上以及运用上的应对机制；第二，北约支援各盟国构筑网络防护以及当盟国受到网络攻击时进行支援；第三，同伙伴国展开合作。

在组织机构方面，北大西洋理事会（NAC）在政治上监督北约关于网络防护的政策和作战行动。新成立的安全保障课题局（ESCD）负责制定网络防卫相关的政策和行动计划；北约网络防卫中心（CCDCOE）被批准作为北约网络防护的研究和训练机构。

从2008年开始，北约每年都实施网络防卫演习以提高网络防卫能力。

3. 英国

2011年11月，英国发布新的《网络安全战略》，在设立了在2015年以前要实现的目标的同时，规定了具体的行动计划，例如强化能力、制定规范、与外国展开合作、人才培育等。

在组织层面，在内阁府中设置网络安全暨情报保证部（OCSIA），负责政府整体的网络安全战略的立案和协调；在政府通信本部（GCHQ）设立网络安全运用中心（CSOC），负责网络空间的监视等。

在国防部层面，决定在2012年4月前临时设置国防网络作战小组（DCOG），对国防部内部的网络活动进行一元化管理；2015年3月之前该组织将具备完全的运用能力。

4. 澳大利亚

2013年1月，澳大利亚公布首部《国家安全保障战略》，将网络政策和联合作战作为其国家安全保障方面的最优先课题之一。

在组织层面，在网络政策调整官（CPC）下设置网络政策小组（CPG），负责调整、概括政府整体的网络安全政策。澳大利亚通信电子局（ASD）的网络安全运用中心（CSOC）向政府提供关于网络空间高度威胁的分析，并在处理涉及政府机构和重要基础设施等重大网络安全案件时负责协调和支援工作。

5. 韩国

2011年8月，韩国制定《国家网络安全总体规划》。该规划除了明确国家情报院在处理网络攻击方面的总括职能之外，还指出将重点推进预防、检测、应对、制度、基础5个领域的建设。在国防部门方面，2010年1月韩国设立网络司令部，负责网络空间作战的计划、实施、训练和研发工作。该机构目前属于韩国国防部的直属部队。

六、军事科学技术以及防卫生产和技术基础相关动向（略）

（一）军事科学技术的动向

（二）防卫生产和技术基础的动向

第二章　我国的安全保障和防卫政策

第一节　我国的安全保障和防卫的基本构想

一、确保我国安全保障的方略

为了保证一国自主决定其政治、经济和社会方式，坚守其文化、传统和价值观，必须捍卫国家的独立。然而，和平、安全和独立，仅靠愿望是难以确保的。虽然，通过外交创造稳定且易于洞察的国际环境，将威胁防患于未然是国家安全保障的要诀，但从国际社会的现实来看，仅仅依靠非军事手段的努力，未必能将外部侵略防患于未然；一旦受到侵略，也无法将其排除。防卫能力是安全保障的最终担保，它表达了国家抵抗侵略的意志和能力，其他任何手段都无法替代。

因此，为了确保国民的生命、财产以及领土、领海和领空的安全，我国必须在推进建立适当防卫能力的同时，强化和我国具有共同基本价值和利益的美国间的日美同盟关系。自身的防卫能力和日美安全保障体系相互结合，通过构筑无缝的防卫态势，确保我国的和平和安全。

我国正在经济和教育等领域贯彻各种政策，确立安全的基础，以稳定国民生活，充实守卫国家的国民气概，消除招致侵略的机会。

从改善我国周边安全环境、预防发生对我国的威胁的观点来看，防卫力量在亚太地区和国际社会合作中所扮演的角色正日益重要。

我国将在充分认识防卫力量重要性的基础上，在各领域竭尽全力，以确保国家安全；与此同时，维护亚太地区乃至世界的和平与安全也是我们的目标。

二、宪法和防卫政策的根本

（一）宪法和自卫权

二战后，我国决意避免重蹈战争苦难之覆辙，致力于建设和平国家。持久和平是日本国民的愿望。日本国宪法彰显了这种和平主义的理想，在第9条中作出规定：放弃战争，不保持战力，否认交战权。但是，既然我国是独立国家，那么该规定并不能否认我国作为主权国家所固有的自卫权。我国政府认为，既然不能否认我国的自卫权，那么宪法是承认为了自卫而保持必要且最低限度实力的。基于这种观点，我国依据宪法规定，将专守防卫作为我国防卫的基本方针，保持自卫队作为实力组织，推进其建设和运用。

（二）关于宪法第9条主旨的政府见解

1. 可以保持的自卫力量

根据宪法规定，我国可以保持的自卫力量必须以自卫为目的，而且是必要和最低限度的。具体的限度有相对的一面，即根据不同时期的国际形势、军事技术水平和其他条件，它可以发生变化；由作为国民代表的国会通过审议年度预算的方式作出判断。在我国保持的整体军力方面，必须考虑宪法第9条第2款中所禁止保持的“战力”。因此，自卫队是否可以拥有某件武器，取决于有了这种武器之后我国实力是否会超过宪法所规定的限度。

然而，某件武器如果在性能上专门用于针对对象国国土进行毁灭性破坏的话，即所谓攻击性武器，因为超出自卫所必要的最小限度范围，在任何条件下都不被允许。比如，洲际弹道导弹、远距离战略轰炸机、攻击型航母是不允许拥有的。

2. 在宪法第9条的基础上被允许的自卫措施

关于在宪法第9条的基础上被允许的自卫措施，2014年7月1日的内阁决议（将在下节记述）做了如下规定：

从字面上看，宪法第9条貌似禁止了一切在国际关系方面的“武力行使”。然而，立足宪法前言所明确的“国民的和平生存权”以及宪法第13条所规定的“对于谋求生存、自由以及幸福的国民权利”在国政上必须受到最大尊重这一宗旨来考虑的话，宪法第9条禁止了一切旨在维持我国和平与安全、确保其存立所必须采取的自卫措施，这一点无论如何也不能理解。另一方面，这里所说的自卫措施，只有是针对那些来自外国的武力攻击从根本上侵害到国民谋求生存、自由以及幸福权利的紧迫和非法的事态，为了保障国民的上述权利而不得不采取的措施才被允许。为此所采取的必要的、最小限度的“武力行使”是被允许的。关于立足第 9 条作为特例被允许的“武力行使”，这是政府一贯主张的基础，即所谓的基本逻辑。这一点曾在政府于 1972 年 10 月 14 日向参议院决算委员会提交的资料《集体自卫权和宪法的关系》中明确表述过。

这一基本逻辑今后必须继续立足宪法第 9 条进行维持。

基于这一基本逻辑，政府一直以来都认为，允许“行使武力”仅限于发生针对我国的武力攻击时。然而，由于实力平衡的变化、技术革新的急速发展、大规模杀伤性武器等威胁，我国周边安全保障环境正在发生根本性的变化，而且这种变化仍将持续。鉴于此，今后即使发生的是针对他国的武力攻击，而根据其目的、规模、样态的不同，也有可能会威胁到我国的存立。

发生纷争时，为了将其和平解决，我国将尽最大限度的外交努力。与此同时，当然也会采取所有必要的措施加以应对。例如，依据基于一直以来的宪法解释所建立的现存国内法令加以应对，或者在该宪法解释的框架内进行有可能的法律建设等。即便如此，为了确保国家存立、保护国民，我国还必须做到万全。

基于这种问题意识，并对照如今的安全保障环境进行慎重研讨的结果是：不仅在发生针对我国的武力攻击时，当发生针对与我国有密切关系的他国的武力攻击，而这种攻击很明显会有威胁到我国的存立，从根本上侵害国民追求生存、自由和幸福权利的危险时，与此同时，为了将其排除、确保我国存立、保护国民却没有其他更适当的手段时，行使必要的、最小限度的实力是基于一直以来的政府见解的基本逻辑而采取的出于自卫的措施，因此我们判断这种措施应该是被宪法所允许的。

当然，我国的“武力行使”必须要在遵守国际法的基础上进行实施。然而，还必须将国际法的依据和宪法解释分开进行理解。宪法所允许的上述“武力行使”，有时在国际法上的依据是集体自卫权。这种“武力行使”包括以发生针对他国的武力攻击为契机的情况。但是在宪法上，只有为了确保我国的存立、保护国民，即为了保卫我国而不得不采取的自卫措施才被允许。

3. 能够行使自卫权的地理范围

作为行使自卫权，为了保卫国家，我国动用必要且最低限度武力的地理范围未必只局限于我国的领土、领海和领空。具体会延伸到哪里，根据具体情况会有所不同，不能一概而论。

然而，宪法不允许以行使武力为目的，向他国的领土、领海和领空派遣武装部队；这类海外派兵行为超出了自卫所需的必要和最低限度。

4. 交战权

宪法第9条第2款规定“不承认国家的交战权”。但是，这里的“交战权”并不是指交战的权利，而是交战国在国际法中所拥有的各种权利的总称，包括杀伤和破坏对方国家的兵力、占领对方国家的领土等权限。另一方面，出于行使自卫权，为了防卫我国而使用必要且最小限度的武力当然是被允许的。比如，我国出于行使自卫权而杀伤和破坏对方国家兵力之时，虽然表面上看是同样的杀伤和破坏，但是这与行使交战权是不同的概念。然而，占领对方国家的领土超过了自卫所需的必要且最小限度，因此不被承认。

（三）基本政策

一直以来，我国在宪法的指导下，坚决贯彻专守防卫，遵循不成为会给别国造成威胁的军事大国之基本理念，在坚持日美安保体制的同时，确保文官统治，遵守无核三原则，有效率地建立实效性高的统合防卫力。

1. 专守防卫

专守防卫是指，在受到对手武力攻击后才使用防卫力量，而且仅限于自卫所需的必要和最低限度。保持的防卫力量也仅限于自卫所需的必要和最低限度。这种被动型的防卫战略姿态与宪法精神相符。

2. 不成为军事大国

虽然没有对“军事大国”的明确定义，但是我国不成为会给别国造成威胁的军事大国是指，不拥有给他国造成威胁的强大军事力量，不超出我国自卫所需的必要和最低限度。

3. 无核三原则

无核三原则是指不拥有、不制造、不运进核武器。我国将其作为国策并坚持至今。

制造和拥有核武器是《原子能基本法》所禁止的。根据《不扩散核武器条约》，我国作为无核武器国家，负有不制造、不获取核武器的义务。

4. 确保文官统治

文官统治，又称文民控制，是指在民主国家，政治优先于军事，民主主义的政治控制军事力量。我国基于对战争历史的反省，为了确保自卫队根据国民意志加以建设和使用，采用了下列与旧宪法完全不同的严格的文官统治的制度。

国会代表国民，通过法律和预算的方式决定自卫官的人数和主要机构，并发布防卫行动指令。与国家防卫有关的事务，作为一般性行政事务，完全属于内阁的行政权。组成内阁的内阁总理大臣和其他国务大臣必须是宪法上的文官。内阁总理大臣代表内阁对自卫队行使最高指挥监督权；防卫大臣作为国家防卫专门的主任大臣统管自卫队的事务。此外，内阁中设置国家安全保障会议，负责审议与我国安全保障相关的重要事宜。

在防卫省内，防卫大臣分担管理与国家防卫相关的事务，作为主任大臣管理和运营自卫队。在政策、企划和政务方面，防卫副大臣、防卫大臣政务官（2人）以及防卫大臣辅佐官负责辅助防卫大臣。

在防卫省管辖事务相关的重要事宜上，防卫大臣政策参与（官职名——译者注）根据自己的见解向防卫大臣谏言。在防卫会议上，政治任用者、文官、自卫官三者汇聚一堂，在防卫大臣的带领下审议防卫省管辖事务的基本方针，彻底实现文官统治。

如上所述，文官统治的制度业已确立，但是为了取得实效，在国民关心防卫的同时，仍有必要继续从政治和行政两方面努力运营。

三、建立新安全保障法制的基本方针

（一）“关于再构筑安全保障法律基础的恳谈会”报告书

2007年5月，第1次安倍内阁召开“关于再构筑安全保障法律基础的恳谈会”。根据安倍内阁总理大臣（时任）的指示而汇总出的关于4种类型的建议报告书，于2008年6月提交给福田内阁总理大臣（时任）。

在此之后，我国周边安全保障环境进一步严峻，安倍内阁总理大臣于2013年2月重开该恳谈会，并指示该恳谈会充分考虑过去4年半的变化，注意将来可以预见的安全保障环境的变化，再度围绕安全保障的法律基础展开讨论，目的是弄清我们应该怎么做，包括如何最有效地运用日美安全保障体制，以维持我国的和平与安全。经过共计7次的会议，2014年5月15日，报告书被提交给安倍内阁总理大臣。

（二）关于今后研讨推进方式的基本方向

2014年5月15日，安倍内阁总理大臣从恳谈会接受报告书后，在记者会上围绕研讨推进方式的基本方向作出了如下说明。

政府执政党将结合具体的事例进行更加深入的研讨，建立能够无缝应对事态的国内法制，以保护国民的生命和生活。我们将围绕诸如（1）进一步强化针对尚不构成武力攻击的侵害时的应对能力、（2）进一步为维和行动或后方支援等国际社会的和平与稳定做贡献等问题展开研讨。在此基础上，针对有可能在现实中发生的事态，必须做好万全的准备。旨在保护国民的生命和生活的法律整备，仅仅依靠一直以来的宪法解释是否足够，这一问题有必要进行更深入的研讨。

报告书的主张包括：无论是单独的还是集体的，不禁止出于自卫的武力行使；参加联合国的集体安全保障措施等在国际法上完全合法的活动，宪法上并无制约。这些主张和一直以来的宪法解释在逻辑上不合，因此政府不能采用。另一方面，关于在有可能对我国安全造成重大影响等特定场合允许行使集体自卫权的主张，是基于政府一直以来的基本立场所提出的，作为政府将继续围绕这一主张展开进一步的研究。而政府一直以来的基本立场是指：根据政府必须最大限度地尊重国民追求生命、自由、幸福的权利这一宪法前言和宪法第13条的宗旨，为了维持本国的和平与安全，确保其存立所必须采取的自卫措施不能被禁止，为此所采取的必要的、最小限度的武力行使是被容许的。

在推进建立能够无缝应对事态的国内法作业的进程中，能否在维持原有宪法解释的基础上进行必要的立法，或者如果针对一部分的立法不得不改变宪法解释的话，什么样的宪法解释比较合适，关于这些问题我们将立足于内阁法制局的意见，在推进政府讨论的同时，将其纳入执政党协商。依据上述结果，如果判断认为有必要修改宪法解释的话，我们将通过内阁决议的形式确定法制应该修改的基本方向。

（三）《建立无缝的安全保障法制以确保国家存立和保护国民》（内阁决议）

根据安倍内阁总理大臣指出推进讨论的基本方向，执政党进行了多次协商，政府也进行了研讨。2014年7月1日，政府通过了题为《建立无缝的安全保障法制以确保国家存立和保护国民》的内阁决议。

鉴于我国周边安全环境已经发生根本性的改变并且还将继续发生变化，该决议从应该采取何种措施方能保护国民生命和和平生活的观点，提出了建立新的安全保障法制的基本方针。在通过提高威慑力以及更加积极地为地区和国际社会的和平与稳定做贡献等方式、进一步确保我国的和平与安全方面，该决议具有历史的重要性。

在通过内阁决议之时，安倍内阁总理大臣作出如下指示：“若不整备相关法律，就不能实施具体的行动，威慑力也无法提高。从这个意义上讲，接下来的立法作业极其重要。希望（你们）以建立能够无缝应对所有事态的安全保障法制为目标，立即着手开展作业。”除了在内阁官房国家安全保障局里设立法案制定小组外，为了使防卫省和自卫队能够切实发挥国民对我们所期待的作用，我们设置了以防卫大臣为委员长的“安全保障法制整备研讨委员会”，正在按照防卫大臣的三项指示，以完善安全保障法制为目标展开研讨。三项指示分别是：（1）建立符合部队运用实际状况的法制，以确保现场部队切实应对事态，队员不会难以作出判断；（2）确保自卫队活动时的合理手续；（3）以争分夺秒的心态展开作业。

第二节　承担我国安全保障和防卫任务的组织

“防卫力”是保卫国家安全最后的堡垒，没有其他手段可以将其取代。2013 年 12 月，国家安全保障会议创立，作为我国外交和防卫政策的司令塔发挥职能。此外，在我国承担防卫能力的防卫省和自卫队由各式各样的组织构成。

一、国家安全保障会议的创立

（一）经过

2012 年 12 月，第 2 次安倍内阁成立。安倍内阁总理大臣在就职记者会上表示要强化外交和安全保障体制，例如设置国家安全保障会议等。

因此，2013 年 2 月，“关于创立国家安全保障会议的有识者会议”召开了第一次会议。该会议以内阁总理大臣为议长，成员包括内阁官房长官（兼国家安全保障强化担当大臣）、内阁总理大臣辅佐官（国家安全保障会议担当）以及有识之士。有识者会议经过共6次会议，围绕其应有状态进行了研讨，具体包括“国家安全保障会议”的权限、目的、情报的活用和政策判断、组织形式等问题。在讨论的基础上，政府通过设置在内阁官房的“国家安全保障会议设置准备室”，制定出《安全保障会议设置法部分内容的修正案》（《国家安全保障会议设置法案》）。该法案于同年11月27日在国会成立，同年12月4日开始施行。2014年1月7日，负责国家安全保障会议事务的国家安全保障局在内阁官房内设立。

（二）国家安全保障会议的体制

在内阁设立的国家安全保障会议由三种形态的会议构成。其核心是作为国家安全保障相关的外交和防卫政策司令塔而新设的四大臣会议，平时或机动或定期召开，进行实质性的审议。以防卫省为首的相关行政机构实时地向国家安全保障会议提供与国家安全保障相关的资料和情报。

国家安全保障会议主要负责审议与国家安全保障相关外交和防卫政策的基本方针等。2013年12月，《国家安全保障战略》、《防卫计划大纲》和《中期防卫力整备计划》在国家安全保障会议上审议并通过。

设置在内阁官房里的国家安全保障局负责协助国家安全保障会议。运用内阁官房的综合协调权限，专门负责与国家安全保障相关外交和防卫政策的基本方针以及重要事项的企划立案和综合协调。当处理紧急事态时，从与国家安全保障相关的外交和防卫政策的观点提出必要的建议。从防卫省内派遣自卫官等职员，履行勤务。

（三）与保护特定秘密相关的法律

在我国周边安全保障环境十分严峻的现状下，为了确保国家和国民的安全，必须进一步促进与安全保障相关情报的搜集和活用。因此，必须提高针对那些在我国安全保障问题上具有高度隐匿性情报的管理工作的信赖感，谋求和相关国家之间更进一步的情报共享。

此外，为了使得国家安全保障会议的审议更有效果、更有效率，必须完善政府各部门间关于保密共通的规则，确立相应体制以便能够对安全保障方面的秘密情报进行统一处理。

基于上述认识，2013年12月6日，我国通过《特定秘密保护法律》，并于12月13日公布。该法律认为，在那些与我国的防卫、外交、防止特定有害活动（即间谍行为等）以及防止恐怖主义相关的情报中，有些尤其需要隐藏的情报应当作为特定秘密对其加以保护。为此，该法律规定了如下内容：（1）由行政机构的长官对特定秘密进行指定；（2）对负责处理特定秘密业务的人员实施适应性评价；（3）在行政机构内外创立组织以便提供和共享特定秘密；（4）泄露特定秘密的罚则等。除部分内容外，该法律将从发布之日算起的1年内开始施行。随着该法律的施行，防卫秘密将被归入特定秘密，统一加以运用。

二、防卫省和自卫队的组织（略）

（一）支撑防卫能力的组织

1. 防卫省和自卫队的组织

2. 防卫大臣辅佐体制

3. 在地方的防卫行政据点

（二）自卫队的统合运用体制

1. 统合运用体制概要

2. 旨在充实统合运用体制的基础整备

第三节　国家安全保障战略

政府于2013年12月内阁议会通过《国家安全保障战略》（《战

略》)。作为国家安全保障的基本方针,《战略》是我国首次制定的文书,围绕我国作为一个整体今后应该如何确保国家安全保障进行了论述。政府将根据《战略》,充分发挥国家安全保障会议的司令塔职能,通过政治强有力的领导,集政府全体之力将国家安全保障政策作为更具战略性和体系性的政策加以实施。《战略》取代了此前一直作为我国防卫政策基础的《国防基本方针》。

一、我国国家安全保障政策的体系

《战略》作为国家安全保障的基本方针,属我国首次制定。该战略在从长期的观点断定国家利益的基础上,围绕今后应该如何应对推导出我国应该采取的方法。政府依据《战略》制定了《防卫计划大纲》(《防卫大纲》),提出今后我国防卫的基本方针、防卫力的职能、自卫队具体体制的目标水准等。护卫舰、飞机等各种装备的取得以及部队运用体制的确立,并非一朝一夕便能完成,而是需要花费很长的时间。因此该文件是立足在中长期展望的基础上实施防卫力整备的观点而制定的。《战略》和大纲一般来说考虑的都是 10 年的状况。

《中期防卫力整备计划》(《中期防》)是为了达到《防卫大纲》中所提出的防卫能力的目标水准,而明确指出 5 年经费总额的限度以及主要装备整备数量的文件。年度预算则将中期防卫作为事业加以具体化,并根据实际情况计算出每年度的所需经费。

一直以来,关于我国安全保障的基本方针,《防卫大纲》虽进行了某种程度的论述,但其内容主要以防卫政策相关内容为中心。此次,作为比《防卫大纲》更高层级的文件,《战略》指出了以外交政策和防卫政策为中心的国家安全保障的基本方针,具有很大的意义。

二、国家安全保障战略概要

（一）制定经过和主旨

我国安全保障环境日益严峻。在此背景下，为了继续发展富足与和平的社会，必须从长期的观点看准我国的国家利益，并在此基础上制定我国在国际社会中所应该推进的方向，集政府整体之力采取旨在维护国家安全保障的对策。为此，2013 年 9 月，安倍内阁总理大臣提出指示，要求制定以外交政策和防卫政策为中心的《国家安全保障战略》。

《战略》制定的作业和《防卫大纲》的修改一并推进。政府为了有助于开展作业，从同年 9 月开始召开由有识者组成的“安全保障和防卫力相关的恳谈会”。恳谈会共召开了 7 次，进行了富有精力的讨论。《战略》在同年 12 月 4 日设置的国家安全保障会议上进行审议，并于同年 12 月 17 日在国家安全保障会议和内阁会议上得以通过。

《战略》的内容，主要以约 10 年间的情况为考虑对象。我们将通过政策的实施过程，在国家安全保障会议上进行定期和成体系的评价，适时适当地推进其发展。

（二）国家安全保障的基本理念（略）

（三）我国的安全保障环境和国家安全保障上的课题（略）

（四）我国应该采取的战略性的推进方式（略）

第四节　新版《防卫计划大纲》

自卫队为了切实完成各种任务，必须获得护卫舰、飞机等装备，确立部队的运用体制。然而，这些防卫力整备并非一朝一夕，而是需要很长时间才能完成。为此，必须在中长期展望的基础上实施。

为此，政府自 1977 年之后开始制定《防卫计划大纲》，指明防卫力整备的基本方针。其中包括我国安全保障的基本方针、我国周边安全保障环境、防卫力的意义和职能以及在此基础上的自卫队具体体制和主要装备的整备目标水平等。

一、《防卫计划大纲》的变迁（略）

（一）76 大纲

（二）95 大纲

（三）04 大纲

（四）10 大纲

二、新大纲制定的背景

（一）10 大纲修订的经过

1. 防卫省内的研讨（“防卫力应有状态研讨委员会”）

《关于 2013 年度的防卫力整备》（2013 年 1 月 25 日阁议通过）指示，修改 10 大纲，并在 2013 年内得到结论。为此，防卫省于 2013 年 1 月设置了以防卫副大臣为委员长的“防卫力应有状态研讨委员会”。委员会先后共召开 25 次，围绕国际形势和防卫力的职能等问题展开讨论。同年 7 月 26 日，该委员会围绕讨论的方向性和论点向防卫会议提交了中期报告。

中期报告指出，10 大纲制定后，各种安全保障课题和不稳定因素日益凸显和尖锐，我国周边的安全保障环境更加严峻。此外，在国内，为大规模灾害等状况预做准备的重要性重新被认识到。

为了构筑更加具有实效的防卫力，委员会立足统合运用进行了能力评价，推导出在防卫力整备方面应该受到重视的机能和能力。中期报告根据能力评价的结果，指出应该重视以下方面：（1）强化警戒监视能力；（2）应对针对岛屿的攻击；（3）应对弹道导弹攻击以及游击队和特种部队；（4）应对网络攻击；（5）应对大规模灾害；（6）强化联合；（7）强化情报机能；（8）推进宇宙空间的利用。

2.“安全保障和防卫力相关的恳谈会”和在国家安全保障会议上的研讨

新大纲和《国家安全保障战略》一同，在上述“安全保障和防卫力相关的恳谈会”上进行了富有精力的研讨。在此基础上，新大纲在2013年12月4日设置的国家安全保障会议上经过审议，同月17日在国家安全保障会议和内阁决议中得以通过。

（二）新的安全保障环境（略）

三、新版防卫计划大纲的内容（略）

（一）基本考虑——统合机动防卫力的构筑

（二）我国防卫的基本方针

（三）防卫力的应有状态

（四）确保防卫力能力发挥的基础

（五）注意事项

第五节　以构筑统合机动防卫力为目标

为了有计划地向新版《防卫计划大纲》所提出的体制转变，政府于2013年12月在国家安全保障会议和内阁决议上通过了《中期防卫力整备计划（2014～2018）》（新中期防）。新中期防是以新大纲为基础所提出的首份中期防，规划了如何按照新大纲的指示实现统合机动防卫力的路线。

防卫省正在精力充沛地研讨，如何构筑新大纲和新中期防所提出的统合机动防卫力。

一、新中期防卫力整备计划

（一）新中期防制定的经过

以2011—2015年度为对象的《中期防卫力整备计划（2011～2015）》根据10大纲，明确了自2011年度开始5年间的防卫力整备的方针和主要工作。随着开始着手修改10大纲，旧中期防于2011年1月被废止。关于中期的防卫力整备计划，我们决定和修改10大纲一并讨论，并在此基础上采取必要措施。

为此，新中期防和新大纲并行研讨，经过国家安全保障会议的审议，于2013年12月17日在国家安全保障会议和内阁会议上得以通过。

（二）新中期防的意义

防卫力整备最终是根据各年度的预算来实施。然而，国家的防卫是国家存立的基础的同时，装备的研究开发和引进、设施建设、队员的教育、部队的训练等在短期内无法取得，因此防卫力整备必须立足具体的中期展望，持续且有计划地实施。

为此，政府自1986年度开始，制定以5年为期的中期防卫力整备计划，并根据该计划实施各年度的防卫力整备。

新中期防是根据新《防卫计划大纲》制定的首份中期防，为了构筑新大纲指出的统合机动防卫力，确定了5年的防卫力整备方针和主要工作。

（三）计划的方针（略）

（四）主干部队的展望等（略）

（五）自卫队能力等相关主要工作（略）

（六）旨在强化日美同盟的举措（略）

（七）整备规模（略）

（八）所需经费（略）

（九）其他（略）

二、统合机动防卫力构筑委员会

（一）经过

新《防卫大纲》指出，我们将在注重确立广范围后方支援基础的同时，构筑以高度的技术能力和情报指挥通信能力为支撑、注重硬件和软件两方面的快反性、持续性、坚韧性和连接性的统合机动防卫力。我们必须在针对新大纲和新中期防所指出的各种措施的进展状况进行适当管理的同时，积极推进统合机动防卫力的构筑。

为此，防卫省于2013年12月24日根据防卫大臣的指示，设置了以防卫副大臣为委员长的“统合机动防卫力构筑委员会”，展开研讨。

（二）委员会的研讨状况

“统合机动防卫力构筑委员会”按照防卫大臣的指示，为了在针对新大纲和新中期防所指出的各种措施的进展状况进行评价和检验的同时，积极推进统合机动防卫力的构筑，正在采取必要的措施。该委员会将从实现防卫力整备整体优化的观点，围绕最有效的防卫相关各计划体系的应有状态展开讨论。此外，该委员会的研讨，将在同防卫省内现有的“网络政策研讨委员会”、“综合获取改革推进委员会”、“防卫省改革研讨委员会”等框架的紧密合作下进行。

三、2014年度的防卫力整备

2014年度，作为第一个年度，我们将依据新大纲和新中期防，以构筑统合机动防卫力为目标，切实推进防卫力整备。

其间，为了能够无缝且机动地发挥防卫力的①有效威慑和应对各种事态②确保亚太地区的稳定和全球安全保障环境的改善等职能，尤其要重视以下几个方面来整备防卫力：

（1）警戒监视能力；

（2）情报机能；

（3）运输能力；

（4）指挥控制和情报通信能力；

（5）应对针对岛屿部的攻击；

（6）应对弹道导弹的攻击；

（7）在宇宙空间和网络空间的应对；

（8）大规模灾害的应对；

（9）国际和平合作活动的应对。

此外，我们还将在考虑目前格外严峻的财政状况、与我国其他政策谋求协调的同时，彻底推进更进一步的效率化和合理化。

四、防卫相关费用

（一）防卫相关费用及其推移

防卫相关费用除了自卫队的维持运营经费外，还包括改善防卫设施周边的生活环境以及援助驻日美军等所需的经费。

2014年度，鉴于更加严峻的安全保障环境，为了强化固守国民的生命、财产以及我国领土、领海、领空安全态势，延续2013年度继续增加额度。

如果加上冲绳事务特别行动委员会（SACO）相关经费和美军整编相关经费中当地负担减轻的部分进行比较的话，防卫相关费是4兆8848亿日元，比上一年度增加1310亿日元。如果除去冲绳事务特别行动委员会相关经费和美军整编相关经费中当地负担减轻的部分，防卫相关费是4兆7838亿日元，比上一年度增加1035亿日元。

此外，在2013年度的补充预算中，加入了1197亿日元，作为提高自卫队灾害应对能力、确保自卫队稳定的运用状态、自卫队活动等所必需的经费。

（二）防卫相关费的细目（略）

（三）与各国的比较（略）

第三章　我国的防卫举措

第一节　保卫国民的生命、财产和领土、领海、领空的举措

为了适时适当地应对各种事态，切实保卫国民的生命、财产和领土、领海、领空，必须构筑综合的防卫体制，努力抑制各种事态；而当事态真正发生时，能够根据事态的发展进行无缝的应对。

为此，为了能够在平时把握各国的军事动向，尽早发现各种症候，通过对我国周边的广大区域进行持续的监视，确保情报优势相当重要。我们将通过上述活动，明确表达决不允许（别国）通过实力改变现状的意志，将各种事态的发生防患于未然。

当各种事态已经发生时，我国将采取专守防卫这一被动的战略姿态，根据事态的发展，确保在适当的时机和海空域的海上优势和航空优势，进行有效的应对，并将受害情况降至最小。这一点对于保护国民的生命、财产以及领土、领海、领空的安全来说非常重要。

一、有效的威慑和应对（略）

（一）确保周边海空区域的安全

1. 警戒监视周边海域

2. 警戒领空侵犯和紧急出动（紧急战斗起飞）

3. 应对领海内的潜艇

4. 应对武装间谍船等

（二）应对针对岛屿部的攻击

1. 基本考虑

2. 防卫省和自卫队的举措

（三）应对弹道导弹的攻击

1. 我国的弹道导弹防卫

2. 法制与运用方面的整备

3. 美国的导弹防卫和日美弹道导弹防卫技术合作

4. 应对朝鲜导弹发射事件等

（四）应对宇宙空间

（五）应对网络空间

1. 政府举措

2. 防卫省和自卫队的举措

（六）应对各种灾害

1. 灾害派遣概述

2. 应对灾害

3. 平时针对灾害应对的举措

（七）应对游击队和特种部队的攻击

1. 应对游击队和特种部队的攻击

2. 应对武装工作人员

3. 应对核生化武器

（八）确保海洋安全

（九）应对在外日本人的输送

（十）应对侵略事态

1. 防空作战

2. 周边海域防卫作战

3. 陆上防卫作战

4. 确保海上交通安全的作战

（十一）应对其他状况

1. 自卫队设施的护卫态势的整备

2. 周边事态的应对

3. 军事情报的搜集

二、武力攻击事态等的应对框架（略）

（一）武力攻击事态等的应对框架

1. 武力攻击事态等的应对

2. 武力攻击事态以外的其他紧急事态的应对

3. 基于武力攻击事态处置法的措施

（二）保护国民的相关举措

1. 国民保护的基本方针以及防卫省、自卫队的职能

2. 防卫省和自卫队为保障国民保护措施顺利实施而采取的措施

第二节　日美同盟的强化

基于《日美安保条约》的日美安保体制，与我国自身努力一同构成了我国安全保障的支柱。以日美安保体制为核心的日美同盟，不仅是我国，也是确保亚太地区乃至整个世界稳定和繁荣的“公共财产”。我国周边安全保障环境进一步严峻。另一方面，美国正在不断维持和强化对亚太事务的参与力度及其存在。基于这一现状，强化日美同盟对于确保我国的安全来说，比以往更为重要。

驻日美军的存在是日美安保体制的核心要素，不仅有利于我国的防卫，而且对威慑和应对亚太地区紧急事态都有着重大作用。然而，由于驻日美军的驻留问题会对当地居民的生活环境产生影响，我国必须努力减轻冲绳等地的负担，使其与各地实际情况相适应。

一、日美安全保障体制

（一）日美安全保障体制的意义（略）

1. 确保我国的和平和安全

2. 确保我国周边地区的和平与稳定

3. 进一步稳定国际安全保障环境

（二）支撑日美安保体制的基本框架（略）

（三）驻日美军的驻留

1. 驻日美军驻留的意义

基于日美安保体制的日美同盟对于维护我国防卫乃至亚太地区的和平与安全具有威慑作用。为了充分发挥其威慑作用，确保驻日美军的存在以及驻日美军平时在我国及周边范围内保持可以在紧急状态时能够采取迅速机动的应对态势都是非常必要的。

为此，我国依据《日美安保条约》允许美军驻留。

如上所述，这对于针对我国的侵略具有威慑作用。为了在发生针对我国的武力攻击时，日美两国能够根据《日美安保条约》第5条迅速采取共同的应对措施，必须确保驻日美军的稳定驻留。此外，在保卫我国安全的行动中，美军有可能需要适时的兵力增援。此时，驻日美军将是增援部队的基础。

为了使驻日美军能够发挥上述作用，有必要统合包括驻日美军在内的美军各军兵种的职能。比如说，日美两国在合作应对针对我国的武力攻击时，美军是“矛”，主要发挥打击作用。在发挥这一作用时，驻日的美国海、空军和海军陆战队要实施一体化作战，充分发挥职能。

《日美安保条约》第5条规定了美国对日本防卫的义务。第6条规定，为了维持我国的安全以及远东地区的和平与安全，允许美国使用我国的设施和基地。如此一来，日美双方的义务保持了综合平衡。这一点与《北大西洋条约》截然不同，后者只规定了缔约国负有共同防卫的义务。

2. 驻日美军的设施、基地及当地社会

为了使驻日美军的设施、基地充分发挥其应有功能，其所在地区的理解与合作是不可或缺的。《日美安保条约》缔结以来的数十年间，由于城市化建设的逐步推进等原因，驻日美军设施、基地的周边社会环境发生了巨大变化。为了得到我国国民的真心支持与认可，也为了使驻日美军的设施、基地充分发挥作用，有必要依据上述变化，尽可能减少驻日美军设施、基地所带来的影响。我国的国土狭长且平原较少，驻日美军的设施、基地与城市、工业区相邻的情况不在少数。在这些地区，驻日美军设施和基地的设置、飞机的起飞着陆等因素无疑会给当地居民的生活环境和地方经济振兴造成较大影响。因此，有必要根据各地的实际情况，努力减轻当地的负担。

3. 冲绳的驻日美军

冲绳与美国本土、夏威夷、关岛相比，距离东亚较近。而且，它大致位于西南诸岛的正中央，距离我国的海上交通线也近，在安全保障方面处于极其重要的位置。具有高机动性和快速反应能力、负责处置各种紧急事态的海军陆战队等美军，驻扎在具有上述地理特征的冲绳，能够更加确保日美同盟的实效性，提高威慑力，有利于我国乃至整个亚太地区的和平与稳定。

另一方面，机场、演习场、后勤支援设施等驻日美军的诸多设施和基地都位于冲绳县内。截至 2014 年 1 月，驻扎在我国的驻日美军设施和基地（专用设施）中，从占地面积来看，大约有 74％都集中在冲绳。因此，有必要立足上述安全保障上的观点，尽最大努力减轻冲绳的负担。

二、强化日美同盟的举措（略）

（一）作为同盟强化基础的举措

1. 日美间的政策协商

2.《日美防卫合作指针》相关努力

3. 日美共同训练

4. 日美物资劳务相互提供协定

5. 装备和技术层面的合作

6. 在大规模灾害方面的合作

（二）同盟强化的经过

（三）“2＋2”会谈（2013 年 10 月 3 日）

1. 概观

2. 两国间的安全保障和防卫合作

3. 参与区域行动

4. 驻日美军整编

（四）同盟强化的方向性

1. 日美同盟威慑力和应对力的强化

2. 广泛领域合作的强化和扩大

（五）最近举行的日美会谈

1. 日美防卫相会谈（2014 年 5 月 31 日）

2. 日美首脑会谈（2014 年 4 月 24 日）

三、驻日美军的驻留（略）

（一）驻日美军驻留的相关框架

1. 我国基于日美地位协定的措施等

2. 驻日美军驻留经费负担

3. 特别协定

4. 驻日美军相关经费

（二）驻日美军整编相关经过

1. “2＋2”共同宣言（2012年4月27日）

2. “2＋2”会谈（2013年10月3日）的成果

（三）驻日美军在冲绳的驻留

1. 旨在整理、统合、缩小驻日美军设施和基地的举措

2. 冲绳事务特别行动委员会最终报告和进展状况

3. 驻冲绳美军的整编经过和进展状况

4. MV－22“鱼鹰”飞机的冲绳配备

5. 旨在减轻冲绳负担的举措

（四）冲绳外驻日美军的驻留

1. 神奈川县驻日美军设施、基地的整理等

2. 路线图所示美军整编的现状等

（五）推进驻日美军整编的举措

第三节　积极推进安全保障合作（略）

一、推进亚太地区多国间安全保障合作和对话

（一）安全保障合作和对话、防卫合作和交流的意义和变迁

（二）多国间安全保障框架和对话方面的举措

1. 在东盟防长扩大会议（ADMM-plus）框架下的举措

2. 东盟地区论坛（ARF）

3. 防卫省和自卫队主办的多国间安全保障对话

4. 其他

（三）推进以能力构建支援为首的实践性的多国间安全保障合作

1. 关于能力构建支援的积极的、具有战略性的努力

2. 跨太平洋伙伴关系（TPP）

3. 多国间共同训练

二、推进与各国的防卫合作和交流

（一）日澳防卫合作和交流

1. 与澳大利亚开展防卫合作和交流的意义等

2. 最近主要的防卫合作和交流实绩等

3. 日美澳合作关系

（二）日韩防卫合作和交流

1. 与韩国开展防卫合作和交流的意义等

2. 最近主要的防卫合作和交流实绩等

3. 日美韩合作关系

（三）日印防卫合作和交流

1. 与印度开展防卫合作和交流的意义等

2. 最近主要的防卫合作和交流实绩等

（四）日中防卫交流和合作

1. 与中国开展防卫交流和合作的意义等

2. 最近主要的防卫交流实绩等

（五）日俄防卫交流和合作

1. 与俄罗斯开展防卫交流和合作的意义等

2. 最近主要的防卫交流实绩等

（六）与东南亚各国的防卫合作和交流

1. 印度尼西亚

2. 越南

3. 新加坡

4. 菲律宾

5. 泰国

6. 柬埔寨

7. 缅甸

8. 老挝

5. 联合国维和行动部队手册的制定

（三）参加国际紧急救援行动

1.《国际紧急救援队法》概要等

2. 自卫队实施的国际紧急救援行动和态势

3. 在菲律宾的国际紧急援助活动

4. 针对马来西亚飞机消息不明事件的国际紧急援助活动

五、军控、裁军与不扩散方面的举措

（一）大规模杀伤性武器的军控、裁军、不扩散相关条约等方面的举措

（二）常规武器的军控相关条约等方面的举措

（三）国际社会防止大规模杀伤性武器扩散的举措

1. 针对扩散的安全保障构想

2. 与防扩散相关的安理会第1540号决议

第四章　确保防卫力能力发挥的基础

第一节　防卫装备转移三原则等与防卫装备相关的政策

一、防卫生产和技术基础以及防卫装备的获得现状（略）

（一）我国的防卫生产和技术基础

1. 我国防卫生产和技术基础的特性和现状

2. 国内保持防卫生产和技术基础的意义

（二）防卫装备的获取现状

1. 采购单价和数量

2. 研究开发的现状

二、提高采购效率以及采购公正性、透明性的举措（略）

（一）防卫省的基本举措

1. 提高采购效率的举措

2. 提高公正性和透明性的举措

（二）提高获取装备的效率

1. PM/IPT 制度的引入

2. 推进装备的共通化和类别化

3. 通过集中采购和一揽子采购实现效率化

（三）有效果、有效率地维持和补给

1. 通过延长定期修理间隔实现效率化

2. PBL 的引入

（四）合约制度的改善

1. 研讨的过程

2. 防卫装备合约制度的改善方案

3. 关于防止过大请求案件再度发生的事项

三、防卫装备转移三原则

（一）此前经过

我国一直以来都是根据“武器出口三原则”等文件慎重处理武器出口问题。另一方面，关于国内企业参与 BMD 相关的日美共同开发问题，正如内阁官房长官的发言所示，个别采取了不依据“武器出口三原则”的措施。

2011 年 12 月，关于《防卫装备品海外转移基准》的内阁官房长官谈话正式发布。该文件指出，那些（1）与和平贡献和国际合作相关的案件，以及（2）对我国安全保障有利的防卫装备品的国际共同开发和生产相关案件，是在严格管理的前提之下所采取的“武器出

口三原则”的例外措施。这里所说的严格管理是指，在我国政府和对方国政府间缔结的国际合约中，规定围绕目的外使用和第三国转移等问题必须得到我国的事先同意。

（二）防卫装备转移三原则的制定宗旨

国内企业此前试图参与同制造F－35相关的国际后方支援系统计划。2013年12月，基于联合国的请求，我国曾在南苏丹维和行动中将陆军自卫队所持有的1万发弹药提供给联合国。由于两件事无法适用上述基准，我国决定发布内阁官房长官谈话，采取不依据武器出口三原则的措施。

2013年12月制定的《国家安全保障战略》指出，我国将立足基于国际协调主义的积极和平主义的观点，通过活用防卫装备，更加积极地参与和平贡献和国际合作活动。与此同时，我国还将充分考虑到参与共同开发和生产防卫装备的要求现状，围绕防卫装备的海外转移问题，制定明确的原则，使其能同新的安全保障环境相适应。

因此，我国政府于2014年4月1日阁议决定了“防卫装备转移三原则”，并在国家安全保障会议上确定了其运用指针。两文件在继续坚持遵守《联合国宪章》的和平国家的基本理念和一直以来所走的和平国家路线，并充分考虑到“武器出口三原则”此前所发挥作用的基础上，立足此前所积累的那些例外措施的经验，并将其进行总体的整理，进一步明确了防卫装备转移相关的具体基准、手续、禁忌，而且内外都表述得很清晰。

防卫省和自卫队将立足“防卫装备转移三原则”，进一步为和平贡献和国际合作活动作贡献。与此同时，通过更加积极地推进同美国以及其他各国间的防卫装备和技术合作，进一步积极推进必要举措以维持地区的和平稳定以及固守我国。

（三）防卫装备转移三原则的内容

1.禁止转移情况的明确化（第一原则）

对下列禁止转移的情况进行了明确：（1）违反我国所缔结条约

以及其他国际约定所规定义务的情况；（2）违反联合国安理会有关决议所规定义务的情况；（3）向争端当事国（指的是已发生武力攻击、联合国安理会为了维持和恢复国际和平与安全而采取一定措施的对象国）转移的情况。

2. 允许转移情况的限定、严格审查、情报公开（第二原则）

允许转移的情况被限定在：（1）有利于积极推进和平贡献和国际合作活动的情况；（2）有利于我国安全保障的情况等。我们还将围绕转移对象的适当性以及安全保障方面的疑虑进行个别且严格的审查。关于审查基准和手续等，我们将努力使其明确化和透明化，构筑严格的审查体制，其中包括在国家安全保障会议上审议等。

3. 确保对目的外使用和第三国转移进行适当的管理（第三原则）

防卫装备向海外转移仅限于确保有适当管理的情况。具体是指，原则上，关于目的外使用和第三国转移问题，对象国政府有义务获得我国的事先同意。然而，在当判断认为有利于积极推进和平贡献和国际合作、参与那些零部件能够相互共享的国际性系统或者将零部件交给许可证来源方等情况下，以确认接收方的管理体制为前提，确保适当的管理也是可能的。

防卫省一直在推进同各国的防卫装备和技术合作。今后，我们还将在立足新的原则，确保进一步透明性的同时，提高对象国及防卫产业的预见可能性，切实保护那些对我国防卫十分重要的防卫技术。并在此基础上，同相关省厅展开合作，对有责任的防卫装备进行转移管理，为世界和平和国际合作作出更大的贡献。

四、研究开发（略）

（一）装备研究开发的举措

（二）技术研究本部的举措

（三）同国外、国内机构的技术合作

五、维持和强化防卫生产和技术基础的举措（略）

（一）防卫生产和技术基础战略

1. 防卫生产和技术基础战略制定的背景

2. 防卫生产和技术基础维持和强化的目标和意义

3. 政策推进时的基本视点

4. 防卫装备的获取方法

5. 维持和强化防卫生产和技术基础的各种举措

6. 各防卫装备领域的现状以及今后的方向性

（二）民间转用

（三）国内企业参与生产F—35A的制造计划

第二节　国民与防卫省、自卫队

一、支撑防卫力量的人的基础（略）

（一）防卫省和自卫队职员的招募和任用

1. 招募

2. 任用

（二）日常的教育训练

1. 自卫官的教育

2. 自卫队的训练

3. 安全管理的举措

（三）有效活用人力资源的措施等

1. 人事制度改革的措施

2. 自卫队员待遇的充实

3. 进一步灵活运用女性自卫官

4. 支援自卫队员育儿方面的举措

5. 支援家族方面的举措

6. 遵守规则方面的举措

7. 防止自卫队员自杀的举措

8. 追悼殉职队员等

9. 自卫队员退役和再就业方面的举措

10. 退役队员再就业的规定

(四) 卫生机能的强化

1. 防卫医科大学新设4年制的看护学科

2. 医官和看护师等教育的强化

3. 自卫队医院的据点化和高机能化

二、防卫省、自卫队与地方社会、国民的关系(略)

(一) 同地方共同体的合作

1. 在市民生活中的活动以及为社会作贡献的活动

2. 地方公共团体等组织对自卫队的协助

3. 旨在确保地方公共团体和地域居民理解和合作所采取的措施

4. 旨在保持防卫设施与周边地区的和谐所采取的措施

(二) 减轻因驻日美军驻留所造成的地方负担的举措

1. 利用驻留军用地拆除后土地的举措

2. 缓和驻日美军基地和设施所造成影响的举措

(三) 信息发送和信息公开等

1. 各种各样的宣传活动

2. 信息公开方面的举措

三、防卫省改革

(一) 改革的背景和过程

为了使得防卫省能够作为确保国民信赖、妥当遂行各种任务的组织履职尽责，我们一直以来都从预防不幸案件再度发生，通过有效使用人才使自卫队能够更积极、更有效率地发挥其职能的观点出发，致力于包括中央机构改编等问题的防卫省改革。

鉴于防卫省和自卫队频发不幸事件，2007 年官邸设置“防卫省改革会议”，2008 年汇总报告书。在防卫省内，我们按照报告书所指明的基本方向，努力确立任务遂行优先型的业务运营，其目标是彻底遵守规则以及整体的优化。与此同时，2009 年，为了强化防卫大臣辅佐机制，谋求文民统制的彻底性，我们在法律意义上新设防卫会议，废止防卫参事官制度并新设防卫大臣辅佐官（现在的防卫大臣政策参与）等。另外，我们还在 2009 年 8 月的 2010 年度概算要求中加入了机构改编案，内容包括：在防卫省中央机构内实现防卫力整备部门向内部部局的一元化；运用部门向统幕的一元化等。然而，由于 2009 年 9 月民主党的政权交替，围绕防卫省改革问题，决定从民主党政权的视角重新研讨。因此，在 2009 年 10 月的 2011 年度概算要求中，要求被暂时搁置。

在此之后，鉴于 2012 年 12 月自由民主党和公明党的再次政权交替，为了加快推进防卫省改革问题的研讨，我们于 2013 年 2 月发出“防卫省改革相关防卫大臣指示”，并设置了以防卫副大臣为委员长的“防卫省改革研讨委员会”（委员会）。防止不幸案件再度发生的观点自不必说，该委员会还从立足日益严峻的我国周边安全环境、在贯彻文官控制的同时通过有效活用人才以确保自卫队能够更加积极和有效率地发挥其职能的观点出发，决定连同防卫力的应有状态一并展开必要的研讨。

关于中央机构业务和编制的应有状态，我们决定立足东日本大震灾、朝鲜发射导弹等近年发生案件处理方面的教训，连同强化官邸在安全保障问题上的司令塔机能问题一并展开必要的讨论。例如，设置国家安全保障会议等。

（二）防卫省改革的方向性

1. 研讨经过

根据委员会等各种层级讨论和研讨的结果，2013 年 8 月 29 日，第 7 次委员会汇总出《防卫省改革的方向性》，并于同月 30 日向防卫会议报告和发布。

2. 改革的基本考虑和方向性

我们在认识到我国周边安全保障环境正在发生更加深刻变化的同时，也认识到在东日本大震灾等活动中部队运用方面的诸多教训。此外，政策性的环境也在发生着变化。例如，国家安全保障会议的设置、“武器出口三原则”（当时）总括性的例外化举措等。

《防卫省改革的方向性》指出，将立足上述变化，充分考虑此前讨论所指出的重要事项，实施根本性的改革。包含机构改编在内的根本性的改革方向如下所述，该内容在新中期防中也有体现。

（1）打破文官和自卫官间的壁垒（略）；

（2）从部分优化到整体优化（防卫力整备）（略）；

（3）更加迅速地进行正确的决策（统合运用）（略）；

（4）政策立案和信息发送机能的进一步强化（略）。

3. 改革的具体举措（略）

（译者：解放军外国语学院讲师　付红红）

日本《防卫装备转移三原则》*

国家安全保障会议通过

内阁会议通过

2014年4月1日

关于此前防卫装备的海外转移，政府基本上依据1967年佐藤总理的国会答辩（下称“武器出口三原则”）以及1976年三木内阁的政府统一见解，作出了慎重对待。这一方针对于我国走和平国家之路发挥了一定作用，但是不允许向共产国家出口武器等规定已经落后于时代。而且，对“武器出口三原则”限制对象地区以外的地区出口武器也极为谨慎，其结果是实质上禁止了对任何地区出口武器，因此政府此前根据个别的必要性不断采取例外措施。

战后以来，我国一贯坚持走和平国家之路。坚持贯彻专守防卫、不做给他国带来威胁的军事大国、非核三原则等基本原则。但是，如果考虑到现在我国的安全保障环境日益严峻，我国面临复杂而重大的国家安全保障课题，包括从国际合作主义的观点出发，那么我国必须作出更为积极的应对。我国的和平与安全并非由我国一个国家能够确保，国际社会也期待我国能够以与我国国力相符的形式发挥更为积极的作用。所以，我国将在今后的安全保障环境下，继续坚持和平国家之路，同时作为国际政治经济的主要行为体，从基于国际协调主义的积极和平主义的立场出发，为实现我国的安全以及亚太地区的和平与稳定，确保国际社会的和平、稳定以及繁荣，作

* 原文出自 http：//www.cas.go.jp/jp/gaiyou/jimu/pdf/bouei1.pdf。

出更为积极的贡献。

为了把我国提出的这种国家安全保障的基本理念落实为具体的政策，我国决定基于“国家安全保障战略”（2013 年 12 月 27 日国家安全保障会议和内阁会议通过），就政府此前关于防卫装备的海外转移的方针进行重新讨论，在充分注意此前方针发挥的作用的基础上，根据此前例外处理的经验，总括性地进行整理，并制定明确的原则，以适应新的安全保障环境。

防卫装备适当的海外转移，有助于通过机动有效地实施国际和平合作、国际紧急援助、人道支援、国际恐怖主义·海盗问题应对、发展中国家能力提高等和平贡献和国际合作（下称“和平贡献·国际合作”）活动，进一步积极推进国际和平与安全的维持。防卫装备适当的海外转移也有助于强化与同盟国美国以及其他国家在安全保障、防卫领域的合作。另外，为了实现防卫装备产品的高性能化，应对费用飙升，国际共同开发和生产已经成为国际主流。考虑到这一点，防卫装备适当的海外转移还有助于维持和强化我国的防卫生产和技术基础，进而提高我国的防卫力量。

当然，我们认识到，防卫装备的流通会对国际社会在安全保障方面、社会方面、经济方面以及人道方面产生较大影响，所以各国政府要考虑各种各样的观点，以负责任的形式管理防卫装备的转移。

基于上述状况，我国将继续坚持作为遵守《联合国宪章》的和平国家的基本理念以及此前作为和平国家的路线，今后基于以下三个原则对防卫装备的海外转移进行管理。关于武器制造相关设备的海外转移，与此前相同，作为防卫装备加以处理。

一、禁止转移的情况的明确化

下述情况，不允许防卫装备进行海外转移：

1. 该转移违反我国缔结的条约或者其他国际约定规定的义务；

2. 该转移违反联合国安理会决议规定的义务；

3. 向冲突当事国（指武力攻击发生后，为了维持或恢复国际和平与安全，联合国安理会采取措施的对象国）转移。

二、允许转移的情况的限定、严格审查以及信息公开

关于上述一以外的情况，我们把允许转移的情况限定为如下情况，并确保透明性，对之进行严格审查。具体而言，我们允许以下两种情况的防卫装备的海外转移：一是有助于积极推进和平贡献·国际合作的情况；二是有助于我国安全保障的情况，包括与同盟国美国等与我国在安全保障领域存在合作关系的国家等（下称“同盟国等”）进行国际共同开发和生产，强化与同盟国等在安全保障、防卫领域的合作，以及确保包括维护装备品在内的自卫队的行动和国人的安全。我们将严格审查转移目的国和最终需求者的适当性以及该防卫装备的转移可能给我国安全保障带来的风险程度，也遵循国际出口管理体系的指导方针，在出口审查时基于可利用的信息作出综合判断。

从我国的安全保障的观点看，特别需要慎重讨论的重要项目，由国家安全保障会议进行审议。国家安全保障会议审议过的项目，根据《行政机构信息公开法》（1999年法律第42号），由政府进行信

息公开。

三、目的外使用以及第三国转移相关的恰当管理的确保

进行满足上述二的防卫装备的海外转移时，仅限于能够确保管理的情况。具体而言，原则上关于目的外使用以及第三国转移，对象国政府有义务取得我国的事前同意。只是，以下三种情况也可以通过确认转移目的国的管理体制，确保恰当的管理：一是为了积极推进和平贡献·国际合作，被判断为合适的情况；二是参加互相融通零部件的国际体系的情况；三是向许可方交纳零部件的情况。

关于以上方针的运用指针，由国家安全保障会议决定，经济产业大臣根据该决定，恰当地运用《外汇及外国贸易法》（1949 年法律第 228 号）。

本原则中的“防卫装备”是指武器以及武器技术。“武器”是指《出口贸易管理令》（1949 年政令第 378 号）第一附表的第一项中所列物品中军队使用，为直接战斗使用提供的物品。“武器技术”是指，与武器的设计、制造以及使用相关的技术。

政府从基于国际合作主义的积极和平主义的立场出发，试图为国际社会的和平与稳定作出积极贡献，也试图更加积极地采取措施，以在防卫装备和微妙的通用品以及通用技术的管理领域，促进武器贸易条约的尽早生效，进一步强化国际出口管理体制。

（译者：解放军外国语学院讲师　梁宝卫）

日本《建立健全安全保障法制以保国之存立和民之安宁》*

国家安全保障会议通过

内阁会议通过

2014 年 7 月 1 日

我国战后以来一直在日本国宪法的约束下走和平国家之路。坚持贯彻专守防卫、不做给他国带来威胁的军事大国、非核三原则等基本方针，通过国民孜孜不倦的努力荣升经济大国，国民生活稳定富裕。同时，我国从和平国家的立场出发，遵守《联合国宪章》，与国际社会以及联合国等国际组织合作，积极为他们的行动作出贡献。我国作为和平国家的历程，在国际社会中赢得了好评与尊敬，今后必须进一步加强。

但是，从日本国宪法实施到今天的 67 年间，我国的安全保障环境发生了根本性的变化，而且这一变化还将持续下去，我国面临复杂而重大的国家安全保障课题。《联合国宪章》作为理想提出的所谓正规的“联合国军”尚无实现的迹象，冷战结束后仅仅四分之一世纪，亚太地区便因全球性权力平衡的变化、技术革新的快速发展、大规模杀伤性武器和弹道导弹的开发与扩散、国际恐怖主义的威胁而产生问题和紧张；同时，威胁在世界上任何地区发生都将对我国的安全保障造成直接的影响。近年来，妨碍人们自由使用海洋、宇宙空间、网络空间的风险在扩大。如今，任何国家都无法仅靠本国

* 原文出自 http：//www. cas. go. jp/jp/gaiyou/jimu/pdf/anpohosei. pdf。

的力量维护和平，国际社会也期待我国能够以与我国国力相符的形式作出更为积极的贡献。

政府最重要的责任是在维持我国和平与安全的同时，保护国民的生命。为了应对我国安全保障环境的变化，履行政府的责任，首先必须通过使用完善的体制推进强力外交，创造稳定而明朗的国际环境，防威胁于未然，同时通过在国际法范围内行动和重视法治，力争和平解决冲突。

在适当建设、维持和运用我国自身的防卫力量，强化与同盟国美国之间的相互合作的同时，加深与地区内外的伙伴国之间的信赖和合作关系非常重要。特别是，为了我国的安全与亚太地区的和平与稳定，通过进一步提高日美安全保障体制的实效性，增强日美同盟的威慑力，避免武力冲突于未然，防止威胁波及我国是必不可缺的。为了无论发生何种事态都能坚决捍卫国民的生命与和平的生活，同时在基于国际合作主义的“积极和平主义”下为国际社会的和平与稳定作出更为积极的贡献，必须建立健全能够无缝应对各种事态的国内法制。

5月15日“安全保障法律基础再构筑恳谈会”提出了报告，基于同一天安倍内阁总理大臣在记者会上宣布的基本方向性，执政党进行了反复磋商，政府也深化了讨论。基于最近执政党磋商的结果，政府将根据以下基本方针，快速建立健全必要的国内法制以捍卫国民的生命与和平的生活。

一、应对尚不形成武力攻击的侵害

（一）如果考虑到我国的安全保障环境日益严峻，那么容易发生既非纯粹的平时亦非有事的事态，而且存在进一步恶化为重大事态的风险。面对这种尚不形成武力攻击的侵害时，包括警察机构和自卫队在内的相关机构在基本职能分担的前提下，更加紧密地合作，对任何不法行为都能确保充分的无缝应对成为更加重要的课题。

（二）具体而言，为了应对上述各种不法行为，警察和海上保安厅等相关机构要在根据各自的任务和权限紧密合作积极应对的基本方针下，提高各自的应对能力，强化包括情报共享在内的合作，探讨和制定具体的应对要领，加快命令发出手续；同时要丰富各种演习和训练，进一步在各领域内强化必要的措施。

（三）其中，关于加快手续的速度，要事先充分讨论离岛的周边地区发生来自外部的尚不形成武力攻击的侵害，近旁没有警察或者警察机构无法立刻应对时（包括因武装集团所持的武器导致我方无法应对时），下令治安出动和海上警备行动所需的相关规定的适用关系；相关机构应确立共识。同时，为了防止手续尚在办理时不法行为的损害发生扩大，要讨论具体的措施，以根据状况早期下达命令或者加快手续。

（四）可能发生针对实际上帮助我国防卫的美军部队的攻击，而且这种攻击根据状况可能发展到武力攻击。在这种状况下，自卫队和美军紧急合作进行无缝应对对于确保我国的安全也是重要的。自卫队和美军部队平时合作展开各种行动时，要想定发生针对美军部队的尚不形成武力攻击的侵害状况。此时要参考《自卫队法》第95条所规定的旨在保护武器的“使用武器”的思想。如果是针对当时正与自卫队合作开展帮助防卫我国的行动（包括共同训练）的美军部队的武器，在美国要求或者美国同意的前提下，自卫队为了保护该武器，应该像《自卫队法》第95条所规定的那样，极为被动地，而且必要最小限度地“使用武器”。为了使自卫队有权做到这一点，应该建立和健全相关法制。

二、进一步为国际社会的和平与稳定作出贡献

（一）所谓的后方支援和“与武力行使的一体化”问题

1. 我们称其为后方支援的支援行动本身不是“武力行使”。比如，国际和平与安全受到威胁，国际社会基于联合国安理会决议团结一致加以应对的时候，我国有时需要对基于该决议实施正当“武力行使”的他国军队展开支援行动。但是，受宪法第 9 条的影响，我国的支援行动可能受到我国通过同他国“武力行使一体化”而采取了宪法所不允许的“武力行使”的法律评价。为了避免受到这一评价，此前的法律把行动区域限定为“后方区域”，即所谓的“非战斗区域”，通过设定这些法律上的框架，尽量避免产生“与武力行使的一体化”的问题。

2. 即使在上述法律框架下，自卫队仍然扎实开展各种支援行动，国际社会对我国的期待和信赖大大提高。在安全保障环境进一步急剧变化的背景下，我国有必要从基于国际合作主义的“积极和平主义”的立场出发，为了国际社会的和平与稳定，使自卫队通过广泛的支援行动充分地发挥作用。使这些活动开展得比此前更加顺利对确保我国的和平与安全也极为重要。

3. 政府以“武力行使的一体化”论本身为前提，对其进行反复讨论，并考察自卫队行动的实际经验以及联合国集体安全保障措施的实际情况等，不是要把此前的“后方地区”或者所谓的“非战斗地区”等自卫队的行动范围一律划为大致不会产生一体化问题的地区，而是认识到我国在不是他国“正在实施战斗行为的现场”的场所开展的补给、运输等支援行动，不是与该国“武力行使的一体化”。以此认识为基础，具体想法如下：（1）作为我国的支援对象，

他国如果处于“正在实施战斗行为的现场”，那么我国将不开展支援行动；（2）如果情况发生变化导致我国开展支援行动的场所成为“正在实施战斗行为的现场”，那么我国将立即当场停止或中断正在实施的支援活动。

基于这些想法，为了能够针对为了确保我国安全和国际社会的安全与稳定而开展行动的他国军队实施必要的支援行动，我国应该推进法制建设。

（二）开展国际和平合作行动时的武器使用

1. 我国进行了必要的法制建设，在过去 20 多年里，开展了国际和平合作行动。其中，关于所谓“赶去护卫”时的武器使用和“为了任务遂行的武器使用”，因为如果针对“国家或者准国家组织”则有违反宪法第 9 条所禁止的“武力行使”之嫌，所以我国把自卫官参与国际性和平合作行动时的武器使用权限定为所谓的自我保护型和武器保护。

2. 我国有必要从基于国际合作主义的“积极和平主义”的立场出发，为了国际社会的和平与稳定进一步采取措施。为此，能够充分而积极地参加联合国维和行动（PKO）等国际性和平合作行动非常重要。另外，虽然保护居住在本国领土内的外国人在国际法上是该领土国的义务，但是很多日本人活跃在国外，他们可能被卷入恐怖袭击等紧急事态，我国有必要做到在该领土国同意接受的情况下，进行伴随武器使用的海外日本人营救。

3. 基于上述思考，我国将在确保“国家或者准国家组织”作为敌人不登场的基础上，推进法制建设，以便在国际维和行动等不伴随“武力行使”的国际性和平合作行动的“赶去护卫”时的武器使用以及“为了任务遂行的武器使用”之外，能够开展领土国的同意后的日本人营救等不伴随“武力行使”的警察性活动。基本想法如下：

(1) 关于国际维和行动，必须在维和行动参加五原则的框架下，取得“该行动地区所属国家的同意”以及“冲突当事者就该行动展开的同意”，基本上可以认为不会出现已经同意接受的冲突当事者以外的“准国家组织”作为敌人登场的情况。过去20多年，我国的国际维和行动的经验也证明了这一点。包括近年国际维和行动中被定位为重要任务的居民保护等维持治安的任务在内，在任务遂行的时候，可能出现“自我保存”和“武器防护”之外的使用武器的情况。这种情况下，尤其需要稳定地保持冲突当事者对行动性质的同意。

(2) 自卫队的部队基于领土国政府的同意，在该领土国开展日本人营救等不伴随“武力行使”的警察性活动时，当然应该在领土国政府的同意涉及到的范围，即在其领土中权力得以维持的范围内活动。这意味着，在此范围内不存在“准国家组织”。

(3) 关于是否稳定地获得了他国的同意以及领土国政府的同意涉及的范围等，由内阁基于国家安全保障会议的审议作出判断。

(4) 关于这些行动中的武器使用，存在内在约束，与警察比例的原则类似的严格的比例原则在此发挥作用。

三、宪法第9条容许的自卫措施

(一) 为了应对我国安全保障环境的变化，发生任何事态均能捍卫国民的生命与和平的生活，此前的宪法解释如果保持不变则未必能够充分应对，所以我国就何种解释恰当进行了讨论。讨论的时候，政府的宪法解释需要具备逻辑的整合性与法的稳定性。因此，有必要将政府见解对宪法第9条的解释的基本逻辑框架内，推导出捍卫国民生命与和平生活的符合逻辑的结论。

(二) 宪法第9条从字面来看，好像全面禁止了国际关系中的

“武力行使”，但是如果考虑到宪法前言中确认的“国民和平的生存权”以及宪法第13条把“国民的生命、自由以及追求幸福的权利”认定为国家政治的最大尊重事项，那么宪法第9条并没有禁止我国为了保护本国的和平与安全而采取必要的自卫措施。但是，这种自卫措施是作为应对外国的武力攻击要彻底颠覆国民的生命、自由以及追求幸福的权利这一急迫、不正当的事态，为保护国民的这些权利而不得不采取的措施才被允许，为此允许必要最小限度的“武力行使”。这是此前政府一贯表明的关于宪法第9条下作为例外被允许的“武力行使”的见解的主要内容，即基本逻辑，明确地体现在1972年10月14日政府向参议院决算委员会提出的资料“集体自卫权和宪法的关系”中。

这一基本逻辑，今后也必须在宪法第9条下得到维持。

（三）此前政府在该基本逻辑下，认为被允许的“武力行使”仅限于发生了针对我国的武力攻击的情况。但是，如开头所述，由于权力平衡的变化、技术革新的快速发展和大规模杀伤性武器的威胁，我国的安全保障环境发生了根本性的变化，而且这种变化还在持续。如果考虑到这一点，那么今后即便是针对他国进行的武力攻击，也可能因为其目的、规模、样态而在现实中危及我国的安全。

我国当然要在冲突发生后尽最大外交努力争取和平解决的同时，采取包括使用此前基于宪法解释而通过的既有国内法令加以应对，在该宪法解释的框架内进行可能的法制建设在内的所有必要的措施。即便如此，我国仍有必要寻求确保国之存立和民之安宁的万全之策。

在这样的问题意识下，对照当前的安全保障环境，经过慎重讨论，现在我们认为，不仅在发生针对我国的武力攻击的情况下，在发生针对与我国关系密切的他国的武力攻击，我国的安全因而受到威胁，国民的生命、自由和追求幸福的权利面临从根本上被颠覆的明确的危险的情况下，在没有其他合适手段可以排除危险，确保国之存立和民之安宁时，行使必要最小限度的武力也是基于此前政府见解基本逻辑的自卫措施，在宪法上应该得到允许。

（四）我国的“武力行使”应该遵守国际法，这一点理所当然，但是有必要把国际法上的根据与宪法解释区别理解。宪法上允许的上述“武力行使”，有时在国际法上，集体自卫权会成为其根据。这种“武力行使”包含了以发生针对他国的武力攻击为契机的意味，但是宪法上，只有作为确保国之存立和民之安宁，即为了保卫我国而不得不采取的自卫措施才被允许。

（五）另外，即便宪法上允许“武力行使”，既然其目的是捍卫国民生命与和平生活，就当然要求确保对之施加民主的控制。在发生不是针对我国而是针对他国的武力攻击的情况下，为了实施宪法上允许的“武力行使”而出动自卫队时，与现行法令中规定的防卫出动相关的手续相同，原则上需要事先得到国会的承认。政府应该在法案中明确记载这一点。

四、今后国内法制建设的推进方式

自卫队实施此类行动，应由内阁基于国家安全保障会议的审议作出决定。包括相关手续在内，为了使自卫队实际上能够开展行动，作为其根据的国内法是必要的。政府将在上述基本方针下，为了捍卫国民生命与和平生活，开始制定能够无缝应对所有事态的法案，并进行充分的讨论，准备就绪后立刻向国会提出，接受国会的审议。

（译者：解放军外国语学院讲师　梁宝卫）

俄罗斯联邦军事学说*

俄联邦总统弗·普京批准

2014 年 12 月 26 日

一、总则

1. 俄罗斯联邦军事学说（以下简称“军事学说”，Военная доктрина）是俄罗斯国家官方关于准备武装保卫和武装保卫俄罗斯联邦的一整套观点。

2. 军事学说是在分析俄罗斯联邦的军事危险和军事威胁以及盟友的利益基础上，制定军事政策和国防军事经济保障基本条文。

3. 军事学说的法律基础是：《俄罗斯联邦宪法》，公认的国际法原则和准则，俄联邦在国防、军控与裁军领域签署的国际条约，俄联邦宪法法律，联邦法律，以及俄联邦总统和俄联邦政府批准的规范性法律文件。

4. 本军事学说考虑到了《2020 年前俄联邦社会经济发展长期构想》、《2020 年前俄联邦国家安全战略》的主要条款，以及《俄联邦外交构想》、《2020 年前俄联邦海洋学说》、《2020 年前俄联邦北极地区发展战略与国家安全保障战略》和其他战略规划文件的相关原则。

5. 本军事学说表明，俄罗斯联邦为保护国家利益和盟友利益，只有在无法运用政治、外交、法律、经济、信息和其他非强力手段时，才会使用军事手段。

---

* 原文出自 http：//www.kremlin.ru/acts/47334。

6. 军事学说的原则具体体现于俄联邦总统致联邦会议的国情咨文中，并可在军事战略规划框架内进行调整。

7. 落实军事学说的办法是，实现国防和安全领域国家管理集中化，并遵守联邦法律和俄联邦总统、俄联邦政府及联邦执行权力机关的规范性法律。

8. 本军事学说使用如下基本概念：

（1）俄联邦军事安全（以下简称“军事安全”，военная безопасность）：是指保护个人、社会和国家至关重要利益免遭因使用武力或威胁使用武力而形成的内外军事威胁的状态，其特征是无军事威胁或具备对抗军事威胁的能力。

（2）军事危险（военная опасность）：是指国家间或国家内部关系的一种状态，其特征是存在着能在一定条件下导致军事威胁出现的多种因素。

（3）军事威胁（военная угроза）：是指国家间或国家内部关系的一种状态，其特征是出现了对抗双方发生军事冲突的现实可能性，某国（国家集团）、分离主义（恐怖主义）组织进入使用军事力量（武力）的高等级战备。

（4）军事冲突（военный конфликт）：是指武力解决国家间或国内矛盾的一种样式（该概念涵盖武装对抗的所有类型，包括大规模冲突、地区冲突、局部冲突和武装冲突）。

（5）武装冲突（вооруженный конфликт）：是指国家间规模有限的武装对抗（国际武装冲突）或对抗双方在一国境内进行的规模有限的武装对抗（国内武装冲突）。

（6）局部战争（локальная война）：是指军事政治目的有限的战争，军事行动仅在对抗国家领土范围内进行，战争主要触及这些国家的利益（领土、经济、政治和其他）。

（7）地区战争（регинальная война）：是指同一地区多个国家参加的战争，战争中运用多个国家或联盟的武装力量，谋求重要军事政治目的。

（8）大规模战争（крупномасштабная война）：是指国家联盟之间或国际社会大国之间进行的战争，战争中对抗各方谋求极端的军事政治目的。大规模战争可能是武装冲突、局部战争或地区战争在众多世界不同地区国家卷入后升级的结果。此类战争要求动员参战国所拥有的一切物资资源和精神力量。

（9）军事政策（военная политика）：是指国家在组织和实施国防、保卫俄联邦安全及盟友利益方面所从事的活动；

（10）国家军事组织（以下简称“军事组织”，военная организация）：包括国家领导机关和军事指挥机关、俄联邦武装力量、其他部队、队伍和机构、战时新建的专门部队（以下简称“武装力量、其他部队和机构”）等，它们构成国家军事组织的主体，并以军事方法进行活动。国家军事组织还包括国防工业综合体。所有国家军事组织共同准备武装保卫和武装保卫俄联邦。

（11）军事规划（военное планирование）：是指为实现军事组织发展的目标和任务，建设、发展、使用和全面保障武装力量、其他部队和机构，制定程序和方法。

（12）俄联邦动员准备水平（мобилизационная готовность）：是指武装力量、其他部队和机构，国家经济，联邦国家权力机关，联邦主体国家权力机关，地方自治机关和组织完成动员计划的能力。

（13）非核遏制系统（система неядерного сдерживания）：是指为防止以非核手段进攻俄联邦而采取的一揽子对外政治、军事和军事技术措施。

二、俄罗斯联邦面临的军事危险和军事威胁

9. 现阶段世界发展的特点是：在国家间和地区间互动的各种领

域中，全球竞争和紧张程度日益加强；价值追求和发展模式相互竞争；国际关系错综复杂的大背景下，全球和地区层面的经济与政治发展进程均不稳定。影响力的阶段性再分配正在向新经济增长中心和政治引力中心倾斜。

10. 许多地区冲突尚未得到调解，使用武力解决的趋势依然存在，包括与俄联邦接壤地区。现存的国际安全架构（体系）无法保障所有国家享有平等安全。

11. 信息空间与俄联邦内部的军事危险和军事威胁出现融合趋势。由此，尽管爆发大规模反俄战争的可能性降低，但是在诸多方向上，俄联邦面临的军事危险反而有所增强。

12. 主要外部军事危险：

（1）北大西洋公约组织（简称“北约”，Организация Североатлантическаго договора）的潜力不断增强，并具有全球范围内破坏国际法准则的职能；北约成员国军事基础设施迫近俄联邦边界，包括通过进一步扩大联盟的方式进行；

（2）某些国家和地区的形势不稳定，全球和地区稳定遭到破坏；

（3）在与俄联邦接壤的国家领土上及其附近水域部署（增加）外国（国家集团）军队，包括对俄联邦施加政治和军事压力；

（4）建立和部署战略反导防御体系，从而破坏全球稳定，打破导弹核领域业已形成的力量对比关系；实施“全球打击”构想；企图在太空部署武器，包括部署高精度非核战略武器系统；

（5）觊觎俄联邦及其盟友的领土，干涉其内部事务；

（6）扩散大规模杀伤性武器、导弹和导弹技术；

（7）个别国家破坏国际协议，不遵守所签署的禁止、限制和削减武器领域的国际条约；

（8）在与俄联邦及其盟友接壤的国家领土上使用武力，破坏《联合国宪章》（Устав Организации Обьединенных Нации ）和其他国际法规；

（9）在与俄联邦及其盟友接壤的国家领土上存在（出现）武装冲突的策源地和日益升级的武装冲突；

（10）由于国际反恐合作效率不高，全球极端主义（恐怖主义）威胁日益增强并不断出新；存在使用放射性物质和有毒化学物质制造恐怖活动的现实威胁；有组织跨国犯罪规模不断扩大，首先是非法倒卖武器和毒品的活动；

（11）存在（出现）引发民族间和宗教间关系紧张的策源地，国际极端主义武装集团和外国私营军事公司在与俄联邦及其盟国边界地区进行活动，以及世界某些地区存在领土争端，分离主义和极端主义更加活跃；

（12）为达到军事政治目的，运用信息和通信技术，进行违反国际法的行动，破坏国家主权、政治独立与领土完整，威胁国际和平、安全及全球与地区稳定；

（13）在与俄联邦接壤国家内，推翻合法国家权力机关，建立旨在推行威胁俄联邦利益政策的国家制度；

（14）外国及国家联盟的情报机关与情报组织实施反俄联邦的破坏活动。

13. 主要内部军事危险：

（1）一切旨在暴力改变俄联邦宪法制度，破坏国内政治稳定和社会形势稳定，瓦解国家权力机关、重要的国家和军事设施以及信息基础设施履职尽责能力的活动；

（2）恐怖组织和个人为破坏俄联邦主权、统一和领土完整而采取的活动；

（3）为打破保家卫国方面的历史传统、精神传统和爱国主义传统，对国民尤其是对国家年轻人实施的信息影响活动；

（4）挑起国际与社会紧张局势及极端主义，激发种族、宗教歧视或敌意。

14. 主要军事威胁：

（1）军事政治局势（国际关系）急剧尖锐化，并为使用武力创造条件；

（2）妨碍俄联邦国家领导体系和军事指挥体系的工作，破坏其战略核力量、导弹袭击预警系统、太空监视系统、核弹药存放设施、核能设施、核工业设施、化工设施、制约工业设施和其他潜在危险设施的运转；

（3）组建和训练非法武装，及其在俄联邦或其盟友领土上进行活动；

（4）在与俄联邦及其盟友接壤的国家领域上进行演习，显示武力；

（5）个别国家（国家集团）进行局部动员或总动员，国家领导机关和军事指挥机关进入战时工作状态，武装力量活动积极。

15. 现代军事冲突的特点是：

（1）综合使用军事力量，以及通过广泛运用国民反抗潜力和特种作战力量而形成的政治、经济、信息和其他非军事措施；

（2）密集使用武器装备和军事技术系统，高精度武器、超声武器、无线电电子战手段，依据新物理原理建造与核武器等效能的武器信息指挥系统，以及无人机、自动舰船和自动武器装备和军事技术系统；

（3）对敌行动范围扩大至敌领土全域，并在全球信息空间、空天空间、陆地和海洋同时展开；

（4）目标打击具有选择性和高效性，部队（力量）和火力具备快速机动性，使用各种机动军队（力量）集团；

（5）军事活动准备的时间参数大为缩短；

（6）部队（力量）和武器指挥体系由严格的垂直指挥体系转变为全球网络自动化指挥体系，导致该体系的集中化和自动化程度大大加强；

(7) 在对抗双方的领土上建立常设军事行动区;

(8) 非正规武装力量和私营军事公司参与军事行动;

(9) 使用非线性和非对称行动方式;

(10) 运用由境外提供资金和进行指挥的政治力量和社会运动;

16. 核武器仍将是防止爆发核军事冲突和使用常规毁伤武器军事冲突(大规模战争、地区性战争)的重要因素。

三、俄联邦军事政策

17. 俄联邦军事政策的基本任务由俄联邦总统根据俄联邦法律、《2020年前俄联邦国家安全战略》和《军事学说》确定。

18. 俄联邦军事政策旨在遏制和防止军事冲突,完善军事组织及武装力量、其他部队和机关的使用样式和方法,提升动员准备水平,保障俄联邦国防与安全,以及盟友的利益。

(一) 俄联邦遏制和防止军事冲突的活动

19. 俄联邦保证武装力量、其他军队和机关的日常战备水平,根据国际法准则和俄联邦签署的国际条约,遏制和防止军事冲突,武装保卫俄联邦及其盟友。

20. 如同阻止任何其他军事冲突一样阻止核军事冲突,是俄联邦军事政策的基础。

21. 俄联邦遏制和防止军事冲突的主要任务有:

(1) 运用现代技术手段和信息技术,评估和预测全球与地区层面军事政治形势的发展,以及军事政治领域的国际关系状态;

(2) 运用政治、外交和其他非军事手段,消除可能出现的军事危险和军事威胁;

（3）维持全球和地区稳定，将核遏制潜力保持在足够的水平上；

（4）武装力量、其他部队和机关保持应有的战斗准备水平；

（5）保持俄联邦经济、国家权力机关、地方自治机关和组织的动员准备能力，确保它们在各自活动领域内达到可在战时完成任务的水平；

（6）将国家、社会和个人捍卫俄联邦的努力联合起来，制定和落实多种措施，提升俄联邦公民军事—爱国主义教育的成效，使其为服兵役做好准备；

（7）根据《联合国宪章》条款、国际共识、国际法规则以及俄联邦签署的国际条约，扩大伙伴国家范围，并基于共同利益，发展与其在国际安全领域中的合作；扩大与金砖国家（巴西、俄罗斯、印度、中国和南非共和国）的合作；

（8）巩固集体安全条约组织（Организация Договора о коллективной безопасности）框架内的集体安全体系，增强该组织的潜力，加强独联体（Содружества Независимых Государств）、欧洲安全与合作组织（Организация по безопасности и сотрудничеству в Европе）和上海合作组织（Шанхайская организация сотрудничества）框架内的国际安全协作，与阿布哈兹共和国和南奥塞梯共和国进行协作，保证共同国防与安全，保持与欧盟（Евпопейский союз）和北约进行欧洲安全平等对话，推动在亚太地区建立新的集体不结盟基础上的安全模式；

（9）遵守俄联邦在削减和限制导弹核武器领域内所签署的国际条约；

（10）签署并落实常规武器控制协议，采取措施，加强互信；

（11）为对抗可能的导弹威胁，建立双边和多边互惠合作机制，包括在必要时候，在俄罗斯平等参与下，建立联合反导防御系统；

（12）反对个别国家（国家集团）试图通过部署战略反导防御系统，在太空部署武器以及部署高精度战略非核系统等方式谋取军事优势；

（13）签署有关防止在太空部署任何类型武器的国际合约；

（14）在联合国框架内，协调所有有关安全从事太空活动的规定，包括一般技术理解中的太空作业安全；

（15）加强俄联邦近地空间目标管理和事件管理能力，包括建立上述区域国际协作机制；

（16）在联合国领导下，以及在与国际（地区）组织协作框架内，参与国际维和活动；

（17）深入研究和参加国际监督机制，监督《禁止发展、生产和贮存细菌（生物）与毒素武器和销毁此种武器的公约》的遵守情况；

（18）参与国际反恐斗争；

（19）创造条件，降低风险，尽力避免将信息与通信技术用于军事政治目的，进行反国际法活动，以及破坏国家主权、政治独立、领土完整，威胁国际和平、安全及全球与地区稳定等活动。

（二）武装力量、其他部队和机关的运用及其在平时、面临被入侵的直接威胁时和战时的基本任务

22. 俄联邦认为，根据国际公认的国际法原则和准则、俄联邦签署的国际条约，在下述情况使用武装力量、部队和机关是合法的，包括：抗击对俄联邦及（或）其盟友的入侵，根据联合国安理会和其他集体安全机构的决议维持（恢复）和平，保护身处俄联邦境外的本国公民。

23. 平时，根据俄联邦总统的决定，依据联邦法律规定的程序，使用实施武装力量、其他部队和机关。在这种情况下，在对业已形成的军事政治形势和军事战略形势进行预判和跟踪分析的基础上，要果断、目的明确且综合地运用武装力量、其他部队和机关。

24. 俄联邦把针对联盟国家成员国发动的武装进攻或采取的任何武力行为视为对联盟国家的侵略，并实施反击。

25. 俄联邦把针对集体安全条约组织成员国的武装进攻视为针对集体安全条约组织所有成员国的侵略，在这种情况下，将根据《集体安全条约》采取措施。

26. 在采取武力性质的战略遏制措施中，俄联邦准备使用高精度武器。

27. 在俄联邦及（或）其盟友受到核武器和其他大规模毁伤性武器袭击时，或虽受到常规武器侵略，但国家生存受到威胁时，俄联邦保留使用核武器进行回击的权利。使用核武器的决定由俄联邦总统作出。

28. 在完成所面临的任务时，武装力量、其他部队和机关根据《俄联邦国防计划》、俄联邦总统令、俄联邦武装力量最高统帅的命令和训令、俄联邦其他规范性法律文件和国防问题战略规划文件组织与实施。

29. 俄联邦派兵参加集体安全条约组织维和力量，以参与根据集体安全理事会的决定所进行的维和行动。俄联邦派兵参加集体安全条约组织的集体作战反应力量（Коллективные силы оперативного реагирования）和中亚集体安全区的集体快速部署力量（Коллективныес илы быстрого развертывания），目的是对集体安全条约组织成员国所受到的军事威胁进行作战反应，履行集体安全条约组织集体安全理事会（Совет коллективной безопасности）确定的其他任务。

30. 为完成联合国授权或独联体授权的维和行动，俄联邦按照联邦法律和俄联邦签署的国际条约所规定的程序派出部队。

31. 为捍卫俄联邦及其公民的利益，维护国际和平与安全，俄联邦武装力量可以根据公认的国际法原则和准则、俄联邦签署的国际条约和俄联邦法律，在俄境外使用武装力量。

32. 平时，武装力量、其他部队和机关的主要任务有：

（1）捍卫俄联邦主权和领土完整，保护其领土不受侵犯；

（2）实施战略（核与非核）遏制，包括防止军事冲突；

（3）将战略核力量及保障其运行和使用的兵力兵器的编制、战斗准备状态、动员准备状态、训练状态以及指挥系统维持在应有的水平，保证在任何情况下可以给进犯者造成不可承受的损失；

（4）及时向俄联邦武装力量最高统帅发出空中—太空袭击预警，向国家领导机关、军事指挥机关和部队（力量）通报军事危险和军事威胁情况；

（5）保证武装力量、其他部队和机关具备能力，可提前在有潜在危险的战略方向上展开，并做好战斗准备；

（6）保证为俄联邦最重要的目标提供空天防御，并做好准备，反击空天进攻手段的打击；

（7）在战略太空区域部署和维护轨道航天器群，为俄联邦武装力量的活动提供保障；

（8）为重要的国家目标、军事目标、交通线上的目标和特种物资提供警戒和防卫；

（9）为武装力量、部队和机关建设新的军事基础设施，并对已有军事设施进行现代化改造和发展，挑选可执行双重使命的基础设施，供部队用于国防；

（10）保护身处境外的俄联邦公民免受武装袭击；

（11）根据联合国安理会（Совет безопасности）的决议或其他国际法授权机构作出的决议，参与国际和平与安全的维护（恢复）行动，采取措施防止（消除）对和平的威胁，压制侵略（破坏和平）行为；

（12）打击海盗行径，保障航运安全；

（13）保障俄联邦在世界海洋上进行的经济活动的安全；

（14）在俄联邦领土上进行反恐斗争，在俄联邦境外消除国际恐怖活动；

（15）为进行国土防卫和民防做准备；

（16）参与维护社会秩序，保障公共安全；

（17）参与消除紧急状态，重建特种设施；

（18）参与保障紧急状态制度；

（19）保障俄联邦在北极地区的国家利益。

33. 在面临入侵的直接威胁时，武装力量、其他部队和机关的主要任务有：

（1）采取一整套旨在降低入侵威胁程度的补充措施，提高武装力量的战斗准备水平和动员准备水平，实施战略展开；

（2）将核遏制潜力维持在规定的战备等级上；

（3）武装力量实施战略展开；

（4）参与保障战时状态制度；

（5）采取国土防御措施，按照既定程序实施民防；

（6）履行俄联邦在集体防卫方面承担的国际义务，依据国际法准则，根据某国的相应请求，抗击或防止针对该国发动武装进攻。

34. 战时，武装力量、其他部队和机关的主要任务是抗击对俄联邦及其盟友的侵略，打败侵略者的部队（力量），迫使其在符合俄联邦及其盟友利益条件下结束军事行动。

（三）发展军事组织

35. 发展军事组织的基本任务有：

（1）使军事组织各组成部分的结构、编成和数量符合平时、面临入侵的直接威胁时和战时的任务所需，并为此目的划拨足够的财政、物质和其他资源，这些资源的计划划拨数量和时间在俄联邦长期社会经济发展规划文件中体现；

（2）提升国家领导和军队指挥体系运行的效率和安全性，为俄联邦执行权力机关、俄联邦主体执行权力机关、其他国家机关在执行国防与安全领域的任务时进行信息互动提供保障；

（3）完善俄联邦空天防御系统；

(4) 在合理使用财政、物质和其他资源的基础上，完善对军事组织的军事经济保障；

(5) 完善军事规划；

(6) 完善国土防卫和民防；

(7) 完善包括武器、军事技术装备、特种技术装备和物质技术手段等在内可动员物资储备的创立系统；

(8) 提高武器、军事技术装备和特种技术装备的使用和维修系统的运行效率；

(9) 在武装力量、其他军队和机构内，建立一体化的物资技术保障、社会保障、医疗保障和科研保障，以及军事教育和干部培训机构；

(10) 完善武装力量、其他军队和机构的信息安全系统；

(11) 提高服兵役的威望，使俄联邦公民做好服兵役的全面准备；

(12) 为俄联邦与外国之间的军事政治和军事技术合作提供保障；

(13) 发展动员基地，保障武装力量、其他部队和机关的动员展开，完善可动员人力储备和人力资源的系统管理与培训方法；

(14) 完善为部队（力量）和居民提供细菌、化学和生物防护的系统。

36. 军事组织发展的主要优先方向：

(1) 完善军事组织的指挥体系，提升其运行效率；

(2) 保证常备兵团、部队和队伍维持必要的补充、装备和保障水平，并确保他们的训练达到所需水平；

(3) 提高干部培训和军事教育的质量，增强军事科研潜力。

（四）建设和发展武装力量、其他部队和机关

37. 建设和发展武装力量、其他部队和机关的主要任务有：使其结构、编成、数量、现代化武器装备、军事技术装备和特种技术装备的水平，适应所预测到的各种军事威胁及军事冲突的内容与性质，能够履行和平时期、面临入侵的直接威胁时期和战时的任务，符合俄联邦政治、社会经济、人口和军事技术的条件与能力。

38. 在武装力量、其他部队和机关的建设与发展方面，俄联邦必须从以下方面开始：

（1）完善武装力量的编制和结构，优化军人的编制数量；

（2）保障常备兵团与部队和用于武装力量、军队和机关动员扩编的兵团与部队之间的比例合理；

（3）提高战役训练、战斗训练、特种训练和动员准备的质量；

（4）加强武装力量诸军兵种军团、兵团和队伍、其他部队和机关、俄联邦执行权力机关、俄联邦主体执行权力机关、地方自治机关和其他从事国防活动的组织之间的相互协作；

（5）保证新式武器装备、军事技术装备和特种技术装备（物资技术器材）的列装，确保高质量地掌握它们；

（6）整合并协调发展武装力量、其他部队和机关的技术系统、后勤系统和其他保障系统；

（7）完善军事教育训练系统、干部培训系统和军事科研系统；

（8）培养职业水平高且忠于祖国的军人，提高服兵役的威望。

39. 可以通过以下方法完成武装力量、其他部队和机关建设和发展主要任务：

（1）制定军事政策，并循序渐进地落实；

（2）为武装力量、其他部队和机关提供有效的军事经济保障及充足的财政支持；

（3）提高国防工业综合体的运行效率；

（4）为武装力量、其他部队和机关的指挥体系在平时、受到入侵的直接威胁时及战时均能可靠运行提供保障；

（5）使国家经济能力维持在可满足武装力量、其他部队和机关需要的水平；

（6）发展常备民防力量，使其能在平时、受到入侵的直接威胁时及战时均可履行职能；维护动员基地，确保武装力量、其他部队和机关的动员展开。

（7）建立地方民兵部队，用于警戒和保卫军事目标，国家目标，特殊目标，保障居民生活、交通、通信正常运行的目标，能源目标以及可给人们的生命健康带来高度危险的目标；

（8）根据俄联邦签署的国际公约和联邦法律，完善武装力量、其他部队和机关在国内外的驻防（驻泊）体系；

（9）根据战略和战役方向建立军事基础设施梯次配置体系；

（10）提前开展可动员资源的储备活动；

（11）有效保障武装力量、其他部队和机关的信息安全；

（12）完善军事高等教育机构的结构，同时完善那些按照军事培训计划对俄联邦公民进行教育的国立高等教育机构的结构，为它们配备用于教学的现代化物质技术基础；

（13）提高军人、退役公民及其家庭成员和武装力量、其他部队和机关文职人员的社会保障水平；

（14）落实联邦法律规定的军人、退役公民及其家庭成员的社会保障，提高他们的生活质量；

（15）完善合同兵役制和义务兵役制军人补充体系，优先补充列兵和军士职位，以保障武装力量、其他军队和机关的兵团和部队战斗力，优先补充合同兵役制军人；

（16）增强部队的组织纪律性，加强依法制军，预防和消除腐败现象；

（17）完善公民应征入伍前的培训和军事爱国主义教育；

（18）对联邦执行权力机关、联邦主体执行权力机关在国防领域中的活动进行国家监督和公民监督。

（五）俄联邦动员准备与动员准备状态

40. 俄联邦动员准备水平是由为在规定时间内完成动员计划所做的准备保证的。俄联邦动员准备水平所要达到的高度取决于预测到的军事威胁情况和军事冲突的性质，它的实现需要依靠：采取必要规模的动员准备措施，为武装力量、其他部队和机关装备新式武器装备，将军事技术潜力维持在应有的水平。

41. 动员准备（мобилизационная подготовка）的主要目的是使俄联邦、俄联邦主体及地方机构的经济、国家权力机关、地方自治机关和组织，以及武装力量、其他部队和机关做好准备，保卫国家免遭武装攻击，满足战时国家需求和居民需要。

42. 动员准备的主要任务：

（1）保证国家领导在战时的稳定性；

（2）建立法律法规基础，规范动员时期、战时状态和战争时期所应采取的经济及其他方面措施，包括明确上述时期金融信贷、税务系统和货币流通系统的运行特点；

（3）保证满足战时武装力量、其他部队和机关的需求，满足国家的其他需求和居民的需要；

（4）在宣布开始动员后，组建专门部队，或将其移交给武装力量，或用于捍卫俄联邦经济利益；

（5）将俄联邦工业潜力保持在足以满足战时国家需要和人民需求的水平上；

（6）为武装力量、其他部队和机关以及各经济领域提供后备人员和物资技术资源补充，以完成战时任务；

（7）对被军事行动所破坏和毁灭的目标开展重建工作，包括恢复武器装备、军事技术装备和特种技术装备的生产能力，以及对交通线的掩护；

（8）在战时资源有限的情况下，为居民提供食品和其他商品。

四、国防的军事经济保障

43. 为国防提供军事经济保障的基本任务是：创造条件，确保国家的军事经济和军事技术潜力稳步发展，并使其保持在必要的水平之上，以落实军事政策，切实满足平时、面临入侵的直接威胁时及战时军事组织的需求。

44. 为国防提供军事经济保障的任务有：

（1）在国家军事科学潜力不断发展，财政和物资技术资源日益集中化，其利用效益不断提升的基础上，为武装力量、其他部队和机关装备足够保障其履行军事组织使命的武器装备、军事技术装备和特种技术装备。

（2）为武装力量、其他部队和机关提供及时而全面的物质保障，以落实其建设与使用计划以及部队的战役训练、战斗训练、特种训练和动员准备等计划所规定的各项措施。

（3）采取下述途径实现国防工业体系的发展：协调国家的军事经济活动以保障国防；对特定领域里的民用经济和军用经济进行整合；为军事性质、特别性质和双重性质的智力活动成果提供法律保护。

（4）为加强互信，降低全球和地区军事紧张，完善与外国的军事政治和军事技术合作。

（一）为武装力量、其他部队和机关装备武器、军事技术装备和特种技术装备

45. 为武装力量、其他部队和机关列装武器、军事技术装备和特种技术装备的核心任务是：建立相互协调且完整的武器装备体系，并将其维持在一定的状态，使其适应武装力量、其他部队和机关的任务、使命、使用样式和方法以及俄联邦的经济能力和动员能力。

46. 为武装力量、其他部队和机关列装武器、军事技术装备和特种技术装备的任务是：

（1）为武装力量、其他部队和机关系统列装（重新列装）最新样式武器系统、军事技术装备和特种技术装备，并维护其状态，确保战斗使用；

（2）使用标准元件制造多功能（多用途）的武器装备、军事技术装备和特种技术装备；

（3）发展可进行信息对抗的兵力兵器；

（4）运用现代工艺，采纳国际标准，并把武装力量、其他部队和机关的统一信息空间作为俄联邦信息空间的组成部分，高质量完善信息交换手段；

（5）确保武装力量、其他部队和机关的武器系统功能统一和组织技术统一；

（6）研制新型高精度武器及其反制手段，空天防御手段，通信、情报与指挥系统，无线电电子对抗系统，载有打击系统的无人飞行器，现代运输空军以及军人个人防护系统；

（7）建立基础信息管理系统，并将其与武器指挥系统以及战略、战役战略、战役、战役战术和战术层级指挥机关的自动化手段进行整合；

（8）为武装力量、其他部队和机关装备武器、军事技术装备和特种技术装备的任务，由国家武器装备规划和其他国家规划（计划）

文件作出规定。

（二）为武装力量、其他部队和机关提供物资保障

48. 在实现一体化和相互协调的技术与后勤保障框架内，为武装力量、其他部队和机关提供物资保障，并不断进行积累和保存。

49. 平时，为武装力量、其他部队和机关提供物资保障的主要任务是：根据各战略方向的物理—地质条件与运输系统能力，积蓄武装力量战略展开和进行军事行动所需的物资储备，并对其进行梯次配置和保管。

50. 在面临入侵的直接威胁时，为武装力量、其他部队和机关提供物资保障的主要任务是：按战时的编制和标准为部队补充物资。

51. 战时，为武装力量、其他部队和机关提供物资保障的主要任务是：

（1）根据集团军群的使命、序列、组建日期和预计遂行军事行动的时间，发放物资储备；

（2）根据工业组织供给和维修武器装备、军事技术装备和特种技术装备的能力，对军事行动中损失的武器装备、军事技术装备和特种技术装备进行补充。

（三）发展国防工业体系

52. 发展国防工业体系的主要任务是：国防工业体系是国家经济中高技术密集和职业密集的部分，必须保证它的高效运行，以有效满足武装力量、其他军队和机关对现代化武器、军事技术装备和特种技术装备的需求，并确保俄联邦在世界高技术产品市场和服务市场的战略存在。

53. 属于发展国防工业体系的任务有：

（1）创立和发展大型科研生产机构，完善国防工业体系；

（2）在武器和军事技术装备的研发、生产和维修等领域，完善国际合作体系；

（3）根据国家武器计划，在战略性及其他类型武器、军事技术装备和特种技术装备的生产领域，确保俄联邦所用工艺的独立性；

（4）完善武器、军事技术装备及特种技术设备生产与使用全周期所需物资原料的保障体系，其中包括国产元配件；

（5）形成一套领先工艺，确保可以研发和创造前景广阔的武器、军事技术装备和特种技术装备；

（6）对战略意义重大的国防工业体系机构持续进行国家监督；

（7）积极开展创设活动，使科学技术基础和生产工艺基础得到高质量的更新；

（8）研发、保持、运用军用和民用基础工艺与关键工艺，从而确保能够研制、生产和维修已列装的、以及前景广阔的武器、军事技术装备和特种技术装备，并实现工艺上的突破，或者制造出超前的科技半成品，从而研制出全新的、具备前所未有能力的武器、军事技术装备和特种技术装备；

（9）完善国防工业体系发展的目标纲要规划体系，提高为武装力量、其他军队和机关提供武器、军事技术装备和特种技术装备的效率，保障国防工业体系的动员准备水平；

（10）研制和生产前景广阔的武器、军事技术装备和特种技术装备系统和样品，提高军用产品的质量与竞争能力，建立武器、军事技术装备和特种技术装备全生命周期管理系统；

（11）完善产品订货机制，为满足国家需求进行生产和提供服务；

（12）深化组织经济机制，保障国防工业体系有效运行与发展，完善国防工业体系各部门的活动；

（13）完善国防工业体系的干部队伍，增强国防工业体系的智力潜力，保障国防工业体系工作人员的社会保障；

（14）确保国防工业体系各组织部门具备一定的生产一技术准备水平，可按所需质量与规模研制、生产颇富前景的武器、军事技术装备和特种技术装备。

（四）俄联邦与外国的军事政治和军事技术合作

54. 俄联邦与外国、国际组织和地区组织的军事政治和军事技术合作（以下简称“军事政治和军事技术合作”），是依据俄联邦法律和俄联邦签署的国际条约，在符合对外政治和经济目标的前提下进行的。

55. 军事—政治合作的任务有：

（1）根据国际法，特别是《联合国宪章》，巩固全球和地区层次上的国际安全和战略稳定；

（2）与集体安全条约组织成员国、独联体国家成员、阿布哈兹共和国和南奥塞梯共和国建立和发展同盟关系，与其他国家建立友好关系和伙伴关系；

（3）就创建有俄联邦参加的地区安全体系进行对话；

（4）在防止冲突局势的发生，维护和巩固各地区和平方面，发展与国际组织的关系，包括派遣俄罗斯军队参加维和行动；

（5）为防止大规模杀伤性武器及其运载工具的扩散，与相关国家和国际组织保持平等关系；

（6）与相关国家展开对话，讨论各国在应对因信息技术和通信技术大规模用于军事政治目的而引发的军事危险和军事威胁方面的态度；

（7）履行俄联邦的国际责任。

56. 军事政治合作的主要优先方向：

（1）与白俄罗斯共和国：在国家武装力量发展与军事基础设施

使用领域协调彼此的行动；根据联盟国家的军事学说，采取措施保持联盟国家的国防能力，并相互协调彼此的举措。

（2）与阿布哈兹共和国和南奥塞梯共和国：为确保共同防卫与保障安全进行相互协作。

（3）与集体安全条约组织成员国：为保障集体安全和共同防卫，在集体安全条约组织内，共同努力完善集体安全体系的力量与手段。

（4）与独联体成员国：保障地区和国际安全，实施维和行动。

（5）与上海合作组织成员国：合力对抗共同空间内出现的新军事危险和军事威胁，建立必要的规范性法律基础。

（6）与联合国和其他国际、地区组织：派遣武装力量、其他军队和机关的代表进入维和行动领导层，参与维和行动准备活动中的计划工作和措施落实工作，参与制定、协商与落实军控与巩固国际安全领域的国际条约，扩大武装力量、其他部队和机关的分队和军人在维和行动中的参与度。

57. 军事—技术合作的任务由俄联邦总统根据联邦法律确定。

58. 军事—技术合作的主要方向在每年俄联邦总统至联邦会议的国情咨文中确定。

军事学说的条款可以根据军事危险和军事威胁性质的变化、国防和安全保障领域中任务的变化以及俄联邦发展条件的变化进行修订。

（译者：解放军外国语学院副教授　彭亚平）

俄联邦武装力量总参谋部条例*

俄罗斯国防部

2013年7月23日

第一章　总则

1. 俄罗斯联邦武装力量总参谋部（以下简称“总参谋部”）是俄罗斯联邦国防部（以下简称“国防部”）的中央军事指挥机关和俄罗斯联邦武装力量的基本作战指挥机关（以下简称“武装力量”）。根据俄罗斯联邦总统兼武装力量最高统帅和国防部长的决定，总参谋部在国防部的授权范围内，对武装力量实施指挥，开展国防规划、动员准备和动员工作，以及协调其他军队、队伍和专门部队在国防领域的活动。

2. 俄联邦国防部长对总参谋部的活动实施领导。

3. 总参谋部的活动应当遵守俄联邦宪法、国际法公认的原则和准则、俄罗斯联邦签署的国际条约、联邦宪法法律、联邦法律、俄罗斯联邦总统法令，武装力量最高统帅命令和训令、俄联邦政府法令、俄联邦国防部长命令和训令以及本条例。

4. 总参谋部隶属于国防部，它由中央军事指挥机关及其下属部门构成。总参谋部的组织机构由俄联邦国防部长批准。

5. 总参谋部拥有开展活动所需要的公章、角形印章和印有俄联

* 该文件于2013年7月23日由俄罗斯联邦总统普京签发并颁布实施，但直到2014年5月才在媒体网站上公开文件全文。鉴于该文件对研究联合作战指挥体制改革的重要性，所以将其全文译出收入本书。原文出自 http：//www. garant. ru/products/ipo/prime/doc/70319514/＃ixzz3O2sQovdQ。

邦国徽与总参谋部名称的信笺。

第二章　总参谋部的基本任务

6. 总参谋部的基本任务是：

（1）组织指挥武装力量。

（2）组织国防规划。

（3）就国防领域国家政策的制定与实施提出建议并参与落实。

（4）和平时期采取战略遏制措施时，协调武装力量和其他军队、队伍的行动。

（5）规划并落实武装力量的建设措施，协调制定其他军队和队伍在国防领域建设发展的构想与规划。

（6）根据俄罗斯联邦法律和其他规范性法律文件，组织武装力量、其他军队、队伍和机构以及专门机构转入战时机构和编成，并保障其动员展开。

（7）组织武装力量保持应有战备水平，并对其监督。监督其他军队、队伍和专门部队的动员准备。

（8）领导武装力量的战役训练和动员训练。协调其他军队、队伍和专门部队的战役训练和动员训练。

（9）组织落实武装力量的战略（战役）保障措施。

（10）组织国防情报活动和在权限范围内保障俄罗斯联邦国家安全的情报活动。

（11）发展武装力量的指挥系统，并协调其他军队、队伍和专门部队的国防指挥系统的发展。

（12）组织武装力量的通信和自动化指挥，确定和规划国防无线电频谱的使用程序。

（13）规划和落实武装力量的组织编制，与其他军队和队伍就上述问题开展协作。

(14) 组织武装力量、其他军队、队伍、机构和专门部队补充义务兵。

(15) 规划武装力量主要类型武器装备、特种技术装备、物资器材的保障及应急器材的储备和发放。

(16) 组织军队勤务，保障武装力量的兵役安全，在配备和使用技术设备警戒武装力量设施方面制定和实施统一的技术政策。

(17) 采取措施保护武装力量和俄国防部下属联邦权力执行机关和组织机构中的国家秘密，并监督保密措施的落实情况。

第三章　总参谋部的职能

7. 在指挥武装力量方面的职能：

(1) 组织筹划武装力量的指挥。

(2) 组织对武装力量的集中作战指挥。

(3) 保障与其他联邦执行权力机关共同落实武装力量最高统帅在指挥武装力量、其他军队、队伍、机构和专门部队方面的决议。

(4) 保持武装力量集中作战指挥系统的战备状态并对军队作战指挥系统战斗使用的准备状态实施监督。

(5) 组织规划与核准核武器与潜在高危武器的使用，并对其使用提供保障。

(6) 组织和采取措施防止未经批准使用核武器和潜在高危武器。

(7) 分析武装力量的作战指挥现状，并对保障其处于应有水平进行监督。

预测和判断军事威胁，为起草俄联邦国家安全构想、俄联邦军事学说、国家军事建设政策的基本原则草案，提出武装力量任务、结构、编成、员额和部署，以及组织国防其他问题的建议。

8. 在组织俄罗斯联邦在国防规划方面的职能：

（1）组织并在编有军队、队伍、机构和专门部队的联邦执行权力机关以及其他相关联邦执行权力机关参与下制订《俄罗斯联邦国防计划》相关文件，并依照规定程序呈送俄罗斯联邦总统批准。

（2）根据《俄罗斯联邦国防计划》组织武装力量、其他军队、队伍、机构和专门部队的使用。

（3）组织和指挥武装力量的战略展开，并在实施过程中保持与其他军队、队伍、机构和专门部队的协同。

（4）与武装力量中央指挥机关和相关联邦权力执行机关共同制订武装力量战略保障计划。

（5）制订《俄罗斯联邦武装力量动员计划》以及其他军队、队伍、机构和专门部队的动员扩充的文件。

（6）组织俄罗斯联邦境内的国防战备建设，保障武装力量军事基础设施的安全运行。

（7）参与制订《俄罗斯联邦民防和保护居民规划》。

（8）组织遂行俄罗斯联邦地区防卫任务。

（9）组织并与相关联邦执行权力机关共同建立国防规划的初始数据库。

（10）组织实施俄罗斯武装力量的反恐措施，并监督其实施情况。

9. 就制定和实行国防领域的国家政策提出建议并参与执行相关政策方面的职能：

（1）预测和评估军事威胁。

（2）就俄罗斯联邦战略规划文件草案中涉及武装力量任务、结构、编成、员额和部署及其他有关国防的问题提出建议；为国防目的协调有关其他军队、队伍、机构和专门部队机构、编成和员额的建议。

（3）预测武装斗争手段的发展，评估现代武装斗争的特点并预测可能的军事冲突、军事行动的类型和样式及其实施方法，制定武装保卫国家利益的战略。

(4) 在职权范围内就国家纲要草案中设计的动员计划、国防订货和国防开支规划等问题拟定建议。

(5) 在职权领域范围内就国防领域法律调节问题向国防部长提出建议。

(6) 按照规定程序参与俄罗斯联邦与外国及国际组织开展的国际军事合作和军事技术合作，并在总参职权范围内参与国际谈判和磋商。

(7) 在战略稳定、全球和地区安全、军控、防止大规模杀伤性武器及其运载工具扩散、军事互信等领域签署的国际条约。

(8) 准备并参与开展与外国参谋部级的谈判。

(9) 执行俄罗斯联邦与独联体成员国战略稳定、全球与地区安全、军控、防止大规模杀伤性武器及其运载工具扩散、军事互信等领域签署的国际条约。

(10) 组织武装力量军事指挥机关与联邦执行权力机关的协同，并在以下领域协调双方行动：

• 保障遂行俄联邦国防用于国防目的的海洋活动任务。

• 对国家航空领域的活动实施国家调节。

• 保障国家领空与领水的边界安全，保障俄罗斯联邦最重要实施的防空（空天防御）。

• 为国防和国家安全目的，执行在航天领域、利用和发展深水兵力兵器方面的国家政策。

• 制订军用、军民两用及用于其他用途的航天器的发射计划，以及根据国际合作纲要发射航天器的计划。

10. 在协调武装力量、其他军队与队伍在平时实施战略遏制方面的职能：

(1) 规划武装力量、其他军队、队伍和机构协同实施的战略遏制措施。

（2）协调武装力量、其他军队、队伍和机构平时实施的战略遏制行动。

（3）领导武装力量平时实施战略遏制。

（4）组织武装力量、其他军队、队伍和机构平时实施的战略遏制时的协同。

11. 在组织规划并落实武装力量建设措施，为国防目的协调制定其他军队、队伍建设发展构想与规划方面的职能：

（1）制订武装力量建设发展构想与规划，协调制订军兵种和不属于军兵种编成部队的发展构想与规划，完善全面保障体系，监督上述构想与规划的落实情况。

（2）协调制订其他军队和队伍的建设发展构想与规划。

（3）确定武装力量武器装备、特种技术装备列装的优先方向，参与制订国家武器装备发展纲要、国防订货计划和《国家经济动员计划》，并在总参谋部职权范围内协商各军事指挥机关提出的相关意见。

（4）对是否符合武器装备、特种技术装备样品及系统的技战术要求实施监督，并就其未来发展方向拟定建议。在国防部权力范围内，按照规定程序就武器装备、特种技术装备样品及系统研制（现代化改造）各种技战术指标进行协商。

（5）参与对武器装备、特种技术装备武器进行国家试验的国家委员会的工作。

12. 根据俄罗斯联邦法律和其他规范性法律文件规定，在将武装力量、其他军队、队伍和机构转入战时编成并保障其动员扩充方面的职能：

（1）根据《俄罗斯联邦转入战时计划》和俄罗斯联邦相应规范性法律文件的规定，在武装力量中采取相应措施。

（2）制定国防部关于转入战时状态及进入最高战备等级的规范

性法律文件。

（3）组织制订武装力量、其他军队、队伍、机构和专门部队的动员规划。

（4）对武装力量、其他军队、队伍、机构和专门部队动员储备补充及其准备、存储进行规划。

（5）协调俄罗斯联邦兵役登记工作。

（6）保障履行俄罗斯联邦国防部在军事运输义务方面的职能，协调军事运输工具统计工作。

（7）指挥武装力量的动员扩充，组织保障其他军队、队伍、机构和专门部队的动员扩充。

（8）拟定有关预备役和参与军事集训所需的俄罗斯联邦公民数量及其在武装力量与其他军队、队伍和机构之间进行分配的建议；在军区参谋部提供资料的基础上，确定各联邦主体动员公民参加预备役、军事集训和服兵役（从事文职人员工作）的数量定额，并在武装力量与其他军队、队伍、机构及专业队伍之间分配这些定额。

（9）制订兵役登记条例草案，军事运输义务条例草案，公民按战时预定编制被动员应征（编入专门部队）服役或派往武装力量、其他军队、队伍、机构担任文职的条例草案，利用地方资源保障部队和兵团动员需求的条例草案，对转入预备役的公民进行军事集训的条例草案，将公民纳入人力动员资源的条例草案。

（10）组织联邦执行权力机关采取措施为国防部发展和完善武装力量动员扩充基础，并予以协调落实。

13. 在保持武装力量处于应有战备水平并对其进行监督，以及监督其他军队、队伍、机构和专门部队动员准备方面的职能：

（1）采取措施使武装力量时刻处于应有战备和动员水平，随时能够遂行赋予的任务。

（2）监督武装力量的战备和动员状态，监督其他军队、队伍和机构的动员状态。

（3）组织领导并分析武装力量作战值班、战斗执勤以及作战值班勤务状况，同时对其活动进行监督。

（4）组织总参作战指挥所的作战轮班。

（5）制订武装力量的年度训练计划，并对其完成情况进行监督。

（6）分析武装力量活动，组织军队总结，部署年度训练任务。

14. 在领导武装力量战役训练和动员训练，协调其他军队、队伍和机构的战役训练和动员训练方面的职能：

（1）组织实施武装力量战役训练，包括在武装力量最高统帅、国防部长、总参谋长领导下的训练。

（2）与编有军队、队伍和专门部队的联邦执行权力机关就开展战役训练和动员训练进行协同。

（3）协调武装力量、其他军队、队伍共同开展战略规模的战役训练和动员训练。

（4）规划并保障与外国武装力量的联合训练。

15. 在组织和实施武装力量战略（战役）保障方面的职能：

（1）规划和实施武装力量测绘、导航、水文地理保障，以及与被授权组织实施测绘、绘图、水文地理及导航工作的联邦权力执行机关共同进行的大陆地区测绘训练。

（2）规划和组织武装力量水文气象测量保障。

（3）对国防部和联邦权力执行机关查明外国侦察技术设备载体的目标报知系统的运行和发展实施总体领导。

（4）规划和实施武装力量伪装，并在实施时组织与各军事指挥机关的协同。

（5）组织武装力量无线电电子防护和无线电电子情报保障。

（6）组织使用和发展目标识别系统，并监督其在武装力量、其他军队、机构和专门部队及相关国际条约、协议参与国中的使用。

16. 在组织国防情报活动中和在职权范围内保障国家安全情报活动中的职能：

（1）及时查明敌人对俄罗斯联邦及其盟国的侵略准备，或威胁俄罗斯联邦及其盟国安全的局势发展情况，向总统兼武装力量最高统帅、政府总理、国防部长发出预警。

（2）组织和实施武装力量情报保障。

17. 在发展武装力量指挥系统，协调其他军队、队伍和专门部队发展国防指挥系统方面的职能：

（1）规划武装力量指挥系统发展。

（2）拟定完善武装力量指挥系统的建议，协调其他军队、队伍和专门部队指挥系统的发展。

（3）参与制订国家武器装备纲要和国防订货计划中有关新型指挥系统试验设计和采购，以及对现有指挥系统进行维修和现代化升级改造的部分内容。

（4）跟踪由国防部科研机构主导的对武装力量指挥系统进行技术改进的试验设计工作。

（5）充实武装力量统一信息空间内的信息资源，并对其使用情况进行监督。

18. 在组织武装力量的通信和自动化指挥，确定和规划国防无线电频谱使用方面的职能：

（1）组织领导武装力量通信和自动化指挥。

（2）保障武装力量通信和自动化指挥系统、远程通信网、加固指挥所特种工程构筑设施技术器材的稳定运行，并对其实施监督。

（3）组织武装力量通信和自动化指挥系统、远程通信网、加固指挥所特种工程技术器材的技术保障，并对其实施监督。

（4）组织武装力量联合自动化数字化通信网的运行。

（5）组织分配给武装力量、其他军队、队伍、机构和专门部队国防无线电频谱的使用，并对其使用情况实施监督。

19. 在规划和落实武装力量组织编制，与其他军队、队伍和专门部队在上述问题上的开展协作方面的职能：

（1）拟定武装力量组织编制，以及国防部下属联邦执行权力机关建设的组织编制问题的建议。

（2）统计武装力量及其他军队的编成和员额，协调编成内有其他军队、队伍和机构的联邦执行权力机关为国防目的拟定军队和队伍员额、编成和结构相关建议活动，制订和实施武装力量编成分类表。

（3）拟定武装力量中晋升将官的军人职务表和武装力量中晋升上校（海军上校）的军人职务数量的建议。

（4）拟定在武装力量限定员额内向军兵种和不属于军兵种部队分配军人的建议。

（5）拟定并批准武装力量军事指挥机关、兵团、部队和组织的编制与编制表，并建立相关的电子数据库。

20. 在组织武装力量、其他军队、队伍、机构和专门部队补充义务兵方面的职能：

（1）拟定有关应征服役公民数量及其在武装力量、其他军队、队伍、机构和专门部队之间分配的建议，确定征召服役的员额，并负责在武装力量、其他军队、队伍、机构和专门部队之间的分配。

（2）按照国家法律法规要求，组织公民入伍服役，并对其进行服役前训练。

（3）组织武装力量、其他军队、队伍和机构补充士兵、水兵、士官和准尉工作，并组织其在武装力量中的训练和服役。

（4）参与规划为高等军事职业教育机构和独立分支机构（分校）补充学员的措施。

（5）在权限范围内，协调兵役委员会的活动，参与兵役委员会干部组成，包括担任兵役委员会主席，对兵役委员会在总参职权范围内的活动提供保障，保障俄罗斯公民役前跨部门委员会的活动。

（6）参与制订服役程序条例草案、军事专业联邦高等教育标准草案、公民役前训练计划和方法草案、军事应用类体育项目草案，以及总参谋部职权范围内其他法律规范性文件草案。

（7）在国防部范围内落实公民选择性民役的相关法律。

（8）统计武装力量在平时的不可逆损失及其在动员、战时状态，以及战时的人员损失。

（9）对在武装力量开展专业心理测试抽查并进行总体领导。

（10）制订兵役委员会草案、公民役前训练条例草案、征召公民服役条例草案。

（11）组织哥萨克军事团体之间的合作。

21. 在规划武装力量主要类型武器装备、特种技术装备、物资器材的保障及其应急储备的存储和发放方面的职能：

（1）组织采购和维修武器装备、特种技术装备、生产设备用产品和器材、其他物资的支付依据，以及计算为保障武装力量动员需求而建立国家物资储备所需的物资量。

（2）确定武装力量对武器装备、特种技术装备、物资器材的需求量，拟制相关清单和明确应急储备需求量，与武装力量中央供给机关共同制订武装力量动员扩充所需武器装备、特种技术装备、物资器材的当前和未来规划，并对上述武器装备和物资器材在部队存储、分配及其现状进行监督。

（3）分析武装力量武器装备、特种技术装备、物资器材的保障情况。计算武装力量部队（力量）武器装备、特种技术装备、物资器材的需求量，拟制相关清单和标准。

（4）将武器装备、特种技术装备、物资器材分配至各军兵种、军区、舰队和不属于军兵种的部队。

（5）组织武装力量列装武器装备、特种技术装备、物资器材，组织存储和发放应急储备。

（6）组织协调相关军事指挥机关从国防部储备中将未使用的武器装备、特种技术装备、物资器材无偿移交给其他军队、队伍和机构，以及按照程序移交给工业机构和其他申请单位，或用于出口。

22. 在组织军队勤务，保障武装力量兵役安全，配备和使用技术设备警戒武装力量设施方面制定和实施统一的技术政策方面的职能：

（1）分析武装力量勤务和兵役安全情况，并对其实施监督。

（2）制定关于武装力量勤务和保障兵役安全的国家规范法律文件。

（3）对武装力量设施配备防护技术器材及其运行情况实施监督，在制定国家武器纲要和国家国防订货中涉及为武装力量设施列装防护技术器材时，提供建议。

（4）制订和落实武装力量设施防护技术器材的规划。

23. 在采取措施保护武装力量和国防部下属联邦权力执行机关和组织机构中的国家秘密，并监督保密措施落实方面的职能：

（1）领导在武装力量中保障遵守保密规定，组织监督属于国防部下属联邦权力执行权力机关和组织，以及与国防部签署服务协议相关组织的保密工作情况。

（2）组织武装力量使用密码设备，领导密码工作。

（3）组织武装力量、其他军队、队伍、机构和专门部队的机要部门在保障密码通信方面的协同，为国防目的在国防部职权范围内保障国家安全。

（4）对组织保护设计国家秘密的信息实施领导。

（5）向武装力量军事指挥机关、军团、兵团、部队和组织发放为完成任务而使用涉及国家秘密的信息许可，向采取措施保护国家秘密和提供国家秘密的服务发放许可。在国防部职权范围内向其他组织发放许可。

（6）向符合安全要求的信息安全防护设备发放许可证书，向武装力量、兵团、部队、机构和组织发放允许使用上述设备的许可。

24. 行使联邦法律及其他俄联邦法律性规范文件内规定的职能。

第四章　总参谋部的领导

25. 总参谋部由俄罗斯联邦武装力量总参谋长兼国防部第一副部长领导。

26. 总参谋长直接隶属于国防部长，对完成赋予总参谋部的任务承担个人责任。

27. 总参谋长颁布总参谋长命令、总参谋部训令，下达指示，在落实俄联邦国防部长的决议时，总参谋长有权以国防部长名义颁布命令，并组织和监督其执行情况。

28. 作为国防部第一副部长，总参谋长有权就其职权范围内的问题签署国防部长命令和训令（需国家备案的命令除外），在与俄联邦政府、联邦执行权力机关、俄联邦主体执行权力机关、俄联邦立法（代表）和审判国家权力机关的相互交往中代表国防部，对俄联邦总统和政府的法律文件草案进行协调，以国防部名义进行公函往来，以及下达俄联邦国防部其他副部长、军种总司令、军区司令、兵种司令、军兵种、军区、中央军事指挥机关以及其他各级军事指挥机关、兵团、部队和机构人员都必须执行的指示。

29. 总参谋长下设若干副总参谋长，副总参谋长的职责由总参谋长确定。

30. 总参谋长担负下列职责：

（1）对总参谋部的活动实施指挥，负责使其保持经常性的战斗准备与动员准备，并就总参谋部完成所担负任务的情况承担个人责任。

（2）根据俄联邦国防部长的决心组织指挥武装力量。

（3）组织拟制俄罗斯联邦国防计划、武装力量建设发展构想和计划草案，就兵团（含）以上级别单位的结构、编成以及武装力量军人和文职人员编制员额提出建议，拟制《总参条例》、《军区条例》、《兵役委员会条例》、《军事运输义务条例》，以及其他涉及总参活动的国家规范性法律文件草案，上述文件拟制完成后提交国防部长审议，而后呈送总统批准。

(4) 在制订《俄罗斯联邦国防计划》、其他军队和队伍的建设与发展构想和计划草案时，与其他联邦执行权力机关和联邦主体权力执行机关进行合作。

(5) 组织检查武装力量战斗和动员准备情况，并对其他军队、队伍和专门部队的动员准备情况实施监督。

(6) 组织实施武装力量战役和动员训练，对其他军队、队伍和专门部队的战役和动员训练进行协调，以及筹划和实施联合战役训练和动员训练时，协调上述单位开展协同。

(7) 批准武装力量军事指挥机关、兵团、部队和机构的结构和编制员额（中央军事指挥机关和隶属于国防部的其他分队的编制员额和结构除外），就武装力量中由将军担任的职务提出建议，并报请国防部长批准。

(8) 拟制和协调实施有关研发和完善武器装备的统一军事技术政策。领导国防领域科研，同时领导武装力量的科研工作。

(9) 领导武装力量军事科研综合体，与俄罗斯科学院、联邦执行权力机关的科研单位，以及其他科研组织和社会团体开展协作。

(10) 与国防部国际军事合作总局联合领导与外国的军事科研合作以及协调相关活动。

(11) 领导武装力量军事历史、科学文化和编辑出版工作。

(12) 领导保障信息安全、保护武装力量中的国家秘密、武装力量无线电电子防护和无线电情报保障活动。

(13) 在总参谋部下属军事指挥机构采取反腐措施。

(14) 在制定编制、编制表、编制员额过程中，与负责财经工作的国防部副部长共同批准武装力量军事指挥机关、部队和机构划入相关级别、范畴和类型的标准。

（15）按照既定程序提出俄罗斯联邦签署国际条约方面的建议。

（16）按照既定程序对国家和部门奖励的武装力量军人和文职人员予以提名。

（17）按照既定程序任命军人职务、授予军衔、解除兵役。

（18）按照既定程序解决武装力量文职人员的履职问题。

31. 总参谋长可行使俄罗斯联邦宪法、联邦法律、其他规范性法律文件，以及武装力量最高统帅和国防部长命令和训令赋予的其他权力。

（译者：解放军外国语学院副教授　王亮）

印度国防部《2013—2014 年度报告》*

一、安全环境

印度的安全环境由地区和全球亟需解决的问题和挑战的复杂相互作用所界定。印度的领土面积和战略位置使其居于安全动态变化的中心，一方面被全球和地区连通的积极因素所影响，另一方面也在远近邻居所带来的不可预测、不稳定和波动中崛起。

1. 印度的安全环境由地区和全球亟需解决的问题和挑战的复杂相互作用所界定。印度的领土面积和战略位置使其居于安全动态变化的中心，一方面被全球和地区连通的积极因素所影响，另一方面也在远近邻居所带来的不可预测、不稳定和波动中崛起。

2. 随着印度寻求实现转型，促进国家的内部增长和发展，我们谋求稳健的国防战略和政策，旨在解决国家所面对的传统和非传统安全挑战。在通过战略自主和自力更生建设实力这一原则的指导下，印度试图加强自身的能力，并谋求在地区与全球社会中同邻居和伙伴国家建立建设性接触来提升和平与稳定。

（一）全球安全环境

3. 印度的地缘战略位置使得它对发展的敏感超出了其亚太、西

* 原文出自 http：//mod. nic. in/forms/List. aspx？ Id＝57&displayListId＝57。

亚、中亚、以及印度洋地区的近邻。主要的地缘政治和地缘经济的发展目前正在使全球安全形势趋向不确定和不稳定。

4. 冷战结束以来，全球安全环境发生了重大变化。一方面，世界见证了全球化的一个小高潮，并深化经济上的相互依赖，加速了像印度、中国、巴西和南非的成长。另一方面，世界上的其他大部分地区继续受冲突和暴力影响。全球权力平衡出现新的调整和变化，产生新的战略不确定性，往往体现在竞争和争论上。

5. 尽管自从冷战结束后大规模常规战争的可能性减弱了，一些因素在地区与全球安全格局中催生出了新挑战。对自然资源的激烈竞争为业已存在的国家间领土争端增加了又一层不稳定性，对国际法准则和国际行为普遍标准提出了挑战。

6. 国内和国际矛盾的动态变化加剧了恐怖组织活动所带来的跨国威胁，并且对主要战区外的地区构成了危险。跨国动员步兵和为恐怖活动提供后勤支持给世界各国带来严重的国内治安挑战。远程通信和网络领域的技术进步为恐怖活动的能力和影响提供了力量倍增器。来自印度周边的、跨国的以及其他渠道的恐怖主义威胁一直令人担忧。

7. 尽管国际社会努力加强核安全，防止非国家行为者获取核材料，大规模杀伤性武器的扩散还是破坏了世界广大地区的和平与稳定的前景，并持续成为主要的国际安全问题。海盗及其他影响航海安全的挑战仍旧是地区和全球和平与安全的主要挑战。

8. 全球力量平衡从欧洲转向亚太地区带来了经济、军事和外交因素的复杂而生动的相互作用，反映在海上领土争端、军事态势和大国竞争的升级加剧，这些都给地区安全局势带来了不确定性。关于海岛领土的争夺声明已经在这个地区造成了紧张，并且威胁亚太社会两极分化。朝鲜半岛局势随着朝鲜进行第三次核试验而在朝韩之间充满了紧张气氛。鉴于这些发展，世界大国们在地区事务中扮演着重要角色，影响着该地区国家间的军事平衡及经济合作。非传统挑战如自然灾害、流行病、网络安全和食品能源安全，也给该地区带来严峻挑战。

9. 印度在亚太有重要的政治、经济、商业和社会利益，该地区的和平与稳定符合印度的利益。印度支持依据国际法在国际水域的航行自由及通行权利。印度的观点是所有国家必须保持克制，按照国际法原则通过外交解决双边问题，不诉诸使用武力或威胁使用武力。印度认为在当前的地区安全形势下，有必要提升合作途径。因此，我们仍然通过双边网络和多边论坛，如东亚峰会（East Asia Summit）、东盟防长加对话伙伴会议（ADMM-Plus）和东盟地区论坛（ARF），来积极保持与亚太社会的联系，以此来促进该地区和平与稳定。

10. 中亚地区由于存在油气和矿产资源近来引人注目，日益激烈的战略竞争对印度安全产生了影响。为了把印度巨大的地缘战略利益推向更远，印度一直致力于发展与中亚各共和国的政治经济与安全伙伴关系。

11. 乌克兰局势给该地区的和平与稳定带来了新的挑战，长期的对峙给国际安全与全球经济带来了不良影响。印度相信存在用政治和外交解决当前问题的空间。

12. 西亚地区在“阿拉伯之春”带来的变化后继续面对动荡和不稳定。这些变化在该地区的许多地方都迎来了根本的政治和社会经济转型。其结果是一些非国家行为体如雨后春笋般出现在该区域。教派冲突也在加剧，因而也影响了该地区的稳定及许多国家的内部凝聚力。印度在此地区不仅有重要的利害关系，而且也有与本地区国家和人民源远流长的关系。西亚的持续动荡和不确定性对印度在该地区的各种利益有重大影响，其中既包括在这里居住和工作的近700万印度人的安全，也包括印度来自该地区的源源不断的能源进口。因此，印度仍然与本地区各国在共同关心的防务和安全问题上保持联系。

13. 叙利亚和伊拉克局势的演变既影响着这两个国家的稳定，也影响着区内、区外国家，因而日益引人注目。叙利亚冲突向伊拉克的扩散，由于带着强烈的极端主义和教派色彩而在地区产生了严重后果。印度对叙利亚的暴力和死亡深表关注，一直呼吁找出考虑到叙利亚人民合法愿望的、包容的和全面的政治解决方案。印度也表达了对伊拉克在打击国际恐怖主义和保持其团结和领土完整的努力的坚定支持。

14. 以色列和巴勒斯坦间暴力的升级是值得关注的问题，并且威胁到了地区和平与安全。

15. 伊朗在印度的经济和安全考虑中占有重要地位。印度欢迎伊朗与伊核问题六方（E－3＋3）[①] 之间达成的临时核协议，支持通过各方之间全面对话来解决所有伊核相关问题。

16. 非洲许多地区正在见证动荡，暴动和叛乱已经席卷了许多北部和西部国家。尤其值得关注的是影响力越来越大的该地区恐怖组织。当西印度洋海盗威胁减弱的同时，同样严重的问题又在几内亚海湾出现。一些印度船员在几内亚海湾受到海盗行为影响。尼日利亚和其他国家的恐怖组织的活动对这些国家的内部稳定是种威胁，该地区之外的这些和那些恐怖组织间的联系也令人严重担忧。印度与数个非洲国家有历史的联系，并力求通过印非论坛峰会（India-Africa Forum Summit，IAFS）这样的战略举措来加强彼此之间的联系，以此来谋求提升与非洲国家的双边、地区和洲际政治、经济发展和战略合作。

17. 印度洋地区（IOR）对于印度的安全与繁荣是至关重要的。作为历史传统、地理构造和地缘政治环境上的海洋国家，印度依赖于环绕它的海洋。印度在印度洋的半岛形态，使它靠近从苏伊士运河和波斯湾到马六甲海峡这条世界上最重要的海上通道。印度的安

① 指美国、英国、法国、俄罗斯、中国和德国。——译者注

全和繁荣依赖于这些海上通道和其在海上自由贸易通商的能力。

18. 印度洋地区正在成为海盗、恐怖主义、贩卖人口、大规模杀伤性武器扩散以及海上资源竞争所带来的多元安全问题的一个源头。这是由于越来越多的区外力量在印度洋存在所带来的结果，这也增加了它们彼此间的地缘战略竞争的前景。随着海上安全问题的紧迫性和相关性上升，有必要密切监控印度洋上的强力竞争对手，因为印度在这一地区的战略利益对其安全筹划至关重要。

19. 印度仍在积极参与总部设在印度洋地区或靠近印度洋地区的地区论坛，基于互利的原则建立一个汇集所有利益攸关方的合作网络。由于存在共同应对海上安全挑战和建立合作需求的共识，印度与其他印度洋岛国如斯里兰卡、马尔代夫、毛里求斯和塞舌尔等国间建立一个广泛的海洋安全合作框架的倡议已经形成。

（二）地区安全环境

20. 一个安全、平衡、和平和繁荣的近邻关系对于印度的安全远景是至关重要的。南亚地区安全环境继续处于动态变化之中，恐怖主义、叛乱和宗教冲突产生于我们直接的近邻，越来越多地威胁我们地区的稳定。在这个充满战略不确定性的时期，在不断地努力以赋予新的活力与生机，全面加强伙伴关系的同时，有必要加强安全合作建设。印度致力在平等、互惠与相互尊重的基础上，与该地区所有伙伴建立基于开放和对话的安全合作关系。

21. 随着国际军事力量在阿富汗处于削减阶段，需要对阿富汗安全局势密切监控。阿富汗国家安全部队（ANSF）全部负责该国安全，国际社会必须保证对阿富汗国家安全部队的装备和能力建设的需求提供持续的支持，以确保他们能应对他们所必须面对的多样化安全挑战。当前这个国家的政治过渡对阿富汗而言是一个了不起的里程碑，也为阿富汗人领导、阿富汗人所有（Afghan-led and Af-

ghan-owned）的国家和解进程提供了新的机会。印度与阿富汗的“战略伙伴关系协定”提供了双方所承诺的关于两国建立双边关系各个领域的框架，这些领域包括牢固的国防和安全合作，这些合作旨在加强在打击恐怖主义和应对其他安全挑战的彼此能力。

22. 印度希望与巴基斯坦发展和平、友好、合作的关系。但是，对巴基斯坦的安全顾虑仍然存在，因为在它所控制领土内仍有恐怖组织持续在活动。印度已明确表示，我们愿意通过和平的双边对话过程解决所有突出问题。然而，这种对话要有意义，一个没有恐怖与暴力的外部环境是必需的。2013 年 12 月，在瓦格赫（Wagah）举行的最近一次两国间军事行动主管将军 DGMO 会议中，巴基斯坦已承诺确保在实控线的停火与和平安宁。然而，沿印巴边境和实控线存在的恐怖分子训练营，以及沿实控线持续不断的渗透和事故，都彰显了这方面的挑战。印度的观点是，巴基斯坦选择性对待其境内的恐怖分子的方法既不符合该地区的利益，事实上也不符合巴基斯坦的利益，尤其是当这些组织对巴基斯坦自身内部的安全构成威胁时。

23. 尽管印度与中国间悬而未决的边界纠纷是印度的安全考虑中的一个主要因素，但其还是在互信与尊重彼此利益与关切的原则下与中国发展关系。两国都同意有必要保持边境和平与稳定，有必要采取措施促进双方军队互动和建立信任。2013 年其与中国达成的“边境防务合作协议”就是两国在提升建立信任措施上的重要一步，并有望对维护实控线的和平与稳定作出贡献。印度依然对中国在其近邻周边扩大军事影响力以及在边境地区战略基础设施的建设发展保持敏感与关注，并也在采取必要措施来发展所需的能力来反制任何对印度安全不利的影响。

24. 印度和不丹有传统而独特的双边关系，其特点是多年以来形成的最大的信任和深入的相互理解。自 1961 年以来，印度和不丹已经形成了优先的社会—经济伙伴关系。今天，两国间在所有领域都存在着广泛的合作，包括贸易和经济，包括水电、国防和安全，也包括人民间的联系。

25. 作为近邻，印度与尼泊尔也享有独特的伙伴与合作关系，其特点是开放的边界和根深蒂固的人民间血缘和文化联系，存在悠久的人民自由穿越边界的传统。开放边界被一些不利于印度利益的集团所滥用是两国要共同应对的挑战。由于两国的安全和经济利益相互交织，作为亲密的朋友和邻居，印度决定本着互相尊重和平等的原则与尼泊尔政府和人民发展在各领域的伙伴关系。

26. 印度与缅甸的关系植根于历史、民族、文化和宗教联系，并且经受住了时间的考验。2014年5月，印度和缅甸缔结了一份边境合作谅解备忘录，为印度与缅甸情报机构间在协调巡逻、情报共享、反叛乱、军火走私、毒品、贩卖人口与野生动物等领域进行安全合作与情报交换提供了强有力的框架。根据有关边境地区发展的谅解备忘录，在2012年，涉及到缅甸学校、医院和桥梁建设的项目由政府支持。

27. 印度和孟加拉国的合作关系始终是地区安全环境中的一个积极因素。两国间在安全问题及边界安全管理的关注和观点上有着较高的趋同度。印度不断向孟加拉国表达它的安全担忧，特别是印度的叛乱团体和其他民族的恐怖分子利用孟加拉国领土的问题。

28. 印度和孟加拉国间2011年7月签订的“协调边境管理计划”(CBMP)，使两国边境守卫部队更加有效地控制边境非法活动和犯罪，保持印孟边境的和平与和谐的努力步调一致。通过各层级会议讨论边境管理的一个制度化互动体系，解决了所有这些关注。

29. 印度与斯里兰卡间的关系是基于共同的文化、宗教、语言和历史的联系，并且仍然保持有合作与建设性。海上安全挑战与印度洋地区的和平与稳定是共同的关注，这使两国战略利益趋向一致，并支撑起防务领域正在进行的合作。印度一直支持在一个统一的斯里兰卡的框架内的政治和解进程并支持持久政治解决方案，这将满足泰米尔社区的平等、公正、和平和尊严的愿望。

30. 因为利益相通，印度与马尔代夫的安全合作在两国双边合作中规格极高。双边关系通过两国军队最高层和最广泛的接触正在得到培养和加强。

31. 共同面对的地区海上安全的挑战是印度、斯里兰卡和马尔代夫三边防务与安全合作框架的基础，通过这个框架，三国合作发展联合能力来应对各种海洋挑战。这一举措使三国的国防和安全机构寻求定期对话与务实合作。可以预期，该举措将有助于该地区安全合作愿景的发展。

32. 非传统安全威胁如大规模杀伤性武器扩散、恐怖主义、毒品、贩卖人口等所带来的挑战，继续位于印度安全议程的首要位置。由于一些国家进攻能力的展示，新的挑战已经在网络与太空领域出现。这些极可能塑造未来的安全形势。因此，这些挑战正在通过跨政府、多机构的途径被解决，其中军队是一个重要的和固有的组成部分。

（三）国内安全环境

33. 印度面临着多方面的内部安全挑战，包括左翼极端主义、在查谟和克什米尔正在进行的代理人战争和东北一些邦的叛乱。

34. 分裂主义者与反国家组织在继续他们扰乱查谟和克什米尔当前平静的努力。然而，得益于陆军、中央武装警察部队和邦政府的有效行动，国内的安全环境得到显著改善。陆军和其他安全部队的有效反恐行动促使2013年和2014年成功消灭了一些顽固恐怖分子。各种因素，包括驻阿富汗联军削减都可能对未来查谟和克什米尔安全局势产生影响。

35. 东北部安全局势是稳定的，在过去的一年中暴力水平有大幅下降。超过47个武装组织目前正处于停火/暂停行动和会谈状态，为解决冲突的措施的实施提供了有利的环境。

36. 在以不可预测性和波动性为特点的全球和地区安全环境中，印度的军队仍然时刻准备着应对全谱安全挑战。与此同时，印度通过网络的合作、建设性和互惠关系，仍然与地区和全球社会保持接触，这既可以服务国家利益，同时也对世界和平与稳定的更大利益作出了贡献。

二、国防部的组织与功能（略）

（一）组织机构与功能

（二）国防部及其各部门

（三）司令部联合国防参谋

（四）军事法庭

（五）国防（财政）

三、印度陆军（略）

（一）安全概览

（二）查谟和克什米尔

（三）东北部

（四）沿边境局势

（五）与友好国家的联合演习

（六）现代化与装备

（七）拉什特里亚步枪队（Rashtriya Rifles，RR）[①]

（八）地方自卫队

（九）联合国任务

（十）联合国维和培训中心

四、印度海军（略）

（一）海外行动

（二）主要演习

（三）与外国海军的演习

（四）对外国海军的训练

（五）对外合作

（六）海军对海军的互动

① 印度陆军归内务部领导的一支部队。——译者注

（七）送给外国的礼物

（八）服役与退役

（九）“维克兰特”号航母下水

（十）“歼敌者”（Arihant）核动力潜艇核反应堆启动

（十一）印度海军引进P8—1和高级喷气式教练机

五、印度空军（略）

（一）采购与飞机改进

（二）运输机

（三）防空网络

（四）领空安全

（五）演习

（六）国际训练/演习

（七）基础设施

六、印度海岸警卫队（略）

（一）海岸安全

（二）重大里程碑与成就

（三）国际合作

七、国防生产（略）

（一）私营参与者

（二）军火厂组织

（三）国防公共事业

（四）质监总局

（五）航空质监总局

（六）标准化局

（七）计划与合作局

（八）防务展览组织

（九）国家国防造船研究与开发研究院

八、国防研究与发展（略）

（一）背景

（二）组织结构

（三）国防研究与发展总部

（四）人力资源

（五）预算

（六）计划与项目

九、跨军种组织（略）

（一）军事工程部门

（二）军事医疗部门

（三）国防资产总局

（四）首席行政官办公室

（五）公共关系局

（六）陆军采购组织

（七）军种体育控制委员会

（八）武装部队摄影摄像部

（九）国防学院

（十）外语学校

（十一）历史部

（十二）国防管理学院

（十三）国防军种参谋学院

（十四）国防图书馆部

十、招募与训练（略）

（一）陆军

（二）海军

（三）印度空军军官招募

（四）印度海岸警卫队

（五）军种训练

（六）外军训练

十一、退役军人安置与福利（略）

（一）福利

（二）其他福利方案

（三）安置

（四）训练项目

（五）自主就业方案

（六）健康关怀

（七）退休金改革

十二、军队与民事部门的合作（略）

（一）印度陆军民间活动计划

（二）洪水救援行动

（三）陆军减灾救援行动

（四）印度海军

（五）海岸警卫队

（六）印度空军

十三、国家青年团[①]（略）

（一）主要活动与主要成就

（二）训练

（三）冒险训练

（四）青年交换项目

（五）社会服务与社区发展

（六）国家级体育活动

① 印度国家青年团根据1948年的《国家青年团法》成立，致力于给国家的青年以机会来全面培养承诺、奉献、自律和道德的意识，使得他们成为有责任感的国家公民。印度国家青年团的格言是“团结与纪律”。国家青年团广泛存在于英联邦国家中。——译者注

十四、与外国的防务合作

（一）加强与友好国家的防务合作是我国国家安全与国防战略的重要组成部分

1. 加强与友好国家的防务合作是我国国家安全与国防战略的重要组成部分。它包括国防部与军队所采取的举措和行动，以建立和促进相互信任与理解，避免敌对行动，有助于冲突预防和解决的系列倡议与活动。防务外交通过高层访问、对话、训练交流、联合/多边演习、军种对军种的对话，以及其他形式的防务合作得以推行。

2. 印度继续支持阿富汗在稳定政治和安全局势方面的努力。印度还通过开设军事训练课程、医疗训练与医疗援助的方式帮助阿富汗国民军。

3. 印度与孟加拉国的防务合作通过双边访问和相关防务训练课程交流得以加强。孟加拉国陆军参谋长布延（Iqbal Karim Bhuiyan）将军于 2013 年 4 月 1—4 日访问了印度。首次印度—孟加拉海军参谋对话会议 2013 年 4 月 15—17 日在印度举行。第 4 次印度—孟加拉陆军参谋对话会议于 2013 年 8 月 25—28 日在达卡举行。

4. 印度与不丹在历史上就有很近的防务关系。1963 年一支印度军事训练队（IMTRAT）在不丹建立，来协助不丹皇家陆军训练它的人员。不丹皇家陆军首席作战官策林（Batoo Tshering）少将于 2013 年 9 月 12—17 日访问了印度。

5. 中印第 5 次年度防务对话会议（ADD）于 2013 年 1 月 14—15 日在中国北京召开。印方代表团由国防秘书率领，中方由中国人民解放军戚建国副总参谋长率领。

6. 印度国防部长率领的高级别代表团于 2013 年 7 月 4—7 日访

问了中国。访问期间，印度国防部长与中国国务院总理李克强和国防部长常万全进行了会晤。曼莫汉·辛格总理于2013年10月22—24日访问了中国，并于23日签署了“印中边境防务合作协议”。国防秘书代表印方签署了该协议，该协议旨在强化措施维持边境地区和平与稳定。

7. 第3次印度陆军与中国人民解放军“手拉手”（Hand in Hand）联合演习于2013年11月4—14日在中国举行。第6次年度防务与安全对话（ADSD）会议于2014年1月24日在印度新德里召开。印度国防秘书率领印方代表团，中国人民解放军副总参谋长王冠中中将率领中方代表团。

8. 印度与马尔代夫的防务关系近年来稳步成长。马尔代夫国防与国家安全部长纳齐姆（Mohamed Nazim）于2013年4月20—14日、12月11—15日访问了印度。在他与国防部长的会晤中，讨论了双边防务合作中的共同利益等议题。马尔代夫国防军司令希亚姆（Mohamed Shiyam）准将于2014年2月3—8日国防博览会期间访问了印度，他还在2014年3月15—16日再一次访问了印度。

9. 印度与缅甸的防务合作进行良好。与缅甸正在进行的防务合作活动包括定期交互访问、印度军舰到港停靠和训练交流。印度国防部长于2013年1月21—22日访问了缅甸。首次印缅海军协作巡逻于2013年3月17—21日在公海边界线（IMBL）进行。缅甸海军总司令图拉德瑞（Thura Thet Swe）海军中将于2013年7月29日—8月1日访问了印度。印度陆军参谋长于2013年10月29日—11月2日访问了印度。第2次海军对海军参谋会谈于2013年11月5—7日在缅甸内比都（NayPyiTaw）举行。缅甸国防军副总司令、陆军总司令梭温（Soe Win）副大将于2013年12月11—14日访问了印度。

10. 印度努力培育与尼泊尔的双边防务关系。每年都有大量的尼泊尔陆军人员受益于印度的国防设施。尼泊尔陆军参谋长拉纳

(Gaurav SJB Rana)上将于2013年1月7—15日和9月23日—10月6日访问了印度。在他9—10月间的访问中，他见证了由印度陆军和尼泊尔陆军于2013年9月23日—10月6日在印度举行的代号“苏亚基兰”(Surya Kiran)的首次营级联合演习。印度陆军参谋长也于2013年6月10—11日和2014年3月13—14日访问了尼泊尔，其间他也见证了于2014年3月5—18日在尼泊尔绍汉地(Saljhandi)举行的第2次营级联合陆军演习。

11. 印度与斯里兰卡的防务交流在该地区面临的共同安全问题的背景下进行。第3次陆军对陆军参谋会谈于2013年9月23—25日在新德里举行。第3次海军对海军参谋会谈于2013年9月25—26日在科伦坡举行。印度海军与斯里兰卡海军名为“斯印海军演习”(SLINEX)的联合演习于2013年11月4—5日在印度果阿邦海岸外进行。印度海军参谋长于2013年11月25—28日访问了斯里兰卡。第5次印度空军—斯里兰卡空军参谋会谈于2013年12月4—6日在新德里举行。

12. 印度与印度尼西亚的关系仍然密切。第21轮印度和印度尼西亚的海军之间的协调巡逻(CORPAT)于2013年5月6—25日进行。第22轮于2013年进行。第6次海军对海军参谋会谈于2013年8月27—28日在雅加达举行。两国陆军代号“噶鲁达沙克蒂”(Garud Shakti)的联合演习于2013年11月18日—12月1日在印尼进行。第4次印度—印尼联合防务合作委员会会议于2013年12月20日在新德里举行。联合国防参谋部(HQ IDS)副参谋长于2014年3月19—20日率团赴印尼参加“2014—雅加达国际防务对话”。一艘印度海军军舰于2014年3月28日—4月3日参加了印尼海军的“科莫多”(Komodo)多边演习。

13. 印度与马来西亚的防务关系一直密切。第5次海军对海军参谋会谈于2013年6月17—19日在新德里举行。第10次马来西亚—印度防务合作会议(MIDCOM)于2013年6月21日在新德里举行。

国防秘书率领印度代表团，马来西亚代表团由马来西亚国防部秘书长艾哈迈德（Dato’ Sri Dr. Haji Ismail bin Haji Ahmad）先生率领。印度海军参谋长于 2013 年 9 月 23—26 日访问了马来西亚。与马来西亚的第 4 轮陆军对陆军参谋会谈于 2013 年 10 月 22—24 日在新德里举行。马来西亚皇家空军参谋长达乌德（Tan Sri Dato Sri Rodzali bin Daud）将军于 2013 年 11 月 26—29 日访问了印度。第 6 次空军对空军参谋会谈于 2013 年 12 月 18—20 日在马来西亚举行。

14. 印度与新加坡的防务关系近年来一直稳步成长。第 7 次印度—新加坡防务工作小组会议于 2013 年 1 月 28 日在新德里举行。第 9 次海军对海军参谋会谈于 2013 年 3 月 11—13 日举行。第 8 次陆军对陆军参谋会谈于 2013 年 3 月 13—15 日在印度举行。新加坡陆军参谋长辛格（Ravinder Singh）少将于 2013 年 3 月 19—22 日访问了印度。两国海军于 2013 年 5 月 16—30 日在南中国海举行了“辛贝斯”（SIMBES）联合演习。印度海军参谋长于 2013 年 5 月 31 日—6 月 2 日访问了新加坡。印度国防部长于 2013 年 6 月 3 日访问了新加坡。访问期间，双方拓展了在印度开展联合陆军训练和演习的双边协议，该协议自 2013 年 8 月起生效，有效期 5 年。第 7 轮空军对空军参谋会谈于 2013 年 9 月 23—25 日在新加坡举行。印度陆军参谋长于 2014 年 1 月 21—24 日访问了新加坡。“英勇俱卢”（Bold Kurukshetra）装甲演习于 2014 年 3 月 1—31 日在巴比纳（Babina）举行。

15. 印度与泰国的防务合作进展良好。第 2 次印度—泰国防务对话于 2013 年 2 月 18 日在泰国举行。印方由国防部增设秘书（Additional Secretary）率领，泰方由泰国国防部常务副部长童利克（Nipat Thonglek）将军率领泰国代表团。第 16 轮印度海军和泰国皇家海军协调巡逻于 2013 年 4 月 18—26 日举行，第 17 轮于 2013 年 11 月 13—17 日举行。第 4 次空军对空军参谋会谈于 2013 年 5 月 20—22 日在泰国举行。印度国防部长于 2013 年 6 月 5—6 日对泰国进行了正式访问，会议期间讨论了共同关心的防务问题。第 6 次海军对海军参谋会谈于 2013 年 7 月 8—9 日在新德里举行。

16. 印度—越南关系一直是友好而密切的。越南副总参谋长、国防部副部长杜伯巳 TY 上将于 2013 年 9 月 24 日访问了印度并拜会了国防部长。第 8 次印度—越南安全对话于 2013 年 11 月 8 日在越南举行。国防秘书率领印度代表团，越南国防部副部长阮志永上将率领越南代表团。在越共总书记 2013 年 11 月 20 日访印期间，印度与越南签署了一项保密信息交换相互保护协议。

17. 印度与澳大利亚享有良好双边关系已数年。第 7 次海军对海军参谋会谈于 2013 年 3 月 7 日在悉尼举行。印度国防部长于 2013 年 6 月 4—5 日访问了澳大利亚，并与澳大利亚国防部长斯蒂芬·史密斯（Stephen Smith）先生会晤。之后是澳大利亚皇家海军司令格里格斯（R J Griggs）海军中将于 2013 年 6 月 10—13 日访印。印度陆军参谋长于 2013 年 9 月 3—6 日访问澳大利亚。第 3 次印度—澳大利亚防务政策对话会议于 2013 年 10 月 4 日在印度召开。对话中，双方交换了一些有关双边防务合作，以及地区和全球安全局势彼此共同关心的问题。

18. 印度与日本的防务关系继续稳步发展。高层互访与培训交流一直在增长。印度海岸警卫队总指挥于 2013 年 1 月 20—24 日对日本进行了正式访问。印度陆军参谋长于 2013 年 2 月 11—15 日访问了日本。日本海上自卫队参谋长河野克俊海军上将于 2013 年 2 月 24—26 日访问了印度，日本陆上自卫队参谋长君冢荣治上将于 2013 年 5 月 5—8 日访问了印度。日本防卫厅防卫事务次官西正典先生于 2013 年 7 月 8—10 日访问了印度。两国海军名为“日印海上演习”（JIMEX）的联合演习于 2013 年 12 月 19—22 日在钦奈（Chennai）海岸外举行。日本防卫大臣小野寺五典于 2014 年 1 月 5—8 日访问了印度，访问期间，他与印度国防部长讨论了共同关心的问题。

19. 印度与大韩民国享有的友好关系和防务合作是两国双边关系的一个侧面。COSC 的主席于 2013 年 7 月 8—11 日访问了韩国。韩国空军参谋长成焕上将于 2013 年 11 月 13—15 日访问了印度。印度国防部增设秘书率领的代表团访问了首尔，出席了 2013 年 12 月 23—24 日召开的首届防务政策对话会议（DPD）。韩国国防部政策部副部长柳济胜中将代表韩方共同主持了对话会议。2014 年 1 月 16 日在韩国总统访印期间双方签署了一项关于机密军事信息保护的协议。韩国国防部副部长李勇（Lee Young）于 2014 年 2 月访问了印度，出席了“国防博览会—2014”（DEFXOP－2014）。访问期间，他会见了印度国防部长和国防秘书。

20. 印度与阿曼保持着密切的防务关系。第 6 次印度—阿曼联合军事合作委员会会议（JMCC）于 2013 年 1 月 6 日在马斯喀特（Muscat）举行。印方由国防秘书带队，阿曼代表团由阿曼苏丹国国防部副部长拉斯比（Mohd. Bin Nasser Al-Rasby）带队。印度海军参谋长于 2013 年 4 月 14—19 日访问了阿联酋和阿曼。印度海军和阿曼皇家海军于 2013 年 9 月 23—26 日在阿曼海岸外举行了代号“Naseem Al-Bahr－13”的演习。印度空军和阿曼皇家空军于 2013 年 10 月 2—12 日在马西拉（Masirah）岛举行了代号为“东方桥”（Eastern Bridge）的第 3 次联合空军演习。第 7 次 JMCC 会议于 2014 年 1 月 29 日在印度召开。印度国防秘书率领印方，阿曼苏丹国国防部秘书长拉斯比（Mohd. Bin Nasser Al-Rasby）率领阿方。

21. 印度与卡塔尔的关系一直是友好的。第 3 次印度—卡塔尔联合防务委员会（JDC）会议于 2013 年 9 月 16 日在多哈举行。印方由联合秘书带队，卡塔尔方由国防部总协调办公室负责北南美洲事务的主任苏瓦蒂（Mohammed M. Abdullah Al-Suwaidi）准将带队。

22. 第 4 次印度与阿拉伯联合酋长国的海军对海军参谋会谈于 2013 年 10 月 21—22 日在新德里举行。第 6 次印度—阿联酋联合防务合作委员会会议于 2013 年 10 月 27 日在阿布扎比举行。会议由印度联合秘书与阿联酋武装部队总司令部联合后勤司令部司令伊沙克·穆罕默德·阿巴鲁什（Mohammd Al Balushi）少将联合主持。

23. 印度与以色列的防务关系一直是密切而友好的。印度空军参谋长于2013年1月20—23日访问了以色列。第8次印度—以色列防务采购、生产和发展（SWG-DPPO）工作组会议于2013年5月20日在新德里举行。此次会议由印方国防部负责采购的局长与以方国防部负责出口武器和技术的机构负责人希马亚·艾维礼（Shmaya Avieli）准将共同主持。以色列国防军地面部队主管盖伊·祖尔（Guy Zur）少将于2013年11月11—14日访问了印度。以色列国防部总干事（Director General）丹·哈雷尔少将于2014年2月访问了印度，出席了防务博览会—2014。访问期间他会晤了印度国防部长和国防秘书。

24. 印度与沙特阿拉伯的关系进展平稳。在沙特副首相和国防部长访印期间，双方于2014年2月26日签署了关于防务合作的谅解备忘录。

25. 印度与中亚各共和国享有友好关系。与这些国家在防务领域的接触逐步扩大到互利互惠。印度—塔吉克斯坦联合工作级（JWG）第2次会议于2013年3月22—23日在印度举行。印度与塔吉克斯坦陆军的联合特种部队演习于2013年11月7日在印度举行。第3次联合工作组会议于2014年3月9—11日在塔吉克斯坦举行。

26. 吉尔吉斯斯坦国防部少将奥姆拉利夫（Taalaibek Omuraliev）于2013年9月11—15日访问了印度，访问期间，他与印度国防部长讨论了一系列双边防务关系的问题，同意进一步加强双方的防务机构合作。

27. 印度与蒙古国的防务关系是友好而密切的。印度陆军与蒙古国陆军的第9次联合演习“史前流浪大象”（Ex-Nomadic Elephant）于2013年6月11—23日在蒙古国举行。第6次蒙古国—印度防务合作联合工作组会议于 2013 年 11 月 22 日在新德里举行。

28. 印度与俄罗斯有着基于互信与理解的长期防务关系。它是唯一与印度在国防部长层级上有制度化年度防务合作机制的国家。第 13 次印度—俄罗斯政府间军事技术合作委员会（India-Russia Inter-Governmental Commission on Military Technical Cooperation, IGIRCMTC）会议于 2013 年 11 月 18 日在莫斯科举行。会议由印度国防部长和俄罗斯联邦国防部长 S. K. 绍伊古（S. K. Shoigu）共同主持。两国国防部长在第 13 次印度—俄罗斯间军事技术合作委员会会议结束时签订了一份协议。印度国防部长还在 2013 年 11 月 15—16 日参加了“超日王”（Vikramaditya）号航空母舰的交付仪式。

29. 第 6 次印度—俄罗斯高层级监督委员会于 2013 年 9 月 2 日在莫斯科举行。会议由印度国防秘书与俄罗斯军事技术合作联邦事务部（FSMTC）部长佛明（Alexander V. Fomin）共同主持。第 13 次印度—俄罗斯军事技术合作工作组会议于 2013 年 9 月 9—10 日在莫斯科举行。会议由印度国防部负责采购的局长与俄罗斯军事技术合作联邦事务部部长第一副部长博伊斯托夫（A. A. Boytsov）共同主持。俄罗斯军事技术合作联邦事务部部长佛明在陪同俄罗斯副总理德米特里·罗戈津（Dmitry Rogozin）访问印度期间于 2014 年 2 月 16 日会晤了印度国防秘书，并讨论了双边军事技术合作问题。

30. 印俄两国陆军代号“印俄”（Indra）的联合演习于 2013 年 10 月 16—28 日在印度举行。

31. 印度与法国继续享有密切而互惠的防务关系。法国国防部长让—伊夫·勒·德里安（Jean-Yves Le Drian）作为代表团成员陪同法国总统于 2013 年 2 月 14 日访问了印度，他会见了印度国防部长。印度陆军参谋长于 2013 年 5 月 27—30 日访问了法国。印度国防部部长于 2013 年 6 月 18—19 日访问了法国并出席了巴黎航展。

法国国防部长也于 2013 年 7 月 25—27 日访问了印度。在 7 月 26 日的会议中，讨论了双边关系、防务贸易和技术、双边防务交流和安全问题。陆军联合演习“Shakti 2013”于 2013 年 9 月 9—21 日在法国举行。

32. 印度与挪威的防务关系在这一年方兴未艾。挪威国防部副部长奥伊斯坦博（Oystein Bo），于 2013 年 12 月 10—14 日访问了印度，并于 12 月 13 日会见了国防部长，会议期间讨论了两国防务合作可能性的问题。

33. 印度与英国的双边防务合作对话随着“防务咨询小组”的职权范围的签署而建立。自那时起，印度与英国的关系稳步成长，有高层的定期互访、培训与专家交流，以及两国防务生产的联合项目。

34. 英国皇家空军参谋长斯蒂芬·多尔顿（Stephen Dalton）爵士于 2013 年 3 月 6—9 日访问了印度。代号“阿贾伊战士”（Ajay Warrior）的陆军联合演习于 2013 年 4 月 3—30 日在印度举行。2013 年 10 月 10—18 日印度陆军还参加了在英国举行的“寒武纪巡逻”（Cambrian Patrol）演习。海军联合演习“康坎”（Konkan）于 2014 年 2 月 3—4 日在果阿海岸边进行。英国国防部常务秘书伊恩·汤普森（Ian Thompson）于 2014 年 2 月 3—4 日访问了印度，并于 2 月 4 日参加了印度—英国防务协商小组（DCG）第 15 次会议。

35. 印度与美国的防务关系是两国更广泛的战略伙伴关系中的重要组成部分。双边防务合作通过定期开展军事合作活动、专家交流、高层互访、国防科研合作、定期开展演习等形式不断发展。

36. 两国联合陆军演习“准备战争”（Yudh Abhyas）于 2013 年 3 月 3—17 日举行，另一场演习“春季 Shatrujeet”于 2013 年 10 月 3—6 日在印度举行。印度空军参谋长于 2013 年 7 月 22—25 日访问了美国。美国陆军参谋长雷蒙德·T. 奥迪耶诺（Raymond

T. Odierno）上将于 2013 年 7 月 23—26 日访问了印度。两场联合海军演习——“马拉巴尔 13”（Malabar 13）于 2013 年 11 月 5—11 日在印度进行，“岩”（Sangam）于 11 月 5—13 日在美国进行。印度陆军参谋长于 2013 年 12 月 2—5 日访问了美国。

37. 印度与巴西的防务关系是热情友好的。第 3 次印度—巴西联合防务委员会会议于 2013 年 5 月 21 日在新德里召开，会议讨论了防务合作相关问题。

38. 印度与秘鲁的防务关系随着印度副总统访问秘鲁期间在 2013 年 10 月 28 日印度—秘鲁防务合作协议的签署而正式形成。

39. 由本亚希亚（Abdelkrim BENYAHIA）将军带领的阿尔及利亚 4 人代表团于 2013 年 10 月 23—25 日访问了印度，并与国防部官员进行了会晤，会上讨论了双边防务合作的各种问题。

40. 当时的埃及国防部长阿卜杜勒·法塔赫·艾尔·思思（Abdel Fattah El Sisi）上将作为埃及总统代表团成员于 2013 年 3 月 18—20 日访问了印度，并与国防部长进行了会晤。印度—埃及联合防务委员会（JDC）第 4 次会议于 2013 年 5 月 1 日在新德里召开，在会议期间，双方讨论了国防领域双边合作的有关问题。

41. 莱索托王国国防首席秘书舍勒霍（Moshoeshoe David Sehloho）访问了印度，并于 2013 年 8 月 23 日与印度国防秘书进行了会晤，讨论了双边防务合作共同关心的问题。

42. 印度海军参谋长于 2013 年 2 月 3—6 日访问了毛里求斯。毛里求斯政府项目管理办公室高级首席执行官 K. O. F Weng-Poorun 于 2013 年 8 月第一周访问了印度，并于 8 月 5 日与国防秘书进行了会晤。双方回顾了两国正在进行的防务合作活动。

43. 印度—尼日利亚联合防务合作委员会（JDCC）第 1 次会议于 2013 年 4 月 22 日在新德里召开，会议期间，双方讨论了国防领域双边合作的相关问题。尼日利亚海军参谋长 DJ Ezeoba 海军中将于 2013 年 12 月 9—13 日访问了印度。

44. 印度与塞舌尔的关系一直温暖亲切。印度一直在帮助塞舌尔进行武装部队能力建设。2013年1月在塞舌尔外长访印期间，一架多尼尔—228（Dornier－228）被交付给塞方。代号“限制器”（LIMITER）的联合陆军演习于2013年12月2—15日在塞舌尔举行。

45. 苏丹政府国防部秘书长艾哈迈德（Mohammed Zain Ahmad）上将于2013年9月11—13日访问了印度，并与印度国防秘书进行了会晤。会议期间，双方探讨了两国间可能进行防务合作的领域。

46. 坦桑尼亚国防军宪兵队的4人代表团于2013年2月22—28日访问了印度。

47. 东盟防长加对话伙伴会议（ADMM plus）：印度一直积极参加东盟防长加对话伙伴会议（ADMM plus）论坛下的所有专家工作组（EWGs）活动。印度军队参加了于2013年6月10—22日在文莱举行的人道主义援助和救灾/军事医疗（HADR/MM）演习。印度国防部长参加了2013年8月29日在文莱达鲁萨兰国举行的第2次东盟防长加对话伙伴会议。印度军队作为观察员参加了2013年9月7—13日在印度尼西亚举行的反恐演习（CTX）。印度海军参加了2013年9月28日—10月1日在澳大利亚海岸边进行了海上安全领域训练演习（FTX）。在已有的5个专家工作组外，一项新的人道主义排雷行动（HMA）已经建立。印度与越南将共同主持2014—2017年的人道主义排雷行动专家工作组。

48. 印度、巴西和南非（IBSA）三边防务合作：印度、巴西和南非防务联合工作组第5次会议于2013年5月23—24日举行。会议回顾了在论坛下正在开展的防务合作活动，为2013—2014年度制订了行动计划。

十五、典礼及其他活动（略）

（一）防务研究与分析研究所（IDSA）

（二）庆典、荣誉与获奖

（三）官方语言部

（四）伤残人福利部

（五）退役军人福利部

十六、监察部门活动（略）

（一）国防部

（二）国防生产部门

（三）国防研究与开发部门

十七、妇女权利与福利（略）

（一）印度陆军

（二）印度海军

（三）印度空军

（四）印度海岸警卫队

（五）国防研究开发组织

（六）国防生产部门

（七）退役军人福利

（译者：解放军外国语学院讲师　孙江）

附录：专业术语对译表

一、英语部分

Accreditation Service	认可委员会
actionable intelligence	可行动情报
Active Component（AC）	现役部队
ADMM-Plus	东盟防长加对话伙伴会议
AEGIS cruisers	“宙斯盾”巡洋舰
Aerial Maritime Surveillance	空中海上监视
Afghan National Security Forces（ANSF）	阿富汗国家安全部队
Afloat Forward Staging Base/MLP	海上前进集结基地/机动登陆坪台舰
African Union	非洲联盟
Air Defense Commander	防空司令官
air-to-surface missiles	空对地导弹
Alliance Maritime Strategy	联盟海上战略
All-Volunteer Force	全志愿部队
Amphibious Combat Vehicle（ACV）	两栖战斗车辆

Annual Defence and Security Dialogue (ADSD)	（中印）年度防务与安全对话
Annual Defence Dialogue（ADD)	（中印）年度防务对话
Antarctic Treaty System	南极条约体系
anti-access and area-denial（A2/AD)	反介入/区域拒止
anticipatory intelligence	预测情报
Arctic Council	北极理事会
Arctic Security Forces Roundtable	北极安全部队圆桌会议
Arctic Strategy	《北极战略》
Armed Private Security Companies	私人武装保安公司
Arms Export Control Act	《武器出口控制法》
Army National Guard	陆军国民警卫队
Army Reserves	陆军预备役部队
Army Special Forces Operational Detachment-Alpha（ODA）	A类特种作战分队
Artère du Rhône	“罗讷线路”
ASEAN Defense Ministers' Meeting-Plus	东盟国防部长会议+
ASEAN Regional Forum（ARF）	东盟地区论坛
Assistant to the President and National Security Advisor（APNSA）	总统与国家安全顾问助理
Association of South East Asian Nations（ASEAN）	东南亚国家联盟（东盟）
Balkan Gas Ring	巴尔干天然气环线
Balticconnector	“波罗的海连接器”
Baltic LNG Terminal	波罗的海液化天然气终

	端项目
Base Realignment and Closure（BRAC）	“基地重组和关闭”
baseline	基线
Basic Allowance for Housing（BAH）	基本住房补贴
Best Available Techniques（BAT）	最佳可行技术
Best Available Techniques reference documents on hydrocarbons exploration and production（BREF）	碳氢化物开采和生产的最佳可行技术参考文件
Better Buying Power initiative	“更好购买力”倡议
Bipartisan Budget Act	《两党预算法》
BIS	商业创新和技能部
Border Force	边防军
Border Force Cutters	边防巡逻快艇
British Antarctic Territory（BAT）	英属南极领地
British Indian Ocean Territory	英属印度洋领地
Budget Control Act（BCA）	《预算控制法》
Building Stability Overseas Strategy（BSOS）	《建立海外稳定战略》
carrier strike groups	航母打击群
Cable Landing Stations	电缆登陆站
Carbon Capture and Storage（CCS）	碳捕获与封存
Carrington event	卡灵顿事件
Centre for Protection of National Infrastructure（CPNI）	国家基础设施保护中心
CG—47	“提康德罗加”级导弹巡洋舰
Chairman of the Joint Chiefs of Staff	参谋长联席会议主席

chemical, biological, radiological, or nuclear (CBRN)	化学、生物、放射及核（化生放核）
Chief of Integrated Defence Staff (CIDS)	联合国防参谋长
Chiefs of the Military Services	各军种参谋长
Civil Space Strategy	《民用太空战略》
Code of Conduct for Outer Space Activities	《外层空间行为准则》
Code of Conduct on Outer Space Activities	《外空活动行为准则》
Cohesion Fund (CF)	凝聚基金
collective purchasing mechanism	“集体采购机制”
Combatant Commanders	作战司令官
combat coded	作战编号的
Combat Mission Forces	战斗任务部队
Combat Support Teams (CSTs)	战斗支持小组
Command and Control Aircraft	指挥控制飞机
Commanders of the Combatant Commands	作战司令部司令
Community Funds	共同体基金
Conference of Defense Ministers of the Americas	美洲国家国防部长会议
Conference on Disarmament	裁军谈判会议
confidential memorandum (CM)	保密备忘录
Connecting Europe Facility (CEF)	“连接欧洲设施”计划
Contact Group on Piracy off the Coast of Somalia	索马里沿岸海盗问题联络工作组
contiguous zone	毗连区
Continental European networks	欧洲大陆电网
continental shelf	大陆架

Coordinated Patrol（CORPAT）	协调巡逻
Countering Weapons of Mass Destruction（CWMD）	反击大规模杀伤性武器
counterintelligence	反情报
counterproliferation	反扩散
counterterrorism	反恐
Counter Terrorism Exercise（CTX）	反恐演习
Counter Terrorism Strategy（CONTEST）	《反恐战略》
Critical National Infrastructure（CNI）	国家关键基础设施
Crown Dependencies	皇家属地
Crown Prosecution Service（CPS）	皇家检控署
Current Operations	当前行动
Cyber Intelligence	网络情报
Cyber Protection Forces	网络保护部队
Cyber Security Strategy	《网络安全战略》
day-ahead market coupling	提前的市场融合
DDG－51	“阿利·伯克”级导弹驱逐舰
DDG－1000	“朱姆沃尔特”级导弹驱逐舰
Defence Intelligence（DI）	国防情报局
Defense Commissary Agency	国防给养局
Defense Strategic Guidance	《国防战略指南》
Defense Trade and Technology Initiative	《国防贸易和技术倡议》
Department for Agriculture and Rural Development of Northern Ireland	北爱尔兰农业与农村发展事务部
Department for Energy and Climate	

Change（DECC）	能源与气候变化部
Department for Environment，Food and Rural Affairs（DEFRA）	环境、食品与农业部
Department for International Development（DID）	国际发展部
Department for Transport（DT）	交通部
Department of Defense（DD）	国防部
Department of Defense Strategy for Countering Weapons of Mass Destruction（DDS-CWMD）	国防部反击大规模杀伤性武器战略
Department of Energy	能源部
Department of Homeland Security（DHS）	国土安全部
Department of Labor	劳工部
Department of the Air Force	空军部
Department of the Army	陆军部
Department of the Navy	海军部
Department of Veterans Affairs	退伍军人事务部
Deputy Chief Management Officer	副首席管理官
Devolved Administrations	地方自治政府
Director of National Intelligence（DNI）	国家情报主任
Directors of the Defense Agencies	国防局各局长
Directors of the DoD field Activities	国防部门现场各活动机构负责人
Directors of the Joint Staff Directorates	联合参谋部各总监
discretionary responsibility	自行裁量责任
Division/Wing/Logistics Group teams	师/航空兵联队/后勤集团队

East Asia Summit（EAS）	东亚峰会
elements of the Intelligence Community	情报界各机构
Embassy Security Guard program	“使馆安全保卫”计划
Emergency Preparedness Plans	紧急情况准备计划
Emergency Response Plans	紧急情况应对计划
E－3＋3	伊核问题六方（美国、英国、法国、俄罗斯、中国和德国）
Emissions Trading System	排放权交易制度
Employment Cost Index	雇佣成本指数
end states	最终状态
end strength	最终实力
Energy Efficiency Directive（EED）	能源效率指令
energy islands	能源岛
Energy Labelling and Ecodesign Directives	能源标识和节能化设计指令
energy performance companies（ESCOs）	能源服务公司
Energy Performance of Buildings Directive（EPBD）	建筑物能效表现指令
Energy Taxation Directive	能源税指令
Energy Union	能源联盟
enterprise	业界
Enterprise Objective	业界目标
Environment Impact Assessment	环境影响评价
EUEmissions Trading System（ETS）	欧盟排放交易体系
EU Maritime Security Strategy	《欧盟海上安全战略》
Euratom Supply Agency	原子能共同体供应机构
European Bank for Reconstruction	

and Development	欧洲复兴发展银行
European Commission	欧盟委员会
European Council	欧洲理事会
European Energy Programme for Recovery	欧洲能源回收项目
European Energy Security Strategy	欧洲能源安全战略
European External Action Service（EEAS）	欧盟对外行动署
European Investment Bank	欧洲投资银行
European Neighbourhood and Partnership Instrument（ENPI）	欧洲睦邻伙伴关系工具
European Regional Development Fund（ERDF）	欧洲区域发展基金
European Space Agency	欧洲太空署
European Structural and Innovation Funds	欧洲结构与创新基金
European Structural and Investment Funds	欧洲结构与投资基金
Eurostat	欧盟统计局
Exclusive Economic Zone（EEZ）	专属经济区
Executive Order	行政命令
Expert Working Groups（EWG）	专家工作组
FEED	前端工程设计
first responder	最初应急反应人员
Fisheries Monitoring and Control Centre	渔业监控中心
Fisheries Patrol Vessels	渔业巡逻船
For a European Industrial Renaissance	为了欧洲的工业复兴
Foreign and Commonwealth Office	外交与联邦事务部
Foreign Assistance Act	《对外援助法》
foreign intelligence	外国情报
Foreign Intelligence Surveillance Act	外国情报监视法
forward presence	前沿存在

Framework Programme for Research and Innovation 2014－2020	研究与创新框架计划（2014—2020 年）
Franc-British Defence and Security Co-operation Treaty	《法—英防务和安全合作条约》
Freedom of Navigation（FON）	航行自由
Functional Managers	职能主管
Future Coastguard Programme	"未来海岸警卫计划"
Future Years Defense Program（FYDP）	《未来年代国防计划》
Gas Coordination Group	天然气协调小组
G8＋Friends of the Gulf of Guinea Experts Group	八国集团与几内亚湾伙伴国专家组
Geneva Conventions	《日内瓦公约》
Global Hawk	"全球鹰"无人侦察机
Global Strategic Trends（GST）	全球战略趋势
Government Security Zones	政府安全区
Greenhouse Gas（GHG）	温室气体
Ground-Based Interceptors	陆基拦截器
Ground Combat Vehicle	地面战斗车辆
Gulf Cooperation Council（GCC）	海湾合作委员会
Hampshire Constabulary	汉普郡警察局
Headquarter of Integrated Defence Staff（HQ IDS）	联合国防参谋部
Her Majesty's Government（HMG）	女王陛下政府
High Seas	公海
High Wycombe	英国皇家空军海维康

	基地
Home Office	内政部
Home Secretary	内政大臣
Humanitarian Assistance and Disaster Relief/Military Medicine （HADR/MM）	人道主义援助和救灾/军事医疗
Humanitarian Mine Action （HMA）	人道主义排雷行动
HVDC	海底高压直流输电
IBSA Joint Working Group on Defence （IBSA DJWG）	印度、巴西和南非防务联合工作组
IC Analytic Standards	情报界分析标准
IC Information Technology Enterprise	情报界信息技术业界
IEA	国际能源机构
illegal，unreported and unregulated （IUU）	非法、未报告及无管制
India-Africa Forum Summit （IAFS）	印非论坛峰会
India，Brazil and South Africa （IBSA）	印度、巴西与南非
Indian Insurgent Groups （IIGS）	印度叛乱团体
Indian Military Training Team （IMTRAT）	印度军事训练队（驻不丹）
Information Sharing and Safeguarding	信息共享与防护
Inspectors General	监察长
Integrated Enterprise Management	一体化的业界管理
Integrated Maritime Policy	《一体化海上政策》
Integrated Mission Management	一体化的任务管理
Integrated Roadmap of the Strategic	

Energy Technology Plan	战略能源技术计划的综合路线图
Intelligence Advisory Board	情报顾问委员会
Intelligence Community（IC）	情报界
Intelligence，Surveillance，and Reconnaissance（ISR）	情报、监视与侦察
Intelligence，Surveillance，Targeting and Reconnaissance（ISTAR）	情报、监视、锁定与侦察
Inter-American Defense Board	泛美防务委员会
Interim Guidance to UK Flagged Shipping on the Use of Armed Guards to Defend Against the Threat of Piracy in Exceptional Circumstances	《关于悬挂联合王国国旗船舶特殊情形下使用武装警卫抵御海盗威胁临时指南》
Internal Waters	内水
International Charter：Space and Major Disasters	《太空与重大灾害国际宪章》
International Code of Conduct for Private Security Providers Association	《私人安全服务供应商协会国际行为准则》
International Convention for Safety of Life at Sea（SOLAS）	《国际海上人命安全公约》

International Defence Engagement Strategy	《国际防务接触战略》
International Emergency Economic Power Act	《国际紧急经济权力法》
International Energy Agency（IEA）	国际能源署
International Maritime Boundary Line（IMBL）	公海边界线
International Maritime Organization（IMO）	国际海事组织
International Ship and Port Facility Security（ISPS）Code	《国际船舶与港口设施安全准则》
International Telecommunications Union（ITU）	国际电信联盟
International Traffic in Arms Regulations（ITAR）	《国际武器贸易条例》
IOR	印度洋地区
jamming	电子堵塞
Joint Combined Exchange Training	“联合综合交流训练”
joint duty	联合任职
Joint Force	联合部队
Joint High Speed Vessels	联合高速船
Joint Information Environment（JIE）	联合信息环境
Joint Plan of Action	《联合行动计划》
joint publication（JP）	联合出版物
Joint Research Centre（JRC）	欧盟联合研究中心
Joint Strike Fighter	联合攻击机
Joint Terrorism Analysis Centre（JTAC）	恐怖主义联合分析中心
LHA	通用两栖攻击舰
LHD	多用途两栖攻击舰

Liquefied Natural Gas（LNG）	液化天然气
Lisbon Treaty	《里斯本条约》
Littoral Combat Ships（LCS）	濒海战斗舰
long-range anti-ship cruise missile	远程反舰巡航导弹
Long-term horizon-scanning	长期水平扫描
LPD	船坞运输舰
LSD	船坞登陆舰
LX（R）	下一代两栖舰
Malaysia-IndiaDefence Cooperation Meeting（MIDCOM）	马来西亚—印度防务合作会议
Management Board	管理委员会
Marine Air Ground Task Force（MAGTF）	海军陆战队空地特遣部队
Marine Area	海域
Marine Expeditionary Brigade Command	海军陆战队远征旅司令部
Marine Expeditionary Forces	海军陆战队远征部队
Marine Expeditionary Unit Command	海军陆战队远征单元司令部
Marine Management Organisation（MMO）	海事管理组织
Marine Protection Ships	海上保护船
Marine Scotland	苏格兰海事局
Maritime and Coastguard Agency（MCA）	海事与海岸警卫署
Maritime Counter Terrorism（MCT）	海上反恐
maritime domain	海上领域

Maritime Risk Assessment（MRA）	海上风险评估
maritime safety	海事安全
maritime security	海上安全
Maritime Security Field Training Exercise（FTX）	海上安全领域训练演习
Maritime Trade Information Sharing Centre（MTISC）	海上贸易信息共享中心
MCM	“复仇者”级猎雷舰
Met Office	英国气象办公室
Military Basic Pay	军队基本薪金
military information support operations （MISO） detachments	军事信息支持作战分队
Military Intelligence Program	军事情报项目
Minister for Defence Equipment, Support and Technology	国防装备、支持和技术事务大臣
Minister for Immigration and Security	移民与安全事务大臣
Minister for Universities and Science	大学与科学事务大臣
Minister of State（Europe and NATO）	外交部欧洲与北约事务大臣
Ministry of Defence’s Development, Concepts and Doctrine Centre（DCDC）	国防部发展、概念与条令中心
Minuteman III intercontinental-range ballistic missile	“民兵 3 型”洲际弹道导弹
mission managers	任务主管

Mission Objective	任务目标
MOD	国防部
Multi-Agency Threat and Risk Assessment（MATRA）	《多机构威胁与风险评估》
National Crime Agency（NCA）	国家打击犯罪局
National Defense Authorization Act	《国防授权法》
National Intelligence Priorities Framework	国家情报优先搜集框架
National Intelligence Program	国家情报项目
National Intelligence Strategy	国家情报战略
National Maritime Information Centre（NMIC）	国家海上信息中心
National Maritime Security Committee	国家海上安全委员会
National Military Strategy to Combat Weapons of Mass Destruction	反击大规模杀伤性武器国家军事战略
National Mission Forces	国家任务部队
National Regulatory Authorities（NRA）	国家监管当局
National Risk Assessment	《国家风险评估》
National Risk Register	《国家风险登记表》
National Security Council（NSC）	国家安全委员会
National Security Risk Assessment（NSRA）	《国家安全风险评估》
National Security Space Strategy	美国《国家安全太空战略》
National Security Strategy（NSS）	《国家安全战略》
National Support Teams（NSTs）	国家支持小组
Naval Task Groups	海军舰艇编队

Navy Sea, Air, Land (SEAL) platoons	海军“海豹”突击队
NCA’s Border Policing Command	国家打击犯罪局边境监管指挥部
NER	新竞争储备
NER 300	“新竞争储备－300”项目
Network Codes	管网准则
New START Treaty	《新战略武器削减条约》
Next-Generation Land Attack Weapon	下一代陆地攻击武器
Nordpool	北欧电力交易所
NordStream	“北溪”项目
North Atlantic Treaty Organisation’s Strategic Concept	《北大西洋公约组织战略概念》
North West Passage	西北通道
Northern Sea Route	北方海路
Nuclear Safety Directive	核安全指令
Offensive Anti-Surface Warfare	进攻性反水面战争
Office of Management and Budget (OMB)	管理和预算办公室
Office of Science and Technology Policy (OSTP)	科学技术政策办公室
Office of the Secretary of Defense (OSD)	国防部长办公室
Offshore Safety Directive	近海安全指令
Operation Noble Eagle	“高贵之鹰行动”
Operation STERN “STERN	行动”
Operational Aviation Detachments (OADs)	飞行作战分队
Operational Satellite Constellations	作战卫星星座
“Opportunity, Growth, and Security”	

Initiative	“机遇、增长和安全”倡议
orbital slots	轨位
Outer Space Act	《外空法》
Outer Space Treaty	《外层空间条约》
PC	巡逻艇
Pentalateral Forum	五边能源论坛
Permanent Joint Operating Bases	永久性联合行动基地
Police National Maritime Security Strategy（PNMSS）	《国家警务海上安全战略》
Police Scotland	苏格兰警察
Pollution Control Zone	污染控制区
Port Facility Security Plans	《港口设施安全计划》
Portal Regions	口岸地区
Port Security Plans	《港口安全计划》
Predator	“捕食者”侦察机
Presidential Policy Directive（PPD）	总统政策令
Preventive Action Plans and Emergency Plans	预防性措施计划和应急计划
Principles of Professional Ethics for the IC	情报界职业道德准则
Privacy and Civil Liberties Oversight Board	隐私与公民自由监督委员会
Private Maritime Security Companies，PMSCs	私人海上保安公司
projects of common interest（PCI）	共同利益项目
program managers	项目主管

public regulated service	公共调控服务
Quadrennial Defense Review（QDR）	《四年防务评估》
RAF Fylingdales	英国皇家空军菲林代尔斯基地
Raksha Mantri	（印地语）印度国防部长
Ranger battalion	突击营
Reaper	“死神”无人机
Recovery Coordination Program	“康复协调项目”
Red Ensign Group（REG）	红色旗集团
Regional Cooperation Agreement on Combating Piracy and Armed Robbery against Ships in Asia（ReCAAP）	《亚洲地区反海盗及武装劫船合作协定》
Regional Fusion Law Enforcement Centre-Safety，and Security at Sea（REFLECS—3）	地区海上安全执法合作中心
Regional Maritime Security Plans	《地区海上安全计划》
Regional Security Initiatives	《地区安全倡议》
Regulation on the Guidelines for trans-European energy network	泛欧洲能源网监管指导方针
renovation loan	革新贷款
Reserve Component（RC）	预备役部队
rotational ground forces	轮换性地面部队
Royal Navy Fleet Ready Escort	皇家海军舰队护卫舰

Royal Navy Offshore Patrol Vessels	皇家海军海上巡逻船
SATCOM	卫星通信
Search and Rescue Region	搜救区
Secretary of Defense	国防部长
Secretary of State for Defence	国防大臣
Secretary of State for Foreign and Commonwealth Affairs	外交与联邦事务大臣
Secretary of State for Transport	交通大臣
Secretaries of the Military Departments	各军种部部长
Security of Gas Supply Regulation	天然气供应安全规定
Senior Enlisted Advisers	高级军士顾问
Senior National Co-ordinator Counter Terrorism（SNCCT）	国家反恐高级协调员
sequester-level cuts	自动减支
Serious and Organised Crime Strategy	《打击严重犯罪及有组织犯罪战略》
Shale Gas	页岩气
Ship lay-ups	舰船闲置
Ship Security Plans	《船舶安全计划》
Southern Corridor	南部走廊
Southern Gas Corridor	南部天然气走廊
SouthStream	"南溪"项目
Special Branch	政治保安处
Counter Terrorism Command	反恐司令部
Solar Eruptions	太阳爆发
Spoofing	电子欺骗
South Georgia and South Sandwich Islands（SGSSI）	南乔治亚与南桑威奇

	群岛
Southern Ocean	南大洋
Sovereign Base Areas	英属基地区
Space Operations Coordination Centre	太空行动协调中心
Special Operations Forces	特种作战部队
SSBN	战略导弹核潜艇
SSGN	核动力巡航导弹潜艇
SSN	核动力攻击潜艇
Strategic Defence and Security Review	《战略性防务与安全》
Strategic Environment	战略环境
Strategic Impact Assessment	战略影响评
Strategic Intelligence	战略情报
Submarine-launched Ballistic Missile	潜射弹道导弹
TAP	跨亚得里亚海天然气管道
Terminal High-Altitude Area Defense (THAAD)	末段高空区域防御
Territorial Sea	领海
Territorial Waters	领水
Tomahawk Land Attack Cruise Missiles	“战斧”陆地攻击巡航导弹
Trans-Anatolian Natural Gas Pipe (TANAP)	跨安纳托利亚天然气管道
Transatlantic Trade and Investment Partnership (TTIP)	“跨大西洋贸易与投资伙伴协定”
Trans-European Energy Networks	

(TEN-E)	泛欧洲能源网
Transition Assistance Program (TAP)	转型援助计划
Transmission System Operator (TSO)	管输系统运营商
Transpolar Route	穿越极地航线
TRICARE	“三方联合医保”体系
UK Marine Zone	联合王国海区
Under Secretaries of Defense	国防部副部长
Unifying Intelligence Strategies	一体化情报战略
United Nations Committee on the Peaceful Use of Outer Space (COPUOS)	联合国和平利用外空委员会
United Nations Conference on the Law of the Sea (UNCLOS)	联合国海洋法会议
United Nations Convention on the Law of the Sea (UNCLOS)	《联合国海洋法公约》
United Nations Group of Governmental Experts	联合国政府专家组
United States Code (U. S. C.)	美国法典
U. N. Register of Conventional Arms	《联合国常规武器登记册》
U. N. Standardized Instrument for Reporting Military Spending	《联合国军费开支标准汇报表》
U. S. Army	美国陆军
US National Oceanic and Atmospheric Administration	美国国家海洋和大气管理局

Virginia Payload Module	“弗吉尼亚”级核潜艇有效载荷模块
Wassenaar Arrangement	《瓦森纳安排》
Wassenaar Arrangement on Export Controls for Conventional Arms and Dual-Use Goods and Technologies	《关于常规武器和两用物品及技术出口控制的瓦森纳安排》
weapons of mass destruction（WMD）	大规模杀伤性武器
Western Balkans Investment facility	西巴尔干投资工具
Work-Related Access	工作相关访问
Wounded，Ill，and Injured warrior programs	“受伤、患病和残疾人员”项目

二、日语部分

ASEAN 地域フォーラム（ARF）	东盟地区论坛
アブ・サヤフ・グループ（ASG）	阿布・萨耶夫组织（恐怖组织名）
アルカイダ	“基地”组织
アル・シャバーブ	青年党（恐怖组织名）
アンサール・アル・シャリーア	安萨尔阵线（恐怖组织名）
アンサール・ディーン（Ansar al-Dine）	伊斯兰卫士（恐怖组织名）

イスラム過激派	伊斯兰激进派
イスラム・マグレブ諸国のアルカイダ（AQIM）	伊斯兰马格里布基地组织（恐怖组织名）
イナメナス	艾因阿迈纳斯（地名）
イラク・レバントのイスラム国（ISIL）	伊拉克和黎凡特伊斯兰国（恐怖组织名）
エアクッション揚陸艇	气垫登陆艇
欧州連合（EU）	欧盟
音響測定艦	声纳探测船
ガウリ	高里（导弹名）
火器管制レーダー	火控雷达
核拡散防止条約（NPT）	《不扩散核武器条约》
拡大 ASEAN 国防相会議（ADMMプラス）	东盟防长扩大会议
駆け付け警護	赶去护卫
キッド級	“基德”级（驱逐舰级别名）
局地戦	局部战争
キロ級	“基洛”级（潜艇级别名）
クズネツォフ級	“库兹涅佐夫”级（航母级别名）
クルド	库尔德（民族名）
経済協力枠組取決め（ECFA）	经济合作框架协议
ゲリラ	游击队
国際協調主義	国际合作主义
国際公共財（グローバル・コモンズ）	全球公共领域
国家サイバーセキュリティ部	国家网络安全局

国家に準ずる組織	准国家组织
コム	库姆（地名）
サイバー攻撃	网络攻击
サイバーコマンド	网络司令部
SACO	日美关于冲绳的特别行动委员会
サリン	沙林（毒气名）
自走砲	自行火炮
シビリアン・コントロール	文民控制
シャハーブ3	流星 3（导弹名）
上海協力機構（SCO）	上海合作组织
ジン級	“晋”级（潜艇级别名）
スカッド	飞毛腿（导弹名）
スクランブル（緊急発進）	紧急战斗起飞
スタックスネット	震网（计算机病毒名）
積極的平和主義	积极和平主义
戦略兵器削減条約（START）	《削减战略武器条约》
大陸間弾道ミサイル（ICBM）	洲际弹道导弹
大量破壊兵器	大规模杀伤性武器
ダーティボム	脏弹
タブン	塔崩（毒气名）
多連装ロケット	多管火箭炮
テポドン	大浦洞（导弹名）
東南アジア諸国連合（ASEAN）	东盟
トクサ	毒蛇（导弹名）
特殊部隊	特种部队
独立国家共同体	独联体
トロール漁船	拖网渔船

任務遂行のための武器使用	为了任务遂行的武器使用
ノドン	芦洞（导弹名）
バイナリー弾	二元弹
爆撃機	轰炸机
発射台付き車両（TEL）	移动发射车
非核化	无核化
非武装地帯（DMZ）	非军事区
包括的核実験禁止条約（CTBT）	全面禁止核试验条约
防空識別圏	防空识别区
法整備	法制建设
ボコ・ハラム（Boko Haram）	波可哈兰（恐怖组织名）
ホームグローン・テロリスト	本土恐怖分子
ホルムズ	霍尔木兹（海峡名）
マスタード	芥子气（毒气名）
ミラージュ2000	幻影－2000（战斗机名）
ムスダン	舞水端（导弹名）
4年ごとの国防計画の見直し（QDR）	四年防务评估报告
ライセンス生産	许可生产
リシン	蓖麻毒素
六者会合	六方会谈
ロメオ級	“罗密欧”级（潜艇级别名）
ワリャーグ	“瓦良格”号（航母名）

三、俄语部分

военная безопасность	军事安全

военная доктрина	军事学说
военный конфликт	军事冲突
военная опасность	军事危险
военная организация	军事组织
военная политика	军事政策
военное планирование	军事规划
военная угроза	军事威胁
вооруженный конфликт	武装冲突
Генеральный штаб Вооруженных Сил Российской Федерации	俄联邦武装力量总参谋部
Евпопейский союз	欧盟
Коллективные силы быстрого развертывания	集体快速部署力量
Коллективные силы оперативного реагирования	集体作战反应力量
крупномасштабная война	大规模战争
локальная война	局部战争
Министерство обороны Российской Федерации	俄罗斯联邦国防部
мобилизационная готовность	动员准备水平
мобилизационная подготовка	动员准备
Организация Договора о коллективной безопасности	集体安全条约组织
Организация по безопасности и сотрудн ичеству в Европе	欧洲安全与合作组织
Организация Североатлантического договора	北大西洋公约组织
планирование обороны	国防规划

региональная война	地区战争
система неядерного сдерживания	非核遏制系统
Совет безопасности	联合国安理会
Содружество Независимых Государств	独立国家联合体
стратегическое сдерживание	战略遏制
Устав Организации Обьединенных Нации	《联合国宪章》
Шанхайская организация сотрудничества	上海合作组织

图书在版编目（CIP）数据

2014年世界重要安全文件汇编/李志东主编. —北京：时事出版社，2015.5

ISBN 978-7-80232-838-9

Ⅰ.①2… Ⅱ.①李… Ⅲ.①国家安全—文件—汇编—世界—2014 Ⅳ.①D815.5

中国版本图书馆CIP数据核字(2015)第067013号

出版发行：时事出版社
地　　址：北京市海淀区万寿寺甲2号
邮　　编：100081
发行热线：(010)88547590　88547591
读者服务部：(010)88547595
传　　真：(010)88547592
电子邮箱：shishichubanshe@sina.com
网　　址：www.shishishe.com
印　　刷：北京昌平百善印刷厂

开本：787×1092　1/16　印张：26　字数：340千字
2015年5月第1版　2015年5月第1次印刷
定价：118.00元